Martin Woodhouse und
Robert Ross

Die Kanonen der Medici

Roman

Deutsch von Christel Wiemken

Rowohlt

Die Originalausgabe erschien 1974
unter dem Titel «The Medici Guns»
im Verlag J. M. Dent & Sons Ltd., London
Umschlagbild von Brian Knight
Umschlagtypographie und Einbandentwurf
von Werner Rebhuhn

1. Auflage Februar 1977

Gesetzt aus der Garamond-Antiqua auf der Linotron 505 C
Gesamtherstellung Clausen & Bosse, Leck/Schleswig
Printed in Germany
ISBN 3 498 07278 1

Für Penny
und
für Ranette

Personen

LEONARDO DA VINCI	Der Erfinder der Kanonen der Medici

Der Hof in Florenz

LORENZO DE' MEDICI	Beherrscher der Republik Florenz
GIULIANO DE' MEDICI	Sein Bruder
GUIDO TOSCANELLI	Condottiere im Dienste der Stadt Florenz
BIANCA MARIA VISCONTI	Mündel des Lorenzo de' Medici, Cousine Lodovico Sforzas, des Regenten des Herzogtums Mailand
CONSTANZA D'AVALOS	Mündel des Lorenzo de' Medici, verlobt mit Giuliano de' Medici
CARLA D'AVALOS	Ihre Schwester
SILVIO	Fürst von Savoyen
ANDREA DEL VERROCCHIO	Künstler
DOKTOR CINO DI LAPO MAZZONE	Gelehrter, Berater des Lorenzo de' Medici
FRA SIGISMONDO CARREGI	Geistlicher, Lehrer Bianca Maria Viscontis
MATTEO BARLETTA	Bogenschütze, ein Jugendfreund Leonardos

Die Kanoniere

RODERIGO LEONE	Hauptmann der Kanoniere, im Dienste der Stadt Florenz

Scudo Agnolo Fulvio	Seine Geschützmeister
Tesoro di Veluti Andrea di Veluti Marco di Carona Piccio Berignalli Balestraccio Guccio Berotti Cipriano di Ser Giacomo Giachetti di Lucca Tomasello Cennini Giunta di Lenzo	Kanoniere

Der päpstliche Hof

Sixtus IV., Francesco della Rovere	Papst
Rodrigo Borgia	Kardinal
Domenico della Palla	Kardinal, Kanzler des Heiligen Stuhls
Girolamo Riario	Generalkapitän des Heiligen Stuhls
Rafaello Sansoni-Riario	Kardinal
Manfredo Romolo-Paro	Bischof

Die Verschwörer

Jacopo Pazzi	Florentinischer Bankier
Francesco Pazzi Paolo Pazzi Ippolito Pazzi	Seine Söhne
Benno Foscari Bernardo Bandini Mario Bandini	Mörder
Francesco Salviati	Designierter Erzbischof von Pisa

Die Verteidiger von Castelmonte

GIOVIO DELLA ROVERE	Graf von Castelmonte
BONA DELLA ROVERE	Seine Frau
FEDERIGO DA MONTEFELTRO	Herzog von Urbino, Condottiere im Dienste Roms
GUIDO FALCONE DI RICCOMANO	Hauptmann der Mauerwache
RIDOLFO PERUZZI	Wachhabender
GUASPARE DI PIOMBINO	Sein Stellvertreter
NOFRI ALESSANDRO GAMBACORTE MARIANO DI GADDO	Soldaten

Wissenschaft
ist die Erforschung
des Möglichen.

Leonardo da Vinci

I

Den ganzen Tag lang hatten die beiden großen Bombarden unter dem gelben, rauchverhangenen Himmel der Toskana Feuer gespien. Das taten sie nun schon seit sieben Wochen; und in diesen sieben Wochen hatten sie vergeblich versucht, mit ihrer gewaltigen Kraft eine zehn Fuß dicke granitene Mauer zu Fall zu bringen. Das ferne Gestein hielt dem Anprall der hundertpfündigen Kugeln stand; bestenfalls riß es ein oder zwei Zoll tief und ließ eine Handvoll weichen Staubes herabrieseln.

Jede Bombarde wurde in der Stunde dreimal abgefeuert. Ihr tiefes Dröhnen drang Roderigo Leone, Hauptmann der Kanoniere im Heer der Stadt Florenz und der Medici, in Abständen von zehn Minuten abwechselnd von der einen und der anderen Seite her in die mit Watte verstopften Ohren. Seine Geschützmeister senkten ihre langsam brennenden Lunten in die Pulverkammern; die Brandsätze begannen zu zischen, und während das Feuer wie eine Schlange durch die Zündlöcher kroch, herrschte eine halbe Sekunde Stille. In den achtzölligen Rohren aus Mailänder Bronze sammelte sich die Kraft. Dann flammte sie auf und brach hervor; die riesigen Bombarden sprangen mannshoch in die Luft, bevor sie in die aufgehäuften Erdwälle ihrer Schanzen zurückgeschleudert wurden. Wehe dem Pulverjungen, der noch in dem ausgehobenen Graben war, wenn die neun Tonnen Metall im Rückstoß herabfuhren.

Während des langen Augenblicks der Stille vor der Explosion wandte Rigo Leone den Blick von seinen Männern ab und richtete ihn auf die ein paar hundert Schritt entfernte Mauer jenseits des Tals, die er zu brechen hoffte. Gelegentlich nahm sein geübtes Kanonierauge die neunzöllige Kugel im Fluge wahr; manchmal bildete er es sich auch nur ein. Zumeist bemerkte er das abgeschleuderte Geschoß erst, wenn es gegen die unerbittliche graue Brustwehr der Zitadelle von Castelmonte prallte.

Castelmonte, hoch auf einem felsigen Gipfel gelegen, beherrschte die Straße zwischen der Republik Florenz und ihrem Hauptfeind, Rom. Solange Rom, wie gegenwärtig, Castelmonte besetzt hielt, war Florenz in Gefahr. Und Lorenzo de' Medici rechnete in der Tat damit, daß das Heer des Heiligen Stuhls im nächsten Frühjahr auf dieser Straße heranmarschieren und in seine Republik einfallen würde. Deshalb hatte er Rigo Leone und seine Kanoniere angeworben; sie sollten die Mauern von Castelmonte mit ihren schweren Geschützen brechen, damit Lorenzos Truppen die Zitadelle stürmen konnten.

Castelmonte war keine gewöhnliche Festung. An drei Seiten war sie von steilen Felswänden geschützt, die jeden Angriff von vornherein ausschlossen. Es war die vierte Seite, die Rigo jetzt beobachtete. Ganz links, an der Nordwestecke der Festung, lag das Haupttor. Aber der Torrahmen mit seinen gewaltigen Eichentoren befand sich in einer Position, die für Rigos Geschütze unerreichbar war. Ein zweites Tor, die Ausfallpforte, lag ganz rechts in Rigos Blickfeld, bot aber noch geringere Angriffsmöglichkeiten. Auch sie lag nicht im Schußfeld seiner Geschütze. Außerdem war sie klein und für eine größere Attacke viel zu schmal, und Rigo vermutete hinter der Ausfallpforte weitere, noch stärkere Befestigungen. Und was das Übelste war: zwischen dem Fluß und der Ausfallpforte stieg das Gelände so steil an, daß sich die Angreifer immer im Nachteil befanden.

Nur ein Abschnitt von rund einer Dreiviertelmeile Breite, von ihm aus gegen Westen und Nordwesten gelegen, bot aus dem Flußtal kommenden Angreifern einige Aussichten; und dieses Stück, die einzige von Natur aus schwache Stelle der Zitadelle, deckte die gewaltige und bedrohliche Mauer, die dem Bombardement aus Rigo Leones Belagerungsgeschützen bisher standgehalten hatte.

Noch bevor die Kugel auf den Hang am Fuß der Mauer hinuntergefallen war und in den Fluß hinabrollte, sagten ihm die bröckelnden Felssplitter, wieviel Schaden sie angerichtet hatte. Er sehnte sich nach dem breiter werdenden Riß, dem herabstürzenden Gestein, das ihm verriet, daß dieser Schuß endlich den Anfang vom Ende bedeutete. Vorläufig jedoch mußte er seine Erfolge nach Unzen messen, nach handbreiten Flächen abgesplitterter Oberfläche oder eingemeißelter Mulden, kaum anders als ein Bildhauer, der einem Marmorblock seinen Willen aufzwingt, indem er langsam Stückchen um Stückchen abschlägt. Ein Schlag auf den Meißel, dann zurücktreten und das Erreichte begutachten. Geduld, redete er seinen Geschützen immer wieder in Gedanken zu. Und zu seiner Linken und Rechten erwiderten die rußgeschwärzten Mündungen: Geduld. Was könnte uns widerstehen? Mit der Zeit muß alles fallen. Abwarten, mehr braucht es nicht.

Bis jetzt war es ein langer, müßiger Krieg gewesen, über dem ein sonniger Herbst vergangen war. Nur die Kanoniere hatten geschwitzt; an Fingern, Handgelenk und Hals hatte sich das Pulver tief in ihre Haut gegraben. Zu vierzig Mann schufteten, aßen und schliefen sie auf dem Hügelkamm oberhalb des kleinen Nebenlaufs des Arno, der die äußerste Verteidigungslinie von Castelmonte bildete. Daß die Mauer von Castelmonte ihnen sieben Wochen lang widerstanden hatte, faßten sie als persönliche Kränkung auf; nur wenige von ihnen hatten so viel Geduld wie ihr Hauptmann. Aber sie hatte nun einmal widerstanden, und wie es schien, würde sie auch künftig widerstehen. Zwar ließ sich Rigo von seinen Geschützen zur Geduld mahnen. Aber Geduld genügte nicht, denn es konnte nur noch ein oder zwei Wochen dauern, bis Castelmontes stärkster Bundesgenosse eintraf – der Winter.

An diesem Spätnachmittag im Oktober 1477 beobachteten von einer Anhöhe oberhalb der Straße nach Rom zwei Reiter die Belagerung von Castelmonte. In der Niederung zwischen Geschützen und Stadt bewegte sich das Fußvolk des von Florenz angeworbenen Condottiere Guido Toscanelli scheinbar ziellos zwischen den Zeltreihen und den weidengesäumten Ufern eines Baches, der in den Fluß unterhalb der Zitadelle mündete. An den Fluß selbst wagten sich nur wenige heran, denn er war kaum zehn Schritt von den Befestigungsanlagen entfernt und lag im Schußfeld der Bogenschützen in der Zitadelle.

Der Mann auf dem großen Rotschimmel klopfte seinem unruhigen Pferd beruhigend den Hals und deutete dann auf eine ungefähr hundert Schritt entfernte Stelle, wo jetzt die Klappe eines scharlachroten Zeltes aufgeschlagen wurde; eine Gestalt in grauer Rüstung kam zum Vorschein.

«Seht nur», meinte der Mann auf dem Rotschimmel, «unser guter Toscanelli nimmt ein Sonnenbad. Ein fauler Geselle.» Er lachte und winkte mit der weißbehandschuhten Hand. Der Mann beim Zelt erwiderte den Gruß. «Ein fauler Geselle», wiederholte Giuliano de' Medici, «und dennoch ein guter Soldat.»

«Faul? Weshalb?» fragte der Reiter des Schecken neben ihm. Er hielt die Zügel in der Rechten. Mit der Linken zeichnete er auf das oberste Blatt eines Skizzenblocks, der auf seinem Oberschenkel lag, gehalten von einem schmalen Riemen und sicherheitshalber am Gürtel seines Überrocks angekettet.

Beide Männer waren in den Zwanzigern. Der Schecke war mit einfachem, zweckmäßigem Leder gezäumt, das Zaumzeug von Giulianos Pferd dagegen reich mit Gold und Silber beschlagen. Im übrigen waren beide Männer gut gekleidet und gleichermaßen ansehnlich; auch was Temperament und Äußeres betraf, schienen sie einander ähnlich. Aus einiger Entfernung hätte man sie leicht für Brüder halten können.

Der Mann auf dem Schecken warf den Rest seiner Zeichenkohle neben sich auf die Erde, ließ die Zügel fahren und wischte die Fingerspitzen gegeneinander.

«Weshalb nennt Ihr Toscanelli einen faulen Gesellen?» fragte er noch einmal. «Er hat schließlich kaum etwas zu tun. Was soll er machen, bevor Euer Kanonier-Hauptmann eine Bresche in diese Mauer geschlagen hat – ein Ereignis, auf das wir wohl noch ein Weilchen warten müssen. Soll er am Haupttor klopfen und um Einlaß bitten?»

«Da spricht der Künstler», sagte Giuliano spöttisch. «Bleibt Ihr bei Eurer Staffelei, mein aufmerksamer Freund. Toscanelli und ich, wir sind Soldaten. Wo Ihr treibende Rauchwölkchen seht, da rieche ich Schwefel. Wo Ihr Gestalten in einer Landschaft wahrnehmt . . .»

«Woher wißt Ihr, was ich sehe?»

«Ich stelle es mir vor, Leonardo, ich stelle es mir vor. Als ich zehn, vielleicht auch schon zwölf Jahre alt war, wollten meine Lehrer mich dazu bringen, daß ich Farbe auf eine Leinwand kleckste, die Laute spielte und ähnlich dummes Zeug trieb. Ich erklärte ihnen, meine Seele sei zwar die eines Künstlers, aber meine Finger versagten ihr den Dienst. Aus der Leinwand baute ich einen Drachen.»

«Der nie vom Boden hochkam», sagte Leonardo gutmütig.

«Zugegeben. Aber das spricht nicht gegen meine künstlerische Seele.»

«Fahrt fort, Giuliano. Was bemerkt Ihr dort, wo ich – mit den Augen eines Zehnjährigen – Gestalten in einer Landschaft wahrnehme?»

«Untätige Soldaten. Seht doch selbst! Weil sie zu faul sind, ihre Krüge weiter als zehn Schritt zu tragen, haben sie ihre Zelte in der Niederung nahe beim Wasser aufgeschlagen. Sie ersticken an Rigos Schwefel. Hätten sie die Mühe nicht gescheut, ihr Wasser bloße dreißig Schritt bergauf zu tragen, dann könnten sie frei atmen. Fragt mich nicht, weshalb Kanonen nach Schwefel riechen. Sie tun es. Ich . . .»

Seine Worte gingen im Dröhnen einer der Bombarden unter, die auf der Anhöhe zu ihrer Rechten abgefeuert wurde. Als das Echo des Schusses verklungen war, hatte Giuliano seine Überlegenheit verloren; der Mann auf dem Schecken ergriff das Wort.

«Ich brauche Euch nicht zu fragen», sagte Leonardo da Vinci. «Kanonen riechen nach Schwefel, weil Schießpulver neben Salpeter und Holzkohle Schwefel enthält. Also reitet mit mir und lernt. Jede Freundschaft hat ihren Nutzen, und die Dummen lernen am meisten. Morgen, falls Fortuna uns lächelt, will ich Euch lehren, wie man Drachen steigen läßt.»

Die florentinischen Kanoniere waren auf ihrer Anhöhe noch immer mit ihren gewaltigen Maschinen beschäftigt; mit schweren Balken wuchteten sie sie aus den Rückstoßgräben hoch, die Schultern gegen Radkranz und Lafette gestemmt. Während der Stabmann seine fünfzehn Fuß lange, an der Spitze mit ölgetränkten Lappen umwickelte Eschenstange in die Mündung stieß, um das Rohr zu säubern, drehte Rigo Leone einen Kiesel zwischen den Fingern und versuchte abzuschätzen, wieviel Tageslicht ihm noch blieb. Die Sonne versank bereits, und das bedeutete das Ende des

Bombardements für diesen Tag – Rigo mußte es nur noch verkünden. Er warf den Kiesel fort.

«Schluß für heute», sagte er und wandte den Kanonen den Rücken, um die beiden Reiter zu begrüßen, die gerade den entgegengesetzten Hang der Anhöhe heraufgeritten kamen.

Leonardo da Vinci und Giuliano de' Medici saßen ab und schlangen die Zügel ihrer Pferde um einen Pfosten der grob zusammengeschlagenen Hütte, die als Feldmagazin für die Belagerungsgeschütze diente. Giuliano trat vor, während Leonardo, der bereits wieder zum Skizzenblock gegriffen hatte, bei der Hütte zurückblieb.

«Wie war es heute?» fragte Giuliano.

«Schlecht», erwiderte Rigo. «Aber morgen ist auch noch ein Tag.»

«Und übermorgen», sagte Giuliano. «Nun ja . . .» Er blickte über das Tal hinweg auf die Zitadelle von Castelmonte. «Eine starke Mauer, in der Tat», fuhr er fort. «Ich fürchte beinahe, sie wird uns widerstehen – was kein Vorwurf gegen Euch sein soll, Hauptmann. Was ist Eure Meinung?»

«Die Meinung eines Kanoniers – eine andere kenne ich nicht», sagte Rigo. «Die Mauer ist stark, aber ich werde sie brechen.»

Giuliano de' Medici musterte den Hauptmann der Kanoniere eindringlich.

«Gut, Rigo», ermunterte er ihn, «aber Ihr sollt *mir* Rede stehen, nicht meinem Bruder Lorenzo. Überdies seid Ihr keiner von diesen beschränkten Rittern, die mich mit leerem Geschwätz abspeisen müssen. Also, wie steht es? Fünf Tage? Zehn? Oder zwanzig?»

«Zehn», sagte Rigo. «Zehn Tage. Aber der Boden wird weich. Ich habe sagen hören, die Pferde fühlten das Heraufziehen schlechten Wetters früher als die Menschen. Was meint Euer Pferd? Sollte es regnen, wie im September, dann gerate ich in Schwierigkeiten. Sollte es schneien, dann bin ich verloren. Ist das klar genug?»

«In der Tat. Aber wenn ich mir vorstelle, wie Federigo da Montefeltro sich ins Fäustchen lacht, kommt mir die Galle hoch», sagte Giuliano. «Erst hat er Volterra für uns genommen und Forli, und nun hält er Castelmonte gegen uns und hat dabei mehr Erfolg als je zuvor.»

«Er ist ein Fuchs», sagte Rigo, «und er versteht sein Handwerk. Aber so Gott will, hole ich ihn für Euch aus dem Bau.» Er brach ab. «Seht einmal», sagte er. «Ob das Montefeltro selbst ist – was meint Ihr?»

Von der Mauer von Castelmonte erklang ein einzelner, langgezogener Trompetenstoß. Einen Augenblick lang herrschte Stille; dann erdröhnte ein langsamer, bedrohlicher Trommelwirbel. Alle Männer auf der Anhöhe wandten den Blick der Stadt zu. Die letzten Strahlen der untergehenden Sonne hinter ihnen ließen die Brustwehr rot erglühen. Auf der Mauerkrone, links von der Stelle, an der Rigos Kugeln einen Teil ihrer granitenen Zinnen in zerklüftete Stummel verwandelt hatten, kamen Menschen zusammen.

«Das ist nicht Montefeltro», sagte Agnolo Fulvio, einer von Rigos Geschützmeistern. «Ich zähle elf. Aber der Herzog ist nicht dabei.»

«Ich vertraue Eurem Scharfblick», sagte Rigo. «Wer sind die Leute?»

«Ihr müßt mir Zeit lassen», murmelte Agnolo. «Das Licht ist schwach, aber Montefeltro würde ich an seinem Gang erkennen. Ich habe ihn oft genug beobachtet.»

«Einer ist Giovio della Rovere», ließ sich hinter ihnen eine ruhige Stimme vernehmen. Sie blickten sich um. Leonardo da Vinci hatte seinen günstigen Platz neben dem Pulvermagazin verlassen; seine rechte Hand steckte im Vorderteil seines Überrocks. «Und seine Frau ist dabei, wie mir scheint», fuhr er fort. «Eine Frau kurz vor der Niederkunft. Ist das richtig?»

«In der Tat», knurrte Rigo. «Das dürfte Roveres reizende Contessa sein. Eine Hündin in einer Meute von Höllenhunden. Auch Ihr scheint über einigen Scharfblick zu verfügen, Messere. Wer sind die anderen?»

«Sechs Soldaten und ein Gefangener», entgegnete Leonardo. «Ein hochgewachsener Mann, blond und bartlos. Seiner Kleidung nach ist es ein Reiter. Giuliano, was meint Ihr?»

«Tedesco Giascone», sagte Giuliano. «Sie haben ihn vor vier Tagen bei einem Ausfall gefangengenommen.»

«Dann betet für sein Seelenheil», sagte Leonardo grimmig. «Sie haben den Henker dabei. Der elfte Mann – seht Ihr ihn, dort im Schatten des Turms? Und dann ist da noch ein Mann – ich kenne ihn nicht; mittelgroß und gerüstet.»

«Gerüstet?» fragte Giuliano zweifelnd.

«Er trägt ein leichtes Kettenhemd, gefältelt – eine Mode, die ich schon bei sächsischen Rittern gesehen habe. Der Brustharnisch ist biegsam und schwarz abgesetzt, wie mir scheint. Links trägt er in Schulterhöhe ein goldenes Kreuz.»

«Das könnt Ihr alles erkennen, Leonardo? Ich kann es nicht, und dabei heißt es bei der Falkenjagd immer, ich hätte ein gutes Auge.»

«Er sieht so aus, wie ich ihn beschrieb», sagte Leonardo da Vinci. «Soll ich ihn zeichnen?»

«Nicht nötig», erwiderte Giuliano. «Ich weiß recht gut, wer es ist. Es ist Girolamo Riario, der Graf von Imola.»

Einige Kanoniere, die in der Nähe standen, bekreuzigten sich, und Rigo Leone hämmerte mit der Faust auf die eichene Lafette des Geschützes.

«Ja», sagte Giuliano, «dann sollten wir in der Tat für Tedesco Giascones Seelenheil beten.» Er wandte sich seinem Freund zu. «Seid Ihr ganz sicher, Leonardo? Ein Schwarzhaariger mit goldenem Feldzeichen?» Leonardo nickte. Giuliano streifte einen Handschuh ab und schlug sich damit auf den Teller der anderen Hand. «Also Riario. Ausgerechnet Riario. Aber wie ist er hergekommen? Bisher hat er sich noch nicht sehen lassen. Nun ja. Bei allen Heiligen! Ein Mann, der mit dem Teufel im Bunde ist – und Riario hat bestimmt einen handfesten Pakt mit ihm geschlossen –, kann sicher auch unsichtbar oder als wildes Tier verkappt unsere Linien passieren. Das jedenfalls werden meine Ritter behaupten.

Auf der Mauerkrone von Castelmonte sah Girolamo Riario, Graf und Beschützer von Bosco und Imola und Generalkapitän des Heiligen Stuhls, völlig unbeteiligt zu, wie die Vorbereitungen für die Hinrichtung Tedesco Giascones getroffen wurden. Hätte er die Worte hören können, die Giuliano de' Medici auf der fernen

Anhöhe geäußert hatte, er hätte sie nur gutgeheißen: Genau dieses Bild sollten seine Feinde sich von ihm machen. Dem gleichen Zweck diente auch die Szene, die sich nun abspielen sollte – er hatte im Grunde gar nichts gegen den Mann, der jetzt so in einer Schießscharte befestigt wurde, daß sein Kopf halb außerhalb der Mauer nach unten hing, während seine Beine weit gespreizt an die kurzen Steinsäulen beiderseits von ihm gefesselt waren.

Girolamo Riarios Gesicht verriet keinerlei Gefühl, ganz im Gegensatz zu dem seines natürlichen Halbbruders, des Grafen Giovio della Rovere, und dem seiner Frau Bona della Rovere, die seinen Arm ergriffen hatte. Unter dem grünen, pelzverbrämten Mantel wölbte sich ihr Leib im siebten Monat der Schwangerschaft; ihre Augen glitzerten ebenso erwartungsvoll wie die des Grafen Giovio.

Der unsichtbare Trommler im Turm beendete seinen langsamen Wirbel. Riario stand am Eingang zum Turm, die Finger im Halsausschnitt seines Kettenhemds. Der Henker in seiner Kapuze trat vor und prüfte die Klinge mit dem Daumen. Dann hob della Rovere die Hand. Tedesco Giascone stieß einen einzigen, plötzlich abbrechenden schrillen Schrei aus; sein Kopf fiel im gleichen Augenblick schlaff zurück, in dem die rasiermesserscharfe Klinge seinen Körper von den Lenden bis zum Brustbein spaltete und Blut und Eingeweide aufspritzten, sich über die Steinwände der Schießscharte ergossen und tiefrot an der Außenseite der Mauer hinabrannen.

Der Henker trat zurück und warf seinem Herrn einen beifallheischenden Blick zu. Bona della Roveres Fingernägel krallten sich in ihre Wange; sie verbarg ihr Gesicht im Ärmel ihres Mannes. Riario kehrte dem vernichteten und stinkenden Geschöpf, das ein Dutzend Fuß von ihm entfernt immer noch krampfhaft zuckte, den Rücken, verschwand in der Turmpforte und entzog sich den Blicken der auf der Mauerkrone Versammelten ebenso wie denen der Beobachter auf der Anhöhe jenseits des Flusses.

Um Mitternacht stand der Mond an einem kalten, klaren Himmel und ergoß sein Licht über die Zelte. Von Leonardo da Vinci begleitet, hatte Giuliano seine Runde bei den Wachtposten beendet, ihren leisen Anruf mit seiner eigenen Losung beantwortet und Worte mit ihnen gesprochen. Dann waren die beiden Männer wieder aufgesessen und einen kleinen, der Anhöhe, auf der Rigos Geschütze standen, benachbarten Hügel hinaufgeritten, der einen direkten Blick auf die Ausfallpforte von Castelmonte gestattete.

«Der Graf von Imola ist also ein Ungeheuer», sagte Leonardo. «Aber was nützt uns diese Erkenntnis? Oder, um bei der Sache zu bleiben, was geschieht morgen? Rigo Leone wird wieder rund sechzig Kugeln auf Castelmonte abfeuern, und am nächsten Tag wieder sechzig, und am Tag darauf ebenfalls. Dann wird es schneien, und Riario läßt noch ein oder zwei Gefangene hinschlachten. Darüber wird es Weihnachten, und Eure Kanonen sind zur Untätigkeit verdammt.»

«Ihr dagegen würdet nicht untätig sein», sagte Giuliano gereizt.

«Nein – ich würde an einen Tunnel denken.»

Giuliano wandte sich ihm zu. «Ein Stollen?» fragte er. «Die Mauern von Castelmonte sind in Fels eingebettet. Wie würdet Ihr da den Schacht anlegen, und wie lange würdet Ihr brauchen?»

«Jedenfalls keine acht Wochen oder gar länger, das steht fest.»

«Ich sehe schon, wir hätten Euch früher zu Rate ziehen sollen», sagte Giuliano. «Solche Vorschläge wären uns im August willkommen gewesen. Ihr redet im nachhinein, und das ist kein Kunststück.»

«Ihr habt also an einen Stollen gedacht?»

«Nein.»

«Und genau darum geht es», sagte Leonardo. «Ich bestehe keineswegs auf einem Stollen. Es gibt andere Möglichkeiten. Aber wenn Ihr drei der vergangenen sieben Wochen mit Nachdenken verbracht hättet, könntet Ihr jetzt schon in Castelmonte sein.»

Giuliano streichelte sein Pferd. «An Euren Worten ist vielleicht etwas Wahres», sagte er, «aber zeigt mir den Soldaten, der drei Wochen mit Nachdenken verbringt, wenn er seine Geschütze richten kann. Das ist ein Ding der Unmöglichkeit. Und was mich betrifft, so gehe ich lieber auf die Jagd, als daß ich nachdächte – ich finde, das Denken soll man den Mönchen überlassen, die keine Zeit mit Kriegführen verbringen müssen. Oder mit Frauen. Wobei mir einfällt . . .»

«Aha», lächelte Leonardo.

«Sagt, Leonardo, was haltet Ihr von Constanza d'Avalos?»

«Wollt Ihr meine Meinung als Maler hören?»

«Als was Ihr wollt.»

«Nun, sie ist eine äußerst anmutige und reizende Dame.»

«In der Tat, das ist sie. Und tugendhaft.»

«Soso.»

«Verschont mich bitte mit Eurem ‹Aha› und ‹Soso›, Leonardo, sonst kündige ich Euch die Freundschaft, bevor die Nacht viel älter wird.» Er seufzte. «In diesem Herbst sind anscheinend alle Feldzüge der Medici erfolglos. Mein Bruder belagert eine Festung, und ich ebenfalls – Constanza d'Avalos. Und bei diesem Feldzug wäre mir Euer Rat höchst willkommen, Leonardo.»

«Von einem Feldzug kann doch keine Rede sein», entgegnete Leonardo. «Ihr seid mit ihr verlobt.»

«Noch nicht.»

«Aber Ihr werdet es bald sein. Liebt Ihr sie?»

«Was das betrifft . . .», setzte Giuliano an, aber sein Begleiter fuhr bereits fort:

«In zwei Jahren, wenn sie achtzehn ist, werdet Ihr sie heiraten. Wo bleibt da Euer Feldzug? Und wenn es keinen Feldzug gibt, ist Euch der Erfolg sicher.»

«Großer Gott», brach es aus Giuliano heraus, «und was ist das für ein Sieg? Wenn man der politischen Bequemlichkeit halber miteinander ins Bett geht? Habe ich es nötig, die Parade dünnblütiger Nuntii und Kämmerer abzuschreiten und mir von ihnen einen kontraktlich errungenen Sieg verkünden zu lassen? Zum Teufel damit! Ich will sie jetzt, nicht erst, wenn ihr befohlen wird, zu mir zu kommen.»

«So redet ein Kind, dem man das Spielzeug genommen hat», sagte Leonardo. «Constanza ist weise in dieser Hinsicht. Das solltet Ihr bedenken . . .»

«Ihre Weisheit interessiert mich nicht», unterbrach ihn Giuliano. «Soll etwa Ihr Geist mir Vergnügen bereiten? Nein.»

«Vielleicht hält sie das für möglich, wenn Ihr erst einmal bemerkt habt, daß er in ihrem Körper steckt.»

«Und deshalb wollt Ihr zweifellos, daß ich wie ein Geometer an die Sache herangehe. Ist das Euer Rat? Bei allen Heiligen, Leonardo, wo ist Euer Sinn für Romanzen? Wie steht es mit ihren Brüsten?»

«Sie sind reizend und vorzüglich geeignet, Kinder zu nähren.»

«Wie poetisch. Ich danke Gott dafür, daß ich nur ein einfacher Ritter bin.»

«Wenigstens bildet Ihr Euch das ein», sagte Leonardo ruhig.

«Soll das heißen, daß Ihr mich besser kennt als ich mich selbst? Ich bezweifle es. Aber erlaubt mir, lieber Freund und Künstler, daß ich Euch für Euren Rat belohne, so kümmerlich er auch sein mag. Ich werde Euch mit einem Mädchen bekannt machen, das Eure Gedanken fesseln wird – Sforzas Cousine, Bianca Maria Visconti. Habt Ihr sie schon gesehen?»

«Nein.»

«Für meinen Geschmack ist sie ein bißchen schmalbrüstig, aber das mag sich geben – schließlich ist sie erst vierzehn», sagte Giuliano. «Fra Sigismondo meint sogar, sie sei klüger, als ihr guttue; demnach müßte sie Euch gefallen. Außerdem hat sie eine scharfe Zunge, die mit der Zeit vielleicht sogar dafür sorgt, daß Ihr aufhört, Verstand – oder Weisheit – bei Frauen zu bewundern. Was meint Ihr dazu?»

«Ich danke Euch für Eure Liebenswürdigkeit», erklärte Leonardo ernst. «Wenn man wie Ihr ohnehin schon zwei Feldzüge zu führen hat, ist es in der Tat sehr edel, noch einen dritten ausfindig zu machen – und ihn mir zu übertragen. Immerhin . . .»

Er brach ab.

«Was gibt es?» fragte Giuliano. Der Künstler spähte unverwandt zu den Befestigungsanlagen am jenseitigen Flußufer hinüber.

«Wer ist das?» wollte er wissen. «Dort – neben dem Turm zu Eurer Linken. Seht Ihr ihn?»

Giuliano schaute auf die bezeichnete Stelle.

«Andrea di Veluti», sagte er. «Die Posten wußten, daß er unsere Linien passieren wollte. Er hatte offenbar vor, nachzuschauen, was Rigos Kanonen an der Mauer angerichtet haben. Und ich muß sagen . . .»

Er brach ab. Der Mann, den sie beobachteten, war im tiefen

Schatten unter der Mauer fast unsichtbar gewesen; doch nun erglomm fast genau über Veluti der Schein einer Fackel.

«Pech», sagte Giuliano. «Ich . . .» Aber Leonardo hatte seinem Pferd schon die Sporen gegeben. Der Ritter folgte seinem Beispiel, und beide jagten den Abhang hinab, begleitet von hinabprasselnden Kieseln. Zu ihrer Rechten und fast dreihundert Fuß von der Stelle entfernt, an der sich der unglückliche Kanonier befand, war die Ausfallpforte geöffnet worden, und ein Trupp Fußsoldaten quoll heraus. Fast im gleichen Augenblick brach der Kanonier zusammen, und sein Körper rollte über den Hang zum Flußufer hinab.

«Steine», sagte Giuliano, als sie die ebene Wiese am Fuß des Abhangs erreicht hatten. «Sie haben ihn von oben mit Steinen überschüttet.» Sie zügelten ihre Pferde. Leonardo, schon im Begriff, am Ufer entlangzureiten, wurde von seinem Freund zurückgehalten. «Nein», sagte Giuliano, «Ihr denkt nicht wie ein Soldat. Wir können ihn nicht vor ihnen erreichen. Wir müssen ihnen den Rückzug abschneiden.»

Leonardo zögerte, doch Giulianos beharrliche Manöver drängten ihn an seine Rechte. Gemeinsam ritten sie auf die unmittelbar unterhalb der Ausfallpforte gelegene Furt zu und sprangen ins Wasser, das die Leiber ihrer Pferde umschäumte, als sie gegen die Strömung ankämpften. Die Soldaten am anderen Ufer hatten eine langgezogene Kette gebildet; ihre Vorhut hatte den reglos daliegenden Kanonier fast erreicht. Im Hintergrund formierten sich fünf oder sechs Pikeniere an der Stelle, an der die Furt zum Flußufer anstieg.

Wie ungünstig ihre Lage war, war beiden bewußt, als sie den Fluß kaum halb durchquert hatten. Die Strecke vom gegenüberliegenden Flußufer zur Ausfallpforte war steil. Die ihnen gegenüberstehenden Hellebardiere konnten sie mühelos daran hindern, den Fluß zu verlassen, und an ein Erklimmen des höheren Geländes war überhaupt nicht zu denken. Mit Pferden gegen Piken anzugehen hatte keinen Sinn. Einen kurzen Augenblick lang stand Leonardo in den Steigbügeln, dann sprang er ins Wasser und tauchte. Das Wasser war kalt. Als er ein Stück entfernt wieder an die Oberfläche kam, sah er, daß Giuliano seinem Beispiel gefolgt war.

Fast gleichzeitig erreichten sie das Ufer – Leonardo oberhalb, Giuliano unterhalb der verwirrten Pikeniere. Leonardo erhob sich aus dem Wasser, fand mit einem Knie Halt auf der Grasnarbe, richtete sich auf und beeilte sich, den Soldaten in den Rücken zu kommen. Die Pikeniere lösten ihre flußwärts gerichtete Formation auf und bildeten einen lockeren Halbkreis, um ihre Flanken zu decken.

Plötzlich fiel Giuliano mit gezogenem Schwert über den ihm am nächsten stehenden Mann her; er unterlief seine Pike und stieß ihm sein Schwert in die Rippen. Der Hellebardier fiel, wobei er laute Flüche ausstieß und seinen Nachbarn behinderte. Leonardo, der gleichfalls sein Schwert gezogen hatte, ergriff den Schaft der auf ihn zuschwingenden Pike und riß sie an sich. Er benutzte sie auf Bauernart als Stock und fiel damit über die restlichen Soldaten her. Aus dem Gleichgewicht gebracht und in ungünstiger Position, um diesen Überraschungsangriff abzuwehren, versuchten sie, mit ihren Piken nach zwei Seiten gleichzeitig zu kämpfen; dabei stolperten sie und stürzten unter der gemeinsamen Attacke der beiden Angreifer rückwärts in den Fluß.

Plötzlich hatten Giuliano und Leonardo das Ufer für sich gewonnen; sie lächelten einander an. Hinter Giuliano, ein Stück flußabwärts, umgaben undeutliche Gestalten den am Boden liegenden Andrea; andere kamen über den grasbewachsenen Hang zurück, um an dem Kampf teilzunehmen, der, wie sie gesehen hatten, hinter ihnen ausgebrochen war.

«Gut», sagte Giuliano und warf einen Blick über den Fluß. In Toscanellis Lager wurden Rufe laut; Waffengeklirr verriet ihnen, daß sie in ihrer schwer errungenen, aber sehr unsicheren Position auf baldige Verstärkung hoffen konnten.

«Nichts dergleichen», sagte Leonardo kurz. «Seht Euch um.»

Die Männer, die den Kanonier gefangennahmen, hatten von Anfang an nicht die Absicht gehabt, zur Ausfallpforte zurückzukehren, über schwieriges Gelände und mit einem bewußtlosen Mann belastet. Schon war von der Mauerkrone ein Seil herabgeglitten, und nun wurde Andreas Körper daran befestigt. Unter Giulianos Augen zerrte das straffgespannte Seil den Gefangenen zum Fuß der Mauer. Seine Füße hoben sich vom Boden, und dann begann sein ruckartiger, von unsichtbaren Händen gesteuerter Weg nach oben.

«Die Pest soll sie holen», sagte Giuliano. «Daran hatte ich nicht gedacht.»

Nun deutete Leonardo auf die Ausfallpforte zu ihrer Rechten. Unter dem Torbogen erschienen weitere Pikeniere.

«Laßt uns nicht hier stehenbleiben und überlegen», drängte er, «wir können nichts mehr tun.»

Die Soldaten, die sie in den Fluß geworfen hatten, bekamen ihre Waffen wieder zu fassen und versuchten erbittert, ans Ufer zu kommen. Der Bolzen einer Armbrust, aus der Wachstube über dem Tor abgeschossen, pfiff unsichtbar heran und bohrte sich vor Giulianos Füßen in den Boden.

Giuliano stieß sein Schwert in die Scheide.

«Ganz Eurer Meinung», sagte er. «Und da wir ohnehin naß sind . . .»

Gleichzeitig machten sie kehrt, rannten ein paar Schritte und stürzten sich ein zweites Mal in die dunklen Wasser des Flusses.

2

Ein kleiner Karren, mit einer Fuhre ungeglätteter Faßdauben hoch beladen, rumpelte langsam über den Ponte Carraia, die Via dei Fossi enlang und auf die Piazza, die sich wie ein mit Platten belegter Rasen vor den Stufen der Kirche Santa Maria Novella ausbreitete. Gerade als das Läuten der Glocken von Florenz verkündete, daß es elf Uhr vormittags war, bog der Karren in die Straße ein, die an Atelier und Werkstatt Andrea del Verrocchios vorbeiführte. Dann wurde er plötzlich zum Halten gezwungen: Aus einer Seitengasse kamen zwei Hunde hervorgestürmt, die knurrend und beißend miteinander kämpften. Der Lärm, den sie dabei vollführten, war zuviel für das Pferd. Es bäumte sich in wildem Schrecken auf, das überladene Gefährt kippte, und die Faßdauben flogen in alle Richtungen.

All die Geräusche – das Geknurr der wütenden Hunde, das Poltern des umstürzenden Karrens und die derben Flüche seines Eigentümers – drangen durch die Fenster in das im Oberstock gelegene Atelier; Köpfe und Hände hoben sich von Holz und Leinwand. Die Arbeit wurde eingestellt, und einen Augenblick später drängten sich an den beiden Nordfenstern die Handwerker und Schüler, die Andrea del Verrocchio ihren Meister nannten.

Nur zwei Männer kümmerten sich nicht um das Durcheinander.

Leonardo arbeitete weiter; er fuhr mit einem Stück Kohle rasch über die weißgrundierte Oberfläche einer Holztafel. Verrocchio, der hinter ihm stand, sah aufmerksam zu, wie die Linien sich zum zarten Umriß eines Jünglingskopfes fügten. Fast ohne abzusetzen, fuhr Leonardo da Vinci dann mit dem Daumen über die weichen Kohlestriche, arbeitete die Züge deutlicher heraus und fügte mit einigen raschen Strichen Jahre hinzu. Hier und dort eine Falte, eine gerunzelte Stirn: der junge Mann alterte zusehends, wurde dreißig, vierzig; dann schien wie durch Zauberkraft sein Kopf zu schrumpfen, und das Gesicht eines gierigen und erschöpften alten Mannes kam zum Vorschein, mit eingesunkenen Wangen und zusammengepreßten Lippen über zahnlosen Kiefern. Leonardo hielt einen Augenblick inne, wechselte für die letzten Striche die Holzkohle aus, und dann löste sich auch das Greisengesicht auf und wurde zum Totenschädel mit schimmernden Flächen und leeren Augenhöhlen, die so dunkel waren wie der Tod.

Verrocchio hatte diese Verwandlungen so gebannt beobachtet, daß er erst jetzt den lange angehaltenen Atem ausstieß. Leonardo wandte sich um und lächelte vergnügt.

«Schaut her, Meister Andrea», sagte er. «Diese Macht habt Ihr uns gegeben – die Macht, ein ganzes Leben in einem Augenblick zu erschaffen.» Er wandte sich wieder seiner Zeichnung zu, jetzt mit je einem Stück Kohle in der rechten wie in der linken Hand. Beide Hände bewegten sich über dem Totenschädel, und der Schädel verwandelte sich wieder in das Gesicht eines jungen, vor Lebensfreude strahlenden Mannes.

Verrocchio schüttelte den Kopf.

«Ein Zaubertrick, Freund Leonardo», sagte er. «Ihr solltet lieber mit einer Hand die Arbeit tun, die ich Euch aufgetragen habe, und zwar gut. Eure Kunststücke könnt Ihr Euch für den Jahrmarkt aufsparen.»

In gespieltem Ärger fuhr Leonardo auf seinem Schemel herum, stand auf und wischte sich die geschwärzten Finger an seinem Kittel ab. «So, dann gefällt Euch meine Arbeit also nicht, Meister Andrea? Aber Ihr habt recht – es war ein lachhafter Trick. Ich komme am Abend zurück und arbeite am Kopf meines kleinen Engels dort –» er deutete auf eine Tafel am anderen Ende des Ateliers –, «und ich verspreche Euch, er wird genau so, wie Ihr ihn wünscht.» Er drehte sich wieder um und begann, ein Durcheinander von Papieren und Zeichnungen zusammenzuraffen und rasch in eine große Mappe zu stecken.

«Heute abend?» fragte Verrocchio mit strenger Miene.

«So Gott will, ja», erwiderte Leonardo.

«Erst kommt Ihr am Morgen zu spät, und nun wollt Ihr vor

Mittag schon wieder gehen? Nein, Leonardo, so geht es nicht. Ich brauche Euch hier – Ihr müßt an Eurem Engel arbeiten, solange noch ein Funken Tageslicht da ist.» Der Meister baute sich wie ein unüberwindliches Hindernis vor ihm auf. «Keine Feiertage mehr, Leonardo, wenn ich bitten darf. Heute nicht!»

«Ich mache mir keinen Feiertag, lieber Meister», erklärte Leonardo und fuhr unbeirrt fort, seine Papiere einzusammeln. «Nach Sonnenuntergang kehre ich zurück und arbeite, wenn es sein muß, bis Mitternacht. Das Kerzenlicht genügt mir vollauf. Betrüge ich Euch etwa, Meister? Ihr wißt, daß ich das nicht tue. Seid Ihr nicht oft genug in der Nacht hier hereingeschlichen, um Euch zu überzeugen?»

«Und was wollt Ihr mit dem Tageslicht anfangen?» erkundigte sich Verrocchio bissig. «Wieder mit dem jungen Medici über Land reiten und zeichnen?»

«Heute nicht», sagte Leonardo. «Obwohl ich überzeugt bin, daß Ihr mir dieses Vergnügen nicht verübelt. Es wird Euch nicht entgangen sein, daß ich von jedem Ausritt mit Giuliano einen neuen Auftrag für Euch mitbringe. Ich glaube, sogar die Hunde der Medici fressen inzwischen aus Näpfen, die aus Eurer Werkstatt stammen, Meister Andrea. Ich habe schon erwogen, Euch für meine Mittlerdienste eine Gebühr zu berechnen.»

Wider Willen mußte sein Brotherr lächeln.

«Recht habt Ihr», gab er zu. «Aber ich kann auch meinem besten Schüler nicht erlauben, das bißchen Disziplin zu untergraben, das ich hier aufrechtzuerhalten versuche.» Mit ein paar auserlesenen Flüchen rief er die Neugierigen von den Fenstern zurück, dann wandte er sich wieder Leonardo zu. «Also wieder ein Experiment?» fragte er. «Das ist nun schon das dritte Mal in dieser Woche, Leonardo – dreimal soviel Freizeit, wie ich den anderen in meiner Werkstatt zuzugestehen bereit bin.» Dann fragte er, von Neugierde übermannt: «Und was sind das für Experimente, die Euch so oft aus meinem Atelier fortlocken? Was erwartet Ihr Euch von ihnen?»

Leonardo hob den Kopf und blickte kurz auf einen Giebel draußen vor den nun wieder freien Fenstern.

«Was ich mir erwarte?» wiederholte er nachdenklich. Er schüttelte den Kopf. «Nichts Besonderes, Meister Andrea. Ich will nur alles wissen, was es zu wissen gibt.»

«Tatsächlich», sagte Verrocchio. In seiner Stimme schwang ein Ton von Spott mit. «So ist das also. Ihr verlangt nicht mehr als die Summe allen menschlichen Wissens. Nun ja. Da Euch heute noch volle sieben Stunden Tageslicht für Eure Suche zur Verfügung stehen, wollen wir inständig beten, daß diese Zeit für einige Fortschritte ausreicht. Und heute abend kommt Ihr her und arbeitet. Wie ein Mensch es schafft, bei Kerzenlicht einen vernünftigen Farbauftrag zustande zu bringen, ist eine Sache, über die wir uns noch unterhalten müssen.»

«Nun, was das betrifft», sagte Leonardo, «da gibt es nicht viel zu erörtern. Da genügt, was Ihr mich gelehrt habt. Habt Ihr mir, als ich als Anfänger zu Euch kam, nicht immer wieder erklärt, ich solle darauf achten, wie sich das Licht verändert und Form und Farbe mit ihm?»

«Ich sprach von Tageslicht», erwiderte Verrocchio gereizt. «Nicht davon, daß jemand wie eine Eule ins Dunkle blinzelt.»

«Und dann habe ich, wie es sich für einen guten Schüler gehört, Eure Lehre weitergeführt», sagte Leonardo. «Das Licht einer Kerze oder eines Feuers erzeugt seine eigenen Töne und Schattierungen, die zu der Technik gehören, die wir *sfumato* nennen – einer Technik, mit der ich mich noch nicht eingehend genug beschäftigt habe. Um sie geht es mir, und deshalb muß ich bei Nacht arbeiten. Also, habe ich Eure Erlaubnis, das Tageslicht für andere Zwecke zu nutzen, lieber Meister?»

«Nun gut», knurrte Verrocchio. «Ich lasse Euch lieber gehen, als noch länger mit Euch zu disputieren.»

«Ich bin Euch stets von neuem für Euer freundliches Verständnis dankbar.»

Verrocchio schaute seinem Schüler nach; die hochgewachsene Gestalt glitt gewandt durch den schmalen Mittelgang, der die Arbeitstische zu beiden Seiten der Werkstatt voneinander trennte. Dann kratzte er sich am Kopf.

Das Gesicht des jungen Mannes auf der grundierten Tafel blickte ihn heiter an und lächelte, wie ihm schien, mit dem gleichen leicht spöttischen Ausdruck wie sein Schöpfer. Verrocchio ergriff die Zeichnung vorsichtig an den Rändern und trug sie fort, vorüber an den hastig gesenkten Köpfen seiner Gehilfen.

Von den Stiefeln aufwärts bis zum Wams mit Lehm bespritzt, stand Hauptmann Rigo Leone unter den Marmorkolonnaden im Hof des Medici-Palastes und führte einen kurzen Wortwechsel mit dem hochgewachsenen, prächtig gekleideten Pagen, der ihn zurückzuhalten versuchte. Um den Springbrunnen in der Mitte des Hofs stolzierten Höflinge wie die Pfauen, brüsteten sich in belanglosem Geschwätz und warfen hin und wieder verächtliche Blicke auf die unansehnliche Raubvogelgestalt des Kanoniers, bevor sie sich wieder ihrem Hauptgeschäft des Sehens und Gesehenwerdens zuwandten. Der Page war widerborstig.

«Messere», sagte er, «Eure Kleidung . . .»

«Könnte reinlicher sein, ich weiß, besten Dank», fuhr Rigo ihn an.

«Wenn Ihr Euch umkleiden wollt, Messere . . .»

«Das will ich nicht.»

«Il Magnifico, Messere, könnte . . .»

«Im Gegensatz zu Euch weiß Lorenzo de' Medici, daß ich von der Arbeit komme und an die Arbeit zurückkehre. An seine Arbeit. Also tretet beiseite!»

Der Page stieß einen Seufzer aus, der unendliche Langmut andeutete. «Ich werde Euch in die Bibliothek geleiten, Messere.»

«Ich habe Euch nicht darum gebeten», erklärte Rigo. «Ich habe Euch gebeten, beiseite zu treten; den Weg zur Bibliothek finde ich allein. Also bewegt Euch – bevor ich die Geduld verliere.» Er versetzte der blausilbernen Brust vor ihm einen sanften Stoß – ungefähr so, wie ein Rammbock ein Tor erst einmal antippt, bevor er seine ganze Kraft einsetzt – und schritt im Schatten der Arkade weiter. Der Page folgte ihm aufgeregt.

Die Bibliothek lag im Obergeschoß, das durch eine Holztreppe mit den Gärten hinter dem Palast verbunden war. Zwanzig Schritte vor seinem beharrlichen Begleiter erreichte Rigo die Doppeltür und trat ein.

In einer Fensterwölbung zur Rechten standen zwei Frauen, deren Gewänder sich hell von der eichenen Täfelung zwischen den Regalen voller Bücher abhoben. Die jüngere, Bianca Maria Visconti, ein schlankes, blondes Mädchen, winkte ihm einen heiteren, stummen Gruß zu und wandte sich dann wieder an ihre Gefährtin. Rigo erwiderte den Gruß mit einer Verbeugung – und mit einem Stirnrunzeln; dann durchquerte er den Raum, um zu den drei Männern zu gelangen, die unter dem starren Blick zweier Statuen auf goldverzierten Stühlen am Tisch saßen. Guido Toscanelli und Giuliano de' Medici machten ihm Platz. Lorenzo de' Medici, der Beherrscher der Republik Florenz, der am Kopf des Tisches saß, schaute von einer pergamentenen Landkarte auf.

«Ihr kommt spät, Rigo», sagte er, «aber gewiß habt Ihr gute Gründe. Ihr seid entschuldigt.»

«Ihr seid sehr gütig, Herr», sagte Rigo. «Ich saß bereits zu Pferd, als eine Fuhre Pulver von Ser Nencio eintraf. Ich mußte mich um die Lagerung kümmern.»

«Und folglich müßt Ihr – wie stets – heute abend wieder zurück», sagte Lorenzo.

«Leider ist es so, Herr.»

«Habt Ihr gegessen?»

«Nein.»

«Dann tut es, bevor Ihr wieder aufbrecht. Und jetzt habt die Freundlichkeit, uns den Stand der Dinge zu schildern.»

Lorenzo de' Medici – il Magnifico – war achtundzwanzig Jahre alt; freilich wäre kaum jemand auf den Gedanken gekommen, ihn für jünger zu halten als den Hauptmann der Kanoniere oder den Condottiere, die in seinen Diensten standen. Stets in nüchternes Braun gekleidet, bestand sein einziger persönlicher Schmuck in einem unbearbeiteten Klumpen Bernstein, den er an einer Silberkette um den Hals trug. Seiner Umgebung vermittelte er den Eindruck eines unerschütterlichen Felsens. Sein etwas kantiges und häßliches Gesicht wirkte leidenschaftslos, wenn man von den Augen absah, die er langsam, aber unablässig schweifen ließ, als wären sie ständig auf der Suche oder bemüht, andere Menschen zu ergründen. Den gleichen Eindruck hatte er bereits als Einundzwanzigjähriger erweckt, als man nach dem Tode seines Vaters zu ihm gekommen war und ihn gebeten hatte, die Verantwortung für die Republik Florenz zu übernehmen. Unwandelbar, machtvoll, unermüdlich – diesen Eindruck würde er, wie seine Freunde meinten, auch noch als Vierzigjähriger erwecken.

Neben ihm wirkte sein Bruder Giuliano leichtfertig und wie ein blendendes Juwel von einem Mann. Obwohl in Erscheinung und Temperament grundverschieden, herrschte zwischen Lorenzo und seinem Bruder ein Einverständnis, wie man es unter ihresgleichen nur ganz selten antraf. Sie liebten einander, respektierten sich gegenseitig, und jeder ging seine eigenen Wege. Von Zeit zu Zeit bildeten sich vorwitzige Parteien und legten Giuliano nahe, sich an die Stelle seines Bruders zu setzen. Giuliano lachte und ritt zur Falkenjagd. Ähnliche, jedoch anders gesinnte Parteien wiesen Lorenzo darauf hin, daß die Anwesenheit seines jüngeren, sehr beliebten Bruders am Hofe Gefahr und Unruhe mit sich bringen könne. Lorenzo lachte nicht; er verbannte einen dieser Warner und ließ einen anderen hängen. Danach wurden keine solchen Vorschläge mehr laut. Giuliano pflegte Umgang mit Pferden und Frauen; Lorenzo kümmerte sich um Geld und Männer – eine Arbeitsteilung, bei der in Florenz sowohl Vergnügen wie Handel aufs beste gediehen.

«Der Stand der Dinge, Herr», sagte Rigo Leone, «ist schnell berichtet. Meine Geschütze versinken im Schlamm. Noch vor zwei Wochen trafen neun von zehn Schüssen auf eine Fläche der Mauer von Castelmonte, die kaum größer ist als der Eingang zu Eurer Bibliothek hier. Vorige Woche begann es zu regnen, gottlob nur bei Nacht. Gestern mußte ich die Räder schon mit Balken abstützen; die Kugeln streuen auf zwanzig Schritt nach beiden Seiten. Die Aussicht, die Mauer zu brechen, ist gering und wird mit jedem Tag geringer. Sobald es schneit, muß ich aufhören. Überdies ist einer meiner Kanoniere in Gefangenschaft geraten – er hat einen törichten Erkundungsgang bei Nacht angetreten, den ich nicht hätte gestatten dürfen.»

«Sein Name?» erkundigte sich Lorenzo.

«Andrea di Veluti, Herr. Ein ungestümer junger Mann, aber sehr fähig.»

«Und hochgeschätzt?»

«Ja, Herr – wie jeder meiner Männer in Euren Diensten.»

«Woraus folgt, daß auch ich ihn hochschätzen sollte. Ich tue es.

Welchen Preis muß ich Montefeltro für einen ungestümen, aber sehr fähigen Kanonier zahlen? Tausend Fiorini, möchte ich annehmen. Sie werden gezahlt.»

«Ich danke Euch.»

Lorenzo de' Medici hob ungeduldig die Hand. «Ich wollte nur, Zeit ließe sich ebensoleicht kaufen», sagte er. «Ihr meint also, ich sollte die Belagerung aufheben?»

«Wenn nicht noch ein Wunder geschieht – ja.»

«Nun gut. Toscanelli?»

«Lange Belagerungen sind immer unbefriedigend, Herr», sagte Guido Toscanelli, ein dunkelhäutiger Mann mit kantigem Gesicht und ergrauendem Haar. Wie der ihm gegenübersitzende Hauptmann der Kanoniere trug er Stiefel; seinen blaßblauen Umhang hatte er zurückgeschlagen, darunter kam ein leuchtendblauer Überrock zum Vorschein. «Ich habe rund zweihundert kampferprobte Soldaten, Magnifico», fuhr er fort, «Männer, die wissen, daß eine Belagerung Zeit braucht. Darüber hinaus besteht meine *condotta* aus Leuten, die bereit sind, mir für die Dauer eines beliebigen Feldzugs zu dienen. Ich habe sie kurz nach der Ernte angeworben, woraus Euer Herrlichkeit entnehmen können, daß es Bauern sind.»

«In diesem Raum gibt es keine Herrlichkeiten, Guido», erklärte Lorenzo barsch. «Und was ist mit Euren Bauern?»

«Sie sind, aufs Ganze gesehen, einfältig», erwiderte Toscanelli. «Vielleicht würden sie sich im Kampf bewähren. Aber solange Eure Kanonen Castelmonte beschießen, saufen und huren sie und werden fett. Wäre es möglich gewesen, dann hätte ich den Hauptteil meiner Streitmacht erst nach dem Durchbruch durch die Mauer, nicht vorher, angeworben. Aber das ist natürlich ausgeschlossen. Deshalb verabscheue ich Belagerungen.»

«Und wenn wir die Mauer nicht brechen, habe ich Euch und Ihr sie umsonst angeworben», meinte Lorenzo.

«Nicht ganz», erklärte Toscanelli. «Wir haben Eure Blockade verstärkt. Das muß sein, sonst ist es keine rechte Belagerung. Trotzdem, es ist unbefriedigend.»

Lorenzo gab einen knurrenden Laut von sich.

«Und wie ist es mit deiner Reiterei, Giuliano?» fragte er dann.

«Ähnlich wie mit Guidos Fußvolk», erwiderte Giuliano. «Was habe ich in den vergangenen Monaten schon getan? Ich reite tapfer von Florenz zum Oberlauf des Arno. Ich grüße nach allen Seiten. Wo sich die Möglichkeit ergibt, ermutige ich meine Reiter. Gelegentlich werden von der Stadtmauer ein paar Pfeile und Bolzen auf mich abgeschossen. Ich trinke dann mit unserem Kanonier-Hauptmann ein Glas Wein und kehre ruhmbedeckt nach Florenz zurück. Eine gesunde Art, den Herbst zu verbringen – aber, wie Guido richtig bemerkte, unbefriedigend.» Nachdenklich hielt er inne. «Das sagt übrigens auch Leonardo da Vinci, wenn er mit mir ausreitet», setzte er hinzu. «Leider muß ich Euch sagen, Rigo, daß niemand Eure Geschütze liebt.»

«Leonardo da Vinci?» fragte Lorenzo. «Ist das der Künstler, der die Fresken in meinem Gartenhaus gemalt hat?»

«Eben dieser», sagte Giuliano. «Ein Künstler und ein beachtlicher Sänger von Trinkliedern, obwohl selbst kein Trinker. Er hat vorgeschlagen, lieber einen Stollen zu graben, statt mit Kanonen zu schießen. Ich lehnte seinen Vorschlag ab. Doch ist er alles in allem ein Mann mit überraschenden Einfällen.»

«Es scheint so», sagte Lorenzo. «Und wie steht es mit dem Grafen von Imola?»

«Riario? Was ihn betrifft», erklärte Giuliano, «hat er bisher nichts getan, als Giascone auf gemeine und feige Art hinrichten zu lassen. Vermutlich wollte er uns damit seine Verachtung beweisen; denn sonst hatte er dadurch nichts zu gewinnen.»

«Immerhin ist er Generalkapitän der Römischen Kirche», meinte Lorenzo. «Weshalb ist er in Castelmonte?»

Giuliano zuckte die Achseln. «Wer weiß? Er ist ein Geier, wie jedermann bekannt ist. Wobei mir einfällt . . . du gestattest doch, Bruder?»

Auf Lorenzos Nicken hin stand er vom Tisch auf und begab sich quer durch den Raum zu den beiden Frauen, die bei einer Näharbeit saßen und sich leise unterhielten.

«Welch reizender Anblick, meine Damen.» Giuliano lächelte selbstsicher, verbeugte sich geziert und nahm sich eine Traube von der Schale aus Rosenquarz, die zwischen ihnen auf einem Sims stand.

«War es nicht eher der Gedanke an die Trauben, der Euch hierherzog?» Bianca Maria Visconti blickte mit kokett geneigtem Kopf zu ihm auf. «Ich habe mir sagen lassen, die Männer dächten immer zuerst ans Essen.» Ihre dunkelhaarige Gefährtin blickte kurz auf und beschäftigte sich dann weiter mit ihrer Stickerei.

«Ihr tut mir Unrecht», sagte Giuliano. «Ich kam, um Eure Schönheit und Anmut zu genießen, meine Damen. Von dort drüben betrachtet – was Ihr leider nicht sehen könnt –, schlägt die Sonne Funken aus dem Haar meiner teuren Constanza wie aus den Schwingen eines Raben. Sagte ich, es sei ein reizender Anblick? Es ist ein hinreißender Anblick, und ich bin um so mehr geblendet, je näher ich komme.» Er verbeugte sich abermals.

«Bitte, Herr», sagte Constanza d'Avalos ungerührt, «nehmt noch einige von den Trauben.» Sie legte ihre Stickerei beiseite, löste einen größeren Stiel voll saftiger Trauben ab und reichte ihn Giuliano.

«Ich danke Euch. Sie werden besonders süß schmecken, da sie aus Eurer Hand kommen», sagte er. «Doch weshalb so viele? Ich möchte sie am liebsten eine nach der anderen und ganz langsam verzehren, damit ich um so länger bei Euch bleiben kann.»

«Aber uns», fuhr Bianca dazwischen, «wäre es lieber, Ihr würdet sie alle auf einmal hinunterschlingen, Giuliano, denn je mehr Ihr eßt, um so weniger redet Ihr, und wir werden schneller mit unserer Arbeit fertig. Außerdem müßt Ihr etwas im Magen haben, sonst könnt Ihr keine so langen und höflichen Reden führen.»

«Cousine, Ihr überwältigt mich», sagte Giuliano. «Es tut mir außerordentlich leid.» Er sprach sanft, konnte aber einen leichten Unmut nicht verbergen, was Bianca nicht im mindesten störte; Constanza dagegen errötete und beugte sich schnell tiefer über ihre Arbeit. «So komme ich denn gleich zur Sache», fuhr Giuliano fort. «Constanza, stimmt es, daß Eure Schwester Carla d'Avalos von Arezzo hierher unterwegs ist?»

«Ja, das stimmt», erwiderte Constanza.

«Und wann, Madonna, wird sie eintreffen?»

«Morgen, Giuliano. Weshalb?»

«Nichts Wichtiges. Ich möchte ihr, mit Eurer Erlaubnis, entgegenreiten und sie eskortieren. Die Republik ist nicht mehr so sicher, wie sie es war.»

«Ihr erschreckt mich, Herr», sagte Constanza.

«Dazu besteht kein Anlaß», erwiderte Giuliano. «Es ist nur eine vernünftige Vorsichtsmaßnahme. Meine Damen, ich bedanke mich für Eure Höflichkeit.»

«Ich bin es, die für Eure Vorsorge zu danken hat, Giuliano», sagte Constanza d'Avalos. «Ich danke Euch sehr.»

«Alsdann – mit Eurer Erlaubnis.» Giuliano verbeugte sich abermals, verließ die Damen und schlenderte gelassen zu dem Tisch am anderen Ende des Raumes zurück.

Bianca lachte. «Er muß doch immer das letzte Wort haben», sagte sie. «Ihm beizubringen, daß er sich klar und deutlich ausdrückt, ist eine mühevolle Arbeit, aber ich werde es schon schaffen.»

«Gebt acht, daß er nicht an Eurer scharfen Zunge Anstoß nimmt», sagte Constanza unwillig.

«Ich soll achtgeben?» fragte Bianca. «Weshalb? Ich bin eine Visconti. Außerdem sehe ich ihn nicht mit Euren großen, verliebten Augen, teure Cousine. Ist das die Art, auf die Ihr Euch nachts im Garten unterhaltet? Nein, ich kann es einfach nicht glauben. Laßt Ihr Euch durch dieses ‹mit Eurer Erlaubnis› und ‹wenn Ihr gnädigst gestattet› am Ende in sein Bett locken? Bei mir käme er damit nicht weit.»

«Da Ihr kaum vierzehn und folglich noch ein Kind seid», erklärte Constanza, «bin ich froh, das zu hören. Habt Ihr uns nachspioniert?» Zorn flackerte in ihren Augen. «Ihr geht zu weit, Bianca.»

Bianca lachte unbeschwert. «Wir Visconti lernen die Lektionen, die andere zu spät lernen, schon sehr früh», sagte sie. «Natürlich habe ich Euch beobachtet. In Mailand, teure Cousine, erkunden wir das Schlachtfeld, bevor wir es betreten, und von wem soll ich die Listen der Liebe lernen, wenn nicht von jemandem, der – mit seinen sechzehn Jahren – älter und weiser ist als ich?»

«Ihr verfügt über zuviel Wissen, Kind», meinte Constanza mit einem Blick auf Giulianos Rücken, «und zuwenig Verstand. Macht Euch wieder an Eure Arbeit.»

Giuliano trat zu seinem Bruder.

Lorenzo de' Medici strich mit der Hand über die vor ihm liegende Landkarte, um sie zu glätten.

«Angenommen, ich muß meine Belagerung aufheben», sagte er. «Was dann, Toscanelli? Meint Ihr, wir sollten für die Dauer des Winters einen formellen Waffenstillstand abschließen?»

Der Condottiere fuhr sich nachdenklich mit der Hand über die Wangen. «Das ist eine Entscheidung, die nicht bei mir liegt, Herr», sagte er schließlich. «Ihr müßt Euch mit dem Grafen von Castelmonte einigen; Ihr und Giovio della Rovere seid schließlich die kriegführenden Fürsten. Was mich und Montefeltro angeht, die Eure und des Grafen Truppen befehligen, so würde ich einen Waffenstillstand befürworten, und er vermutlich auch. Aber ob nun ein Waffenstillstand geschlossen wird oder nicht, das Ergebnis dürfte das gleiche sein. Euer Krieg geht erst im nächsten Frühjahr weiter. Die Natur, Gott und der Schnee gebieten ihm Einhalt. Eine Frage ist nur, wie Graf Girolamo, der Generalkapitän der Kurie, sich verhalten wird. Ich habe keine Ahnung, wie er denkt und welche Macht er womöglich über della Rovere hat.»

«Aber Ihr seid für einen Waffenstillstand?»

«Ja, das bin ich, Herr.»

«Einen Waffenstillstand, der zur Instandsetzung der Mauer von Castelmonte genutzt wird?»

«Das läßt sich nicht vermeiden», gab Toscanelli zu.

Lorenzo lehnte sich in seinem Stuhl zurück und schloß, um besser nachdenken zu können, die Augen.

«Fassen wir die Umstände dieses Feldzugs noch einmal zusammen», sagte er. «Ich muß Castelmonte nehmen. Nicht um seiner selbst willen, sondern weil es in so beherrschender Stellung an der Straße nach Rom liegt.» Er öffnete die Augen und richtete sie auf den Condottiere. «Stimmt Ihr mir hierin zu?»

«Aber gewiß», erwiderte Toscanelli.

«An der Straße, auf der irgendwann im nächsten Jahr der Papst mit einem Heer von zwanzigtausend Mann gegen Florenz marschieren wird – vielleicht mit einem noch größeren.»

«Mit Eurer Erlaubnis, Herr», sagte Toscanelli, «das ist eine Frage der militärischen und politischen Strategie. Ich bin nur ein

Taktiker, der sich an den Tatbestand halten muß, wie Ihr ihn mir im Juli dargelegt habt. Jetzt müssen wir uns mit dem Scheitern unserer Pläne abfinden, und deshalb frage ich Euch noch einmal, wie ich Euch schon damals fragte: Handelt Ihr nicht auf bloße Vermutungen hin? Woher wißt Ihr, was Seine Heiligkeit plant?»

Lorenzo überlegte einen Augenblick lang.

«Es sind keine Vermutungen», sagte er dann, «sondern Berechnungen.» Scheinbar vom Thema abschweifend, fuhr er fort: «Sagt mir, Guido, welcher Familie gehört Girolamo Riario an, der Graf von Bosco und Imola?»

Toscanelli lächelte kaum merklich. «Der Generalkapitän ist der Sohn der Schwester seiner Heiligkeit.»

«Wirklich? Flüstert man sich nicht insgeheim zu, Seine Heiligkeit wäre mit dem Grafen noch ein wenig enger verwandt?»

«Riario ist ein Bastard della Roveres», erklärte Rigo unumwunden, «und der Graf von Castelmonte ein weiterer, daran ändert alles Drumherumreden nichts.»

«Das nenne ich ein offenes Kanonierswort», sagte Giuliano de' Medici lachend.

«Habt Dank, Rigo», sagte Lorenzo. «Beide sind Bastarde des Papstes, und was bedeutet das für uns? Pietro Riario wurde zum Kardinal ernannt und starb an seinen Ausschweifungen in Amt und Würden. Unser Heiliger Vater heißt jetzt Francesco della Rovere, und Giovio della Rovere hält Castelmonte für Rom. Girolamo Riario steckt sie beide in die Tasche, sowohl was Fähigkeiten, als auch was Bosheit betrifft. Und er ist Generalkapitän der Kirche. Und er hält sich gleichfalls in Castelmonte auf.»

«Und was folgt daraus?» erkundigte sich der Condottiere.

«Daraus folgt, mein lieber Toscanelli, abermals die Frage: Weshalb ist er dort? Wenn der Generalkapitän der Römischen Kirche es der Mühe wert erachtet, sich in einer belagerten Festung aufzuhalten, dann folgt daraus, daß er dieser Festung ebenso viel Wert beilegt, wie ich es tue. Also hat Rom vor, gegen uns ins Feld zu ziehen. Aber ich habe noch andere Gründe für meine Überzeugung.» Lorenzo hob einen Finger nach dem anderen, als er fortfuhr. «Erstens: Sixtus hat uns Imola nicht gegönnt, deshalb hat er es vor vier Jahren den Mailändern abgekauft – woraus folgt, daß er uns auch den Zugang zur Adria nicht gönnt. Zweitens: er hat unserem Oheim Giovanni Tornabuoni die Bankgeschäfte Roms entzogen und sie der Familie Pazzi übertragen – woraus folgt, daß er uns keinen Profit gönnt. Drittens: er hat gegen unseren Wunsch und gegen unsere formelle Zustimmung Francesco Salviati zum Erzbischof von Pisa ernannt, das zu unserem Herrschaftsgebiet gehört – woraus folgt, daß er es bewußt darauf anlegt, uns herauszufordern.»

«Was ihm gelungen ist», sagte Giuliano.

«In der Tat», sagte Lorenzo. «Viertens: er hält Castelmonte gegen uns – Truppen und Verpflegung bezahlt er aus seiner eigenen Schatulle. Fünftens: er hat Girolamo Riario dorthin geschickt. Und deshalb lautet die Frage, die ich mir stelle, nicht, ob er gegen uns Krieg führen wird, sondern wann er es tun wird. Riarios Anwesenheit liefert mir die Antwort: im Frühjahr nächsten Jahres. Habt Ihr irgendwelche Einwände gegen meine Folgerungen?»

«Ich nicht», sagte Rigo. «Ihr habt Euch sehr deutlich ausgedrückt.»

«Guido?»

«Ihr habt mich überzeugt, Herr», sagte Toscanelli. «Ich muß Euch beipflichten.»

«Giuliano?»

«Auch ich stimme dir zu.»

«Und deshalb», faßte Lorenzo zusammen, «*muß* Castelmonte spätestens zwei Wochen nach Beginn des guten Wetters im nächsten Frühjahr in unserer Hand sein. Ist das folgerichtig?»

«Das ist es», sagte Rigo.

«Und wenn Ihr mit Eurer Beschießung wieder beginnt, sobald der Boden fest genug ist, um Eure Kanonen zu tragen – sagen wir, im April –, wie lange wird es dann dauern, bis die Mauer fällt?»

«Die Antwort auf diese Frage kennt Ihr so gut wie ich, Herr. Es wird die acht Wochen kosten, die ich in diesem Jahr bereits gebraucht habe, denn sie werden den Schaden ausbessern, den ich angerichtet habe. Es sei denn, Toscanelli hat vor, den Winter über vor der Festung auszuhalten und sie daran zu hindern.»

«Unmöglich», sagte Toscanelli. «Vier Monate in den Zelten verbringen und einen Kleinkrieg gegen Bauarbeiter führen? Ausgeschlossen. Außerdem brauchen sie hinter der beschädigten Stelle nur eine zweite Brustwehr zu errichten. In vier Monaten läßt sich das ohne weiteres schaffen, und es hält sie obendrein warm. Ich kann sie nicht daran hindern.»

«Also acht Wochen oder länger», sagte Rigo. «Außerdem . . .»

«Ja?» drängte Lorenzo.

«Herr, ich möchte Eure Sorgen nicht noch vergrößern.»

«Das tut Ihr nicht, wenn Ihr mich auf Tatsachen hinweist, Rigo. Sprecht.»

«Nun», sagte Rigo, «wenn ich im nächsten Frühjahr – oder sagen wir lieber, im nächsten Sommer – meine Bresche geschlagen habe und Toscanelli die Stadt genommen hat, seid Ihr nicht mehr der Angreifer, sondern der Verteidiger. Rom wird gegen Euch marschieren, und die Mauer, die ich dann unter großen Mühen für Euch gebrochen habe, muß von Euch wieder instand gesetzt werden. Ich bin mir nicht sicher, ob Seine Heiligkeit Euch die nötige Zeit dazu lassen wird.»

Lorenzo de' Medici trommelte mit den Fingern auf seine Karte und wandte sich Toscanelli zu.

«Guido», sagte er, «wie steht es mit den Aussichten, Castelmonte zu stürmen, ohne die Mauer zu brechen?»

«Schlecht», antwortete Toscanelli. «Es läßt sich machen, aber nicht mit den Soldaten, die ich habe. Für eine Belagerung sind sie gut genug, aber nicht für einen Sturmangriff. Die Schweizer würden es vielleicht schaffen.»

«Für eine gewaltige Summe.»

«Zweifellos. Und auch sie könnten vor dem nächsten Frühjahr nichts ausrichten. Außerdem würdet Ihr für ein solches Unternehmen Belagerungsmaschinen brauchen – Türme, Brücken, Sturmleitern, Wurfgeschütze, Rammböcke. Das sind Gerätschaften, mit denen ich wenig vertraut bin.»

«Aber es gibt Leute, die Erfahrung damit haben.»

«Gewiß. Der beste Kriegsbaumeister ist Francesco di Giorgio Martini aus Siena. Er würde Euch zwölftausend Fiorini im Monat berechnen, ein rundes Drittel dessen, was Ihr jetzt mir und meinen Leuten bezahlt – und darin sind die Maschinen noch nicht enthalten. Gute Belagerungsingenieure sind rar. Und deshalb teuer.»

3

«Gold», sagte der Papst, «darauf läuft es hinaus, wie immer. Gold, Borgia.»

«Ein hervorragendes und unentbehrliches Werkzeug», pflichtete der Kardinal ihm bei.

«Ein Werkzeug, Ihr sagt es!» erwiderte Sixtus. «Und dennoch sehe ich in ihm zugleich einen Felsen, Borgia – einen Felsen, an dem Unsere Arbeit, Unsere Liebe, Unser großer, einzigartiger Plan *in excelsis* scheitern könnte.»

Franceso della Rovere, durch die Gnade des Allmächtigen und den ausdrücklichen Willen des Kardinalskollegiums Papst Sixtus IV., ehemals General des Franziskanerordens, zuvor Professor in Padua, Bologna, Pavia, Siena, Florenz, Perugia und Venedig und nun Stellvertreter Gottes auf Erden, hob die juwelengeschmückte Hand ans Kinn und rutschte ungeduldig auf seinem reich verzierten Sessel hin und her.

Um ihn herum ragten die Wände seines Gemachs dreißig Fuß und höher empor in eine verschattete Pracht oberhalb seidener Draperien und geschnitzter Architrave, über Täfelungen aus Zedern- und Olivenholz und Pilastern aus Ebenholz und Bronze. An den Wänden hingen die Porträts seiner Vorgänger seit dem großen Schisma: Nikolaus V., Calixtus III., Pius II., Paul II. Auf ihn herabblickend, erteilten sie, wie es schien, seinem großen Vorhaben ihren Segen.

Sixtus, ungeschlacht, zügellos, ein schlauer Heuchler, zog Kraft und Stärke sowohl aus seiner Umgebung wie aus den bei seinem Amtsantritt geknüpften politischen Verbindungen. Er förderte seine Familie, belohnte seine Anhänger und kaufte Zeit von seinen Gegnern. Er war dank Vernunft und Erleuchtung zu dem Schluß gekommen, die Welt sei das Mittelmeergebiet. Und das Mittelmeergebiet, das war – ungeachtet der Türken – Italien, und Italien war Rom. Und Rom schließlich war er selbst. Und so war, da

Vernunft und Offenbarung es so wollten, der große Plan geboren und das Ziel gewiesen. Das Streben nach seinem Ziel verzerrte das Gesicht des Papstes zu einer ständig wechselnden Grimasse, wenn er sprach; es beschleunigte seine Schritte, wenn er durch die Gänge des päpstlichen Palastes wandelte, und es war auch der Grund für seine kaum verhüllte Ungeduld gegenüber den Legaten und Nuntii.

Vielleicht hatten diejenigen, die ihn gewählt hatten, etwas von dieser Zielstrebigkeit gespürt und ihm deshalb ihre Stimme gegeben. Doch worum es ihm ging, hatten sie offenbar nicht erkannt, sonst hätten sie vielleicht etwas gründlicher nachgedacht. Paul II., sein Vorgänger, war ein Asket gewesen und hatte in Rom nur wenige Freunde gewonnen, da er anderen gegenüber so knauserig war wie gegen sich selbst. Von Sixtus erhofften sich seine Anhänger nun, daß er die früheren Verhältnisse zielstrebig, aber auch mit der nötigen Mäßigung wiederherstellte und Rom durch weises Austeilen von Geld, dem goldenen Blütenstaub der Macht, zu neuer Größe führte.

Gleich nach seiner Wahl stampfte Francesco della Rovere wie ein frommer und schlaffer Moloch alle Hoffnungen auf Mäßigung nieder. Und bald stellte sich heraus, daß er für Rom und für sich selbst weit größere Pläne verfolgte.

«Florenz», sagte Papst Sixtus IV., «Florenz, Siena, Ferrara, Mantua, Venedig, Mailand. Ist Euch das klar, Borgia? Rom kann nicht dulden, daß es wie eine Nuß gepreßt wird zwischen Norden und Süden. Es muß sich ausdehnen, Borgia, sich ausdehnen und festigen.»

«Das ist mir in der Tat klar, Euer Heiligkeit», erwiderte Kardinal Borgia, «und ich pflichte Euch bei. Aber es ist eine große Mahlzeit, die Rom nicht so leicht verdauen kann.»

«Eure Metapher», sagte Sixtus rügend, mit einer abwehrenden Bewegung seiner dicken Finger, «ist unpassend. Verdauen – das ist etwas Rohes, dessen Wir nicht fähig sind. Denken wir an Rom lieber als an einen Schwan, der seine Schwingen schützend über die Stadtstaaten unseres zerrissenen und fehlgeleiteten Landes breitet.»

«Sehr wohl», sagte der Kardinal, «und ich mache mir Eure

Korrektur des Bildes um so lieber zu eigen, als vor allem Mailand und Venedig Brocken wären, die zu verschlucken selbst ein Gargantua Mühe hätte. Um mich also Eurer feineren Wendung zu bedienen – ich habe nach wie vor den Eindruck, Roms Flügelspanne dürfte kaum ausreichen, sie alle zu bedecken.»

«Sie muß es.»

«Mit der Zeit, vielleicht», sagte Borgia. «Da Rom die Adria ebenso beherrschen muß wie die Westküste. Und außerdem strömt durch Venedig – wenn ich die Gedanken Euer Heiligkeit richtig deute – unermeßlicher Reichtum ins Land.»

«Ihr versteht mich, Borgia, wie immer.»

«Dann laßt Rom langsam vorgehen.»

«Langsam?» Sixtus rutschte wieder auf seinem Stuhl hin und her, und sein Mund zuckte. «Langsam?»

«Mit der nötigen Vorsicht.»

«Das ist besser. Wir wollen nicht, daß man Uns überstürztes Handeln nachsagt.»

«Natürlich nicht», erwiderte Kardinal Borgia. «Und wie steht es mit Neapel?»

«Barbaren! Soll Ferrante im eigenen Saft schmoren, und seine kotbespritzte Brut mit ihm. Wir haben einem von dieser Brut die Abtei von Monte Cassino überlassen und damit Einkünfte nach Neapel gelenkt, die eigentlich Uns zustünden. Von solchen Gesten abgesehen, gibt es im Süden nichts, was Unserer Beachtung wert wäre.»

«Also gut. Richten wir unsere Aufmerksamkeit auf Venedig und seinen Goldstrom – aber mit der nötigen Vorsicht.»

«Seinen Goldstrom», wiederholte Sixtus genüßlich. Dann schlug er die Hände über seinem umfänglichen Bauch zusammen und blickte zur Decke. «Bewundernswert. Vielleicht eine Spur zu weltlich, aber dennoch bewundernswert. Aber um uns erst einmal näher gelegenen Gefilden zuzuwenden . . . Ferrara können wir außer acht lassen, denn wenn wir Venedig haben, ist Ferrara eingekreist und fällt uns durch Vertrag zu. Und für Siena, meine ich, gilt das gleiche.»

«Wenn Florenz gefallen ist», stimmte Kardinal Borgia zu, «kann Siena sich nicht halten. Und Mailand . . .»

«. . . ist sehr mächtig», unterbrach ihn Sixtus. «Daran kann niemand zweifeln. Wenn Herzog Galeazzo noch lebte, hätten wir mit Mailand keine Schwierigkeiten. Aber sie haben ihn ermordet, Borgia, hinterhältig ermordet.» Er seufzte. «Und Herzog Lodovico Sforza bringt Rom nicht die Liebe entgegen, die Galeazzo für Uns hegte. Undankbarkeit, mein Freund, ist schärfer als der Zahn der Schlange. Jetzt wandeln Sforza und Medici Hand in Hand. Und bei Unserer großen Liebe, Borgia, Wir müssen sie beide haben!»

Kardinal Borgia erhob sich. Er war ein stattlicher Mann; gut gewachsen und kräftig, war er sogar noch prächtiger gekleidet als der Papst. Sein umgängliches und gleichwohl edles Wesen war in volkstümlichen Schriften viel gerühmt worden, und seine Wirkung auf Frauen war das Thema einer höchst unanständigen Geschichte von Masuccio Salernitano. Als Abkömmling eines spanischen Geschlechts nahm er solche Geschichten eher mit gewissem Stolz auf – wie auch Berichte über seine Jugend, in der er tapfer für seinen Onkel, den Borgia-Papst Calixtus III., gefochten hatte. Jetzt, im besten Mannesalter, war er ein charmanter und zugleich gewichtiger Politiker.

«Womit wir, wie es scheint, wieder bei Florenz angelangt wären», sagte er.

«Ja, Florenz», stimmte Papst Sixtus mit einem Seufzer zu. «Ach, Borgia! Wenn Rom ein Schwan ist, muß es diesen Schwan dann nicht danach verlangen, das aufrührerische Florenz wie ein hilfloses Junges unter seine Fittiche zu nehmen? Eine Stadt, so voller Schönheit, so nahe bei Gott, und doch so fern! Wenn Wir ihr nicht Unseren Schutz und Unsere Führung angedeihen lassen, kann es leicht geschehen, daß ihre Bewohner der Ketzerei verfallen. Ist es demnach nicht Unsere heilige Pflicht, Uns der Republik Florenz anzunehmen? Es muß sein, Borgia.»

«Die Güte Eurer Heiligkeit ist Eures hohen Amtes würdig!» sagte der Kardinal. «Florenz ist eine Stadt der Freidenker und deshalb verdammt.»

«Mein lieber Freund, seid nicht zu hart. Die Stadt könnte die Blüte Italiens und ein Juwel in Unserer Krone sein.»

«Nicht, solange die Medici dort herrschen», sagte Borgia.

«Die Medici», sagte Sixtus gereizt, «wer sind schon die Medici? Wucherer, die Florenz so lange Sand in die Augen streuten, bis es ihre Herrschaft hinnahm. Unser erster Gnadenerweis gegenüber dieser Stadt, Borgia, muß darin bestehen, daß Wir den Florentinern den Blick öffnen für die anmaßende Geldgier der Medici. Doch genug davon. Im nächsten Jahr, Borgia – im nächsten Jahr werden Wir uns, in Liebe und voll guten Willens, Florenz zuwenden.»

Kardinal Borgia kniff sich nachdenklich in den Rücken seiner Nase.

«Wenn Castelmonte standhält», sagte er.

«Es wird standhalten. Unser unübertrefflicher Sohn Girolamo Riario wird Graf Giovio dabei unterstützen.»

«Wenn Euer Heiligkeit meine ehrliche Meinung hierzu hören wollen», erklärte Borgia, «so verließe ich mich lieber auf Montefeltro. Die Grafen von Imola und von Castelmonte neigen manchmal dazu, zu weit zu gehen.»

«Zu Unserem großen Bedauern», sagte der Papst milde. «Das ist Unser beständiger Kummer. Aber sie sind tüchtig.»

«Das gebe ich zu. Wohin Girolamo Riario auch kommt, weckt er Entsetzen in den Herzen unserer Feinde.»

«Entsetzen, Borgia?» In der Stimme des Papstes schwang ein leichter Tadel. «Wie wäre das möglich, da es ihm doch nur darum geht, diejenigen, die blind und verloren sind, Unseres Wohlwollens zu versichern? Nennen wir es lieber Ehrfurcht.»

«Wie Euer Heiligkeit wünschen. Und was die Medici selbst betrifft, so hörte ich, daß man gewisse Pläne erörtert, die Rom und Eurer Herrlichkeit sehr gelegen kämen.»

«Das ist nicht der Fall», erklärte Sixtus rasch. «Das ist ganz und gar nicht der Fall. Gerüchte – wilde Gerüchte – sind an Unser Ohr gedrungen. Infame Vorschläge, um es unverblümt zu sagen. Wir haben ihnen Unser Ohr verschlossen, versteht Ihr, Borgia?»

«Ich verstehe Euer Heiligkeit vollkommen», sagte Kardinal Borgia. «Vollkommen.»

4

«Noch einmal?» protestierte Matteo Barletta, der Bogenschütze. «Ich bin verwundet, Leonardo!»

«Das hast du mir schon fünfzigmal oder noch öfter mitgeteilt. Noch einmal, sei so gut – deine Verwundung ist nur ein Kratzer und kümmert mich nicht. Die Wissenschaft kennt keine Gnade, Matteo. Wir alle müssen um ihret willen leiden.»

«Das sehe ich – dein Leiden rührt mich zu Tränen», erwiderte der Bogenschütze spöttisch. «Außerdem hat das Bogenschießen nichts mit Wissenschaft zu tun. Es ist eine Kunst! Und um mich vom Gegenteil zu überzeugen, braucht es mehr als dein ständiges Herumhantieren mit diesen Stöcken.» Er stellte sich abermals in Positur, die Füße weit auseinander, die linke Schulter dem siebzig Schritt entfernt am anderen Ende des Feldes aufgestellten Ziel zugewandt. Die Pfeilkerbe glitt zwischen seinen Fingern hindurch, als er den Eschenholzbogen spannte. Die Sehne schwirrte, und einen Augenblick später fuhr der Pfeil neben vier anderen, deren Spitzen sich tief in den Strohballen hinter der Leinwand gebohrt hatten, ins Ziel.

Leonardo ließ die beiden Holzstücke sinken, die er sich vor die Augen gehalten hatte. Sie waren an ihrem einen Ende so miteinander verbunden, daß sie eine Art Meßgerät bildeten, an dem er ablesen konnte, in welchem Winkel sich der Schaft des Pfeils in dem Augenblick, in dem Matteo Barletta ihn losließ, zum Boden befunden hatte. Das Ergebnis trug er in ein Skizzenbuch ein, das wie stets an seiner Hüfte hing, und zwar mit einer Feder, die er in ein verschließbares, vom Rücken des Skizzenbuchs herabbaumelndes Tintenfaß tauchte.

Matteo warf einen Blick auf die Sonne. «Schon vier Uhr.» Seit dem Mittag dieses ersten kalten Wintertags hatten sie die Prozedur nicht weniger als einhundertvierzigmal wiederholt. Und jedesmal, in dem kurzen Augenblick, bevor Matteo die Sehne fahren ließ, hatte Leonardo schnell die Arme seines Meßgeräts neu eingestellt und sich danach Notizen gemacht.

Nach jeweils einem Dutzend Schüssen war Leonardo ans andere Ende des Feldes gegangen, um die Pfeile zu holen, während Matteo sich ausruhte.

Neun Tage hatten sie so schon auf der kleinen, feuchten Wiese hinter dem Medici-Palast zugebracht, die von einem seichten Bach durchschnitten wurde. Dahinter stieg das Gelände bis zum Fuß der hohen Steinmauer an, die die Rasenflächen und Terrassen des Palastes umgab. Gelegentlich war an der kleinen Pforte in der Palastmauer der eine oder andere Zuschauer aufgetaucht und hatte die beiden beobachtet; doch nie war jemand zu ihnen gekommen, weder aus Neugierde noch um gegen ihren unbefugten Aufenthalt Einwände zu erheben. Von Mittag bis Sonnenuntergang hatten sie ungestört ihren Versuchen nachgehen können, und nun war Matteo Barletta des Spiels langsam müde. Außerdem machten ihn die ständigen Fragen Leonardo da Vincis allmählich ungeduldig.

«Ich sagte es dir schon», erklärte er, das eine Ende seiner Waffe an seinen Spann gelehnt, «ich weiß nicht, wie man es macht. Es ist eine Sache der Geschicklichkeit und der Übung bei Leuten, die von Anfang an über diese Geschicklichkeit verfügen.»

Leonardo warf ihm einen Blick zu. «Entspanne deinen Bogen noch nicht, Matteo, falls das deine Absicht war. Wir sind noch nicht fertig.»

Der Bogenschütze stöhnte und befestigte die Sehnenschlinge wieder in ihrer Kerbe.

«Noch nicht?» fragte er. «Ich hatte gehofft, du wärest es allmählich ebenso leid, Zahlen zu notieren, wie ich diesen Kinderkram leid bin. Es ist genug, Leonardo.»

«Ruh dich ein wenig aus. Aber auf jeden Fall müssen wir noch . . .» Er überflog, schnell zählend, seine Aufzeichnungen. «Wir müssen noch sechzig Schüsse abgeben, ehe unser Tagewerk vollbracht ist. Was nun die Geschicklichkeit angeht – sag, auf welchen Punkt richtest du die Pfeilspitze, wenn du so schießt?»

«Auf diese Entfernung?» fragte der Bogenschütze. «Mannshoch über der Mitte der Zielscheibe.»

«Und woher weißt du, daß es der richtige Punkt ist?»

«Ich weiß es», erklärte Matteo Barletta gereizt, «weil ich seit unserer gemeinsamen Kindheit in Anchiano an Hunderten von Turnieren teilgenommen habe und sogar ein paar bescheidene Preise einheimsen konnte. Daher weiß ich es.»

«Und wenn wir das Ziel in einer Entfernung von hundert Schritt aufstellen?»

«Dann liegt mein Zielpunkt entsprechend höher. Jeder Narr weiß das. Ich habe diese Beschäftigung Kinderkram genannt, Leonardo, aber deine Fragen sind noch viel kindischer.»

«Das liegt daran, daß ich wie ein Kind an alle diese Dinge herangehe», erklärte Leonardo unerschüttert. «Von dir eine klare Antwort zu bekommen ist mühsamer, als Saft aus einer getrockneten Feige herauszupressen. Um wieviel höher liegt dein Zielpunkt bei einer Entfernung von hundert Schritt?»

Matteo Barletta kratzte sich den Hals und runzelte die Stirn. «Das weiß ich nicht», sagte er. «Ich bin kein Mathematiker. Ich stelle keine Berechnungen an, wie du es nennst. Ich bin Bogenschütze. Meinst du etwa, ich hätte Zeit, dies zu bedenken und jenes zu berechnen, wenn ein feindlicher Reiter auf mich losprescht, den ich aus dem Sattel holen muß, bevor er mich unter die Hufe bekommt? Ein hübsches Bild wäre das, wenn ich dastünde, meine Feder anspitzte und etwas auf ein Täfelchen kritzelte, nachdem ich meinen Gegner gebeten habe, doch stillzuhalten, während ich mir ausrechne, wie weit er von mir entfernt ist! Nein, ich ziele und schieße, und damit hat es sich, Leonardo. Und wenn mein erster Pfeil sein Ziel verfehlt, läßt die Vorsehung vielleicht noch einen zweiten zu. Wenn auch der danebengeht, bin ich ein toter Mann; aber meine Aussichten sind auch dann immer noch größer, als wenn ich wie ein Stockfisch dastünde und etwas an meinen Fingern abzählte.»

«Deine Argumente leuchten mir durchaus ein», sagte Leonardo. «Trotzdem . . . du magst nicht mehr schießen, sagtest du?»

«Ich mag absolut nicht mehr.»

«Und deine Wunde plagt dich?»

«Meine Wunde, wie du es nennst, ist nur ein Kratzer, das weißt du recht gut. Deine plötzliche Besorgnis ist verdächtig. Sind wir nun fertig für heute oder nicht?»

«Wir sind noch nicht fertig. Aber du kannst dich hinsetzen und ausruhen, König der Bogenschützen; ich gehe inzwischen hinüber zu Piero Novara und bitte ihn um ein wenig Holz», sagte Leonardo.

«Holz? In Gottes Namen, was willst du damit?»

«Holz und Nägel. Warte, bis ich zurückkomme. Wir haben noch eine volle Stunde Tageslicht», sagte Leonardo. «Also laß dich nieder und warte.»

Der Bogenschütze setzte sich und legte seinen Bogen auf die Knie.

«Dann bring auch einen Schluck Wein mit.»

In der Werkstatt des Andrea del Verrocchio beugten sich Köpfe in echtem oder vorgetäuschtem Eifer über Arbeitstische und Werkbänke. Nur hin und wieder hob der eine oder andere Schüler den Blick von seiner Arbeit und richtete ihn auf die kleine Gruppe, die sich in der hinteren Ecke des Raumes um eine grundierte Holztafel scharte.

Es dämmerte. Wäre dies ein normaler Abend gewesen, dann wäre es jetzt zu einiger Unruhe gekommen, dem ersten Anzeichen dafür, daß des Tages Arbeit fast getan war. Kleine Häufchen von Holzspänen und Gold- oder Silberfolie wären zusammengefegt, unfertige Arbeiten mit schützenden Tüchern abgedeckt worden. Leises Gemurmel und stilles Lächeln hätten den unmittelbar bevorstehenden Feierabend angekündigt.

In Anwesenheit von Lorenzo de' Medici jedoch, dem wichtigsten Gönner des Meisters, war dergleichen nicht angezeigt. Zur Not konnte man, wenn er gegangen war, auch noch bei Kerzenlicht aufräumen.

Lorenzo de' Medici legte die Zeichnung nieder, die er betrachtet hatte. Das auf der Holztafel skizzierte Gesicht lächelte ihm entgegen, wie es am Tage seiner Entstehung auch Verrocchio entgegengelächelt hatte.

«Und wo hält sich Messer Leonardo selbst auf?» erkundigte sich der Beherrscher von Florenz leutselig.

«Er ist nicht hier», erwiderte Verrocchio.

«Es scheint so; andernfalls wäre er unserer Aufmerksamkeit kaum entgangen. Aber da wir in erster Linie kamen, um ihn zu sprechen, wüßte ich gern, wo er sich aufhält. Habt Ihr ihn mit einem Auftrag fortgeschickt?»

Meister Andrea zögerte.

«Mit einem Auftrag – nein, Herr», antwortete er. «Das heißt – ich weiß nicht genau, wo er ist. Möglicherweise auf der an Euren Palast angrenzenden Wiese, aber, um der Wahrheit die Ehre zu geben, ich habe ihn nicht gefragt, was er dort tut.»

«Wirklich nicht, Andrea? Aber er ist doch mit Eurer Einwilligung fort?» Lorenzo lächelte, und Verrocchio gestattete sich gleichfalls ein Lächeln.

«Vielleicht gab ich sie nicht gern, Herr», sagte er, «aber er hat sie.»

«Ich möchte wetten, er bummelt irgendwo herum», warf der junge Mann ein, der neben Lorenzo stand. «Ist das bei Künstlern nicht die Regel, bester Verrocchio?»

Der Sprecher war ein hochgewachsener Mann von anmaßendem Wesen mit einer elegant gekrümmten Nase, an der entlang er ständig auf die Welt herabzublicken schien – ein Eindruck, der durch alles, was er tat und sagte, vollauf bestätigt wurde. Der Mann war Silvio Grimiani di Torino, Fürst von Savoyen. Farbenprächtig gekleidet, mit einem geschlitzten purpurroten, golden bestickten Wams, schnüffelte er geziert an einem parfümierten Taschentuch, um die Gerüche von Farbe, Terpentin und erhitzten Ziselierwerkzeugen von sich fernzuhalten. Sein vornehmes Getue hatte ihm die Bewunderung zahlreicher Damen am Hofe und die belustigte Duldung einiger anderer eingebracht, zu denen auch Bianca Maria Visconti gehörte, die jetzt an Lorenzos Seite stand.

«Ich könnte mir vorstellen, Lorenzo», fuhr der Fürst fort, «daß er wieder einmal mit Eurem Bruder ausgeritten ist. Auf einem geliehenen Pferd, natürlich.»

«Hierin irrt Ihr, lieber Freund», sagte Lorenzo, «wenn mich nicht alles täuscht.» Er wandte sich wieder Verrocchio zu. «Seit neun Tagen halten sich zwei Männer auf meiner Wiese auf und üben sich im Bogenschießen. Glaubt Ihr, einer von ihnen könnte

Messer Leonardo sein? Wenn ja, so wäre es seltsam. Warum tut er das?»

«Danach müßt Ihr ihn selber fragen, Herr. Ich habe nicht die geringste Ahnung; ich könnte nicht einmal beschwören, daß er sich dort aufhält.»

«Doch, er ist es.» Bianca Visconti meldete sich zu Wort, Lorenzo leicht am Ärmel seines Umhangs zupfend. «Vor knapp zwei Stunden sah ich ihn vom Dach Eures Gartenhauses aus.»

«Wirklich, mein Kind? Dann hättest du mir diesen Weg ersparen können.»

«Hättet Ihr mir den Grund für Euren Ausflug genannt, dann wäre das wohl möglich gewesen. Doch so . . .»

«Auf jeden Fall», unterbrach Lorenzo, «schickt es sich für dich nicht länger, auf den Mauern und Dächern meines Palastes herumzuklettern; ich habe Fra Sigismondo mehrmals gebeten, dich darauf hinzuweisen. Vergeblich, wie es scheint. Und woran hast du Leonardo da Vinci erkannt, als du ihn von deinem unpassenden Posten aus entdecktest?»

«An dem Buch an seinem Gürtel», erwiderte Bianca prompt. «Stimmt das nicht, Meister Andrea? Mit einer Kette am Gürtel befestigt.»

«Ja», sagte Verrocchio, «das kann nur Leonardo gewesen sein.»

«Da habt Ihr es», sagte Bianca triumphierend.

Ihr Vormund warf ihr einen Blick zu, in dem Unwille und Zärtlichkeit zugleich lagen.

«Sehr aufmerksam von dir», sagte er und wandte sich wieder Verrocchio zu: «Ob Ihr Euren Gesellen die Erlaubnis erteilt, sich während der Arbeitszeit mit Bogenschießen zu beschäftigen, geht mich nichts an, Meister Andrea – aber ich muß sagen, ich finde es etwas sonderbar.» Er wies auf die Zeichnung. «Kann ich noch mehr von seinen Arbeiten sehen? Die Fresken, die er in dem Gartenhaus gemalt hat, von dem Donna Bianca eben sprach, haben mir gut gefallen; auch diese Zeichnung hier.»

«Mit Vergnügen, Herr. Seine Mappe liegt auf dem Tisch dort.»

Verrocchio führte sie zu dem Platz, auf den er gedeutet hatte. Lorenzo de' Medici schlug eine große Ledermappe auf und blätterte die darin enthaltene Sammlung von Blättern und Zetteln durch; hin und wieder betrachtete er ein Stück genauer.

«Eine Studie für den ‹Ungläubigen Thomas›, Herr», erklärte Verrocchio. «Und was Ihr jetzt in der Hand haltet, ist ein Cherub im Stil von Desiderio da Settignano, wie mir scheint; eine bescheidene Arbeit, meiner Meinung nach. Ich kann ihn einfach nicht daran hindern, sich der Techniken meiner Konkurrenten zu bedienen, wenn es ihm gerade paßt, obwohl ich viele für unvernünftig halte. Aber er hat ein gutes Auge, das kann man nicht leugnen. Natürlich ist er in seinen Kompositionen zu frei, viel zu frei! Ich habe es ihm immer wieder gesagt, aber dergleichen hört er nicht gern. Er besteht darauf, die Dinge so zu malen, wie er sie sieht; freilich muß dann, wie ich ihm schon oft gesagt habe, seine Sehweise von der meinen ganz erheblich abweichen. Es ist sehr schwer, Herr, mit ihm zu disputieren, und er müßte unbedingt disziplinierter sein. Wenn er auf meine Worte hören würde, ließe sich aus seinen Anlagen bestimmt viel machen.»

Lorenzo nickte abwesend.

«Außerdem», fuhr Verrocchio fort, «hat er keinen Sinn für Allegorien.»

«Ach, wirklich nicht? Wie tadelnswert. Wie alt war Messer Leonardo, als er zu Euch kam?» fragte Lorenzo de' Medici.

«Einundzwanzig, glaube ich, Herr. Vorher hat er bei Ser Antonio Pollaiuolo gearbeitet.»

«Nun ja, Meister Andrea», sagte Lorenzo, «als ich einundzwanzig war, wollte ich mir auch nichts sagen lassen, wenn ich mich recht erinnere. Und was unseren guten Leonardo betrifft, so nehme ich an, daß er demnächst daran denken wird, sich selbständig zu machen. Das dürfte wohl auch einer der Gründe dafür sein, daß Ihr ihm – gewisse Freiheiten einräumt. Ist es so?»

«In der Tat, Herr. Alles in allem ist er bei weitem mein bester Gehilfe.»

Lorenzo brummte zustimmend und entnahm der vor ihm liegenden Mappe einen Fetzen Papier. Nachdem er ihn im schwindenden Licht gründlich betrachtet hatte, reichte er ihn wortlos dem Fürsten von Savoyen, der ihn mit überraschter Miene entgegennahm. Falten bildeten sich auf seiner adligen Stirn. Er drehte ihn ratlos in der Hand und gab ihn dann zurück.

«Ich kann mir keinen Vers darauf machen», erklärte er leichthin. «Zumal eine Sache über die andere gezeichnet ist. Und was soll diese Kritzelei? Griechisch, vermute ich.»

«Ich hätte nicht gedacht, daß Ihr des Griechischen mächtig seid, teurer Freund», sagte Lorenzo, «aber Ihr habt zweifellos recht. Was meinst du, Bianca?»

Bianca Visconti griff nach dem Zettel.

«Nein», sagte sie sofort, «das ist kein Griechisch.»

«Bist du sicher? Hört Ihr, Silvio? Kein Griechisch. Was ist es dann, Kind?»

«Ich glaube, es ist rückwärts geschrieben», sagte Bianca, «wie in einem Spiegel. Ja, kein Zweifel. Seht, hier steht ein *s* und hier ein *e*.»

Verrocchio meldete sich zu Wort. «Die junge Dame hat ganz recht», sagte er. «Leonardo schreibt oft auf diese Weise. Ich weiß nicht, weshalb er das tut.»

«Vielleicht um andere irrezuführen?» vermutete Lorenzo.

«Das glaube ich kaum», sagte Verrocchio. «Schließlich ließ sich auch Donna Bianca nicht lange irreführen.»

«Aber sie ist, wie wir alle wissen, eine sehr aufmerksame Beobachterin», sagte Lorenzo. «Messer Leonardo macht mich allmählich neugierig. Habt Ihr einen Spiegel?»

«Nein, Herr. Aber ich könnte ihn holen lassen, wenn Ihr es wünscht.»

«Nicht nötig. Ich sehe dort ein Stück poliertes Metall.» Lorenzo deutete auf einen Arbeitstisch. «Seid so freundlich, es herzubringen, und vielleicht auch eine Kerze. Es wird dunkel.»

Verrocchio beeilte sich, einem seiner Schüler die silberne Schale, auf die sein Gönner gezeigt hatte, aus der Hand zu nehmen; er trug sie zu dem Tisch, auf dem Leonardos Mappe lag, entzündete einen Kerzenstummel an der Flamme eines Leimsieders und stellte ihn neben die Schale.

«Bianca», sagte Lorenzo de' Medici, «sei so gut, diese Worte für uns zu entziffern, wenn du kannst. Ich halte dir solange unseren Spiegelersatz.»

Nach mehreren falschen Ansätzen gelang es seinem Mündel, das Stück Papier so hinzulegen, daß die Schrift im Spiegel lesbar wurde. «Es gibt keinen rechten Sinn», erklärte sie enttäuscht. «Da machen wir uns so viel Mühe, und es steht nur ein halber Satz da . . . Etwas über Schießpulver, wie es scheint. Wollt Ihr es hören?»

«Unbedingt.»

«Es heißt . . .» Bianca bemühte sich, die von der Rundung der Silberschale verzerrte Schrift zu entziffern. *«. . . daß die dem Schießpulver innewohnende Kraft der Kraft eines Männerarmes entspricht.»* Sie brach ab.

«Ist das alles?»

«Ja.»

Der Fürst von Savoyen ließ sein Taschentuch sinken. «Äußerst aufschlußreich», bemerkte er sarkastisch. «Teurer Lorenzo, diese Kindereien sind zwar recht amüsant, aber es wäre mir doch lieber, wenn wir zurückkehrten, sobald Ihr hier fertig seid. Die Nacht bricht herein, und überdies . . .» Er schwenkte sein Seidentuch. «Ich finde, die Luft hier läßt zu wünschen übrig.»

Lorenzo richtete sich auf und stellte die Schale auf den Tisch. «Dann müssen wir Euch natürlich ins Freie bringen, bevor Ihr uns in Ohnmacht fallt, Freund Silvio», antwortete er rasch. «Nun, Meister Andrea, also danke ich Euch dafür, daß Ihr unsere kindische Neugier so geduldig ertragen habt. Wir lassen Euch jetzt in Ruhe.»

«Ihr seid mir immer willkommen, Herr. Und was ist mit Leonardo?» fragte Verrocchio. «Soll ich ihn anweisen, daß er Euch morgen aufsucht?»

«Das ist nicht nötig. Falls er wirklich auf unserer Wiese ist, treffen wir ihn noch; denn ich habe vor, auf dem Rückweg dort vorbeizugehen.»

Der Fürst von Savoyen hob abwehrend die Hand. «Nein», sagte er. «Dieser Weg ist für meinen Geschmack entschieden zu weit – und feucht überdies. Ich schätze es nicht, durch Schlamm und nasses Gras zu laufen.»

«Und dabei womöglich auf eine Kröte zu treten, nicht wahr, Herr?» sagte Bianca lachend. «Auf unserer Wiese wimmelt es nämlich abends von Kröten – von großen, häßlichen Kröten, auf die man unversehens treten kann.» Sie beobachtete belustigt, wie sein Gesicht sich verzog. «Ich glaube, es gibt sogar Leute, die sie für giftig halten», setzte sie mit unschuldiger Miene hinzu.

«Deine Manieren, Bianca», unterbrach Lorenzo unbeeindruckt, «lassen wie immer zu wünschen übrig. Sei nicht vorlaut, sonst verbringst du den ganzen morgigen Tag in Gesellschaft deiner Lehrer. Kommt, Silvio. Der Spaziergang wird Euch einen klaren Kopf verschaffen.»

Leonardo da Vinci spie den letzten Nagel, den er noch zwischen den Lippen hielt, in seine Hand und ergriff entschlossen den Hammer.

«Festhalten, Matteo», befahl er. «Hast du es?»

«Ja, ich habe es, und zum Teufel damit», sagte der Bogenschütze. «Und schlag gefälligst auf deine eigenen Finger, wenn es schon sein muß, und nicht auf meine.»

«Ich weiß, ich bin nicht sehr geschickt bei dieser Arbeit. Ich hätte mich als Lehrling eingehender mit dem Aufziehen der Leinwände beschäftigen sollen. Aber ich glaube, es wird seinen Zweck erfüllen.»

Leonardo schlug den letzten Nagel in das Brettergerüst, das er mit Hilfe seines unwilligen Freundes errichtet hatte.

«So», sagte er, «eine prächtige Maschine. Sieht sie nicht einer Balliste täuschend ähnlich?»

«Ein wenig», gab Matteo widerwillig zu. «Ein wenig. Sollte es eine werden? Wo ist die Sehne?»

«Die wird mir morgen dein Bogen liefern.»

«So, wirklich? Ich hatte gehofft, morgen Ruhe zu haben, nachdem ich heute schon um mein Abendessen gekommen bin.» Der Bogenschütze trat mißmutig mit dem Fuß gegen das Gestell. Zwei Laternen standen daneben auf dem Boden und verbreiteten ein flackerndes, gerade ausreichendes Licht. Da weder Mond noch Sterne am Himmel standen, schien die Dunkelheit schon in zehn Schritt Entfernung undurchdringlich. Eine leichte, aber schneidende Brise war aufgekommen, und Matteo Barletta zog in seinem Lederkoller fröstelnd die Schultern hoch.

«Dann leihe mir deinen Bogen und bleib zu Hause», schlug Leonardo vor.

«Das kommt nicht in Frage. Wo mein Bogen ist, bin ich auch.

Ohne ihn komme ich mir vor wie eine Schildkröte ohne Panzer. Ich werde mir Brot und Käse mitbringen und dir bei der Arbeit zusehen. Das wäre für uns beide etwas ganz Neues.»

Nach kurzem Nachdenken sagte Leonardo: «Vielleicht könntest du mir statt dessen eine Armbrust besorgen. Sie erfüllt den gleichen Zweck und ist leichter zu handhaben.»

«Eine Armbrust!» schnaubte Matteo verächtlich. «Die Armbrust hat der Vater der Lüge höchstpersönlich erfunden – ein plumpes und schwerfälliges Instrument. In der Zeit, die ein Armbrustschütze braucht, um seine Kurbel oder seinen Spanner zu bedienen, habe ich schon zehn Pfeile abgeschossen. Ich weiß zwar nicht, was du morgen vorhast, aber ich versichere dir: Mit einer Armbrust kannst du vom Morgen bis zum Abend nicht mehr als zehn Schüsse abgeben.»

«Das sind Vorurteile, Matteo», sagte Leonardo. «Aber ich will deinen Rat befolgen und deinen Bogen benutzen. Die Wirkung ist bei beiden Waffen freilich die gleiche.»

«Nicht unbedingt», beharrte Matteo. «Der Bogen der Armbrust besteht aus Metall und ist deshalb unnatürlich.»

«Aber das Prinzip, Freund, ist das gleiche. Es gilt für alle Geschosse, wie sie auch abgefeuert werden, ob mit einer Armbrust, einem Katapult, einer Balliste, einer Steinschleuder oder einer Kanone.»

Der Bogenschütze setzte sich schwer auf eine Seite des windschiefen Holzgestells, das sie gemeinsam gebaut hatten. Es knarrte, hielt aber stand.

«Was ist das nun wieder für ein Unsinn!» sagte er. «Also gut, ich gebe zu, daß sowohl Bogen und Armbrust – in gewisser Weise – die gleiche Kraft nutzen, nämlich die der Sehne. In einer Kanone dagegen gibt es keine derartige Kraft.»

«Aber es muß eine Kraft geben», argumentierte Leonardo, «sonst würde die Kugel nicht fliegen.»

«Es ist der Knall des Pulvers, der die Kugel bewegt», erklärte Matteo selbstsicher. «Jedermann weiß das. Außerdem bewirkt er nicht viel. Deshalb sind Geschütze noch sinnloser als Armbrüste und bestenfalls geeignet, Pferde zu erschrecken. Ich gäbe keinen *soldo* für alle Geschütze der Welt. Rigo Leones Kanonen haben die

Mauern von Castelmonte den ganzen Herbst über angebrüllt, und was haben sie bewirkt? Nicht das mindeste. Ich dagegen, Matteo Barletta, habe sechs Männer getötet und einen Pfeil ins Bein bekommen, abgeschossen von einem Mann, der zwar ohne Zweifel der dreckige, diebische Sohn einer römischen Hure war, aber immerhin ein Bogenschütze wie ich auch.»

«Brav gesprochen, Bogenschütze», ließ sich eine ruhige Stimme hinter ihnen vernehmen.

Sie fuhren herum. Lorenzo de' Medici war in den Lichtkreis der beiden Laternen getreten; die eine Hälfte seines Umhangs hatte er um Bianca Maria Visconti geschlagen. Neben ihm stand der Fürst von Savoyen. Matteo Barletta sprang bestürzt auf.

«Herr», sagte er, «ich hatte Euch gar nicht gesehen.»

«Kein Grund zur Aufregung», sagte Lorenzo. «Jeder Mann hat ein Recht darauf, sich über sein Handwerk zu äußern. Messer Leonardo da Vinci?»

«Zu Euren Diensten.»

«Was für ein geheimnisvolles Geschäft ist das, Messer Leonardo, um dessentwillen Ihr einen meiner Bogenschützen, und dazu noch einen verwundeten, mitten in der Nacht von seinem Krankenlager aufscheucht? Um gar nicht davon zu reden, daß Ihr in Verfolgung Eurer Angelegenheiten meine Wiese benutzt, ohne um Erlaubnis nachgesucht zu haben.»

«Ich hatte angenommen, Herr», sagte Leonardo leichthin, «daß Ihr nichts dagegen hättet.»

«Ich sagte nicht, daß ich etwas dagegen habe. Ich möchte eine Erklärung von Euch hören, keine Entschuldigung.»

«Ich stelle Experimente an.»

«Welcher Art?»

«Über den Flug von Geschossen.»

«Und zu welchem Zweck?»

«Um Wissen zu erwerben, Herr.»

«Ein löbliches Unterfangen», sagte Lorenzo. «Ich will meine Frage anders stellen: Zu welchem praktischen und unmittelbaren Zweck?»

«Einen unmittelbaren Zweck habe ich nicht. Das Erwerben von Wissen ist Zweck genug.»

«Meint Ihr? Ich glaube nicht, daß ich Euch darin beipflichten kann, Messer Leonardo, aber Eure Meinung sei Euch unbenommen. Und welche Ernte an Wissen gedenkt Ihr mit der Hilfe dieser Vorrichtung hier einzubringen?»

«Ich hoffe herauszufinden, in welchem Winkel man einen Pfeil abschießen muß, damit er eine bestimmte Strecke zurücklegt. Und ob, wie ich vermute, dieser Winkel bei jeder gegebenen Strecke jeweils der gleiche ist. Außerdem will ich feststellen, wie hoch der Pfeil auf seinem Weg zwischen Bogen und Ziel steigen kann und ob entweder zwischen dem Winkel, in dem er abgeschossen wird, oder der Höhe, zu der er aufsteigt, und der Strecke die er zurücklegt, eine einfache mathematische Beziehung besteht. Und dergleichen Dinge mehr.»

«Was für Dinge?» fragte Lorenzo.

Matteo Barletta war dem Gespräch zwischen den beiden Männern mit wachsendem Unbehagen gefolgt. «Wenn Ihr gestattet, Herr», setzte er an, «es ist spät, und mein Nachtmahl . . .»

«Wir wollen Euch nicht davon abhalten», sagte Lorenzo. «Guten Appetit, und baldige Genesung von Eurer Verwundung.»

«Ich danke Euch, Herr.» Im nächsten Augenblick war der Bogenschütze in der Dunkelheit verschwunden.

«Was für Dinge?» fragte Lorenzo de' Medici beharrlich.

«Da stellt sich dann ferner die Frage», sagte Leonardo, «ob eine derartige mathematische Beziehung zwischen dem Abschußwinkel und der vom Pfeil zurückgelegten Strecke, wenn ich sie entdecke, auch für andere Geschosse gilt – oder ob Größe, Gewicht und Form des Geschosses Einfluß auf diese Beziehung haben. Und endlich will ich wissen, ob sich die Kraft, die ein Geschoß bewegt, aus seiner Flugbahn und der zurückgelegten Strecke ableiten läßt – eine wichtige Sache, denn sie würde zu weiteren Vermutungen über die Natur des Schießpulvers führen.»

«Ich verstehe. Ihr gedenkt eine reiche Ernte einzubringen, Leonardo», sagte Lorenzo. «Ist das alles?»

«Keineswegs. Die Ernte auf dem Gebiet des Wissens – um mich Eurer Metapher zu bedienen – gleicht dem Sammeln von Gerstenähren. Noch während man einen Halm aufhebt, wandert das Auge weiter und entdeckt andere, die das Aufheben lohnen, und greift man nach ihnen, zeigen sich abermals neue - und so fort. Die Ernte ist endlos.»

Lorenzo de' Medici hob die Hand und legte sie auf das goldblonde Haar seines Mündels.

«Aber der Geist», sagte er, «ist endlich.»

«Wenn man vom Geist Gottes absieht, Herr, trifft das zu.»

«Nun ja. Ich denke, Leonardo, Ihr könnt die ersten Schritte zum Einbringen einer solchen Ernte ebensogut auf meiner Wiese tun wie anderswo. Ich hoffe nur, Euer Gebilde hier hält den Angriffen der Gassenjungen von Florenz stand, die von meinen Wiesen und Weiden nicht weniger großzügig Gebrauch machen als Ihr.»

«Ich gestehe, Herr, daß mir dieser Gedanke auch schon gekommen ist. Doch ich kann nicht den ganzen Tag hier verbringen, wie gern ich es auch täte.»

«Das könnt Ihr wahrhaftig nicht. Meister Andrea bedarf Eurer Dienste.» Lorenzo betrachtete die Maschine nachdenklich. «Womit seid Ihr in seiner Werkstatt beschäftigt?»

«Im Augenblick», erwiderte Leonardo, «male ich einen Engel auf einem Altarbild.»

«Ist das wichtig?»

«Das kommt auf den Standpunkt an, Herr. Natürlich könnte Lorenzo di Credi ihn ebenso gut malen wie ich. Aber man muß schließlich etwas tun für seinen Lohn.»

«Zugegeben», sagte Lorenzo. «Aber ich möchte Euch trotzdem einen Vorschlag machen – vielleicht gefällt er Euch. Bringt Euer Gebilde auf den Schießplatz meiner Bogenschützen und arbeitet dort so lange, wie Ihr braucht, um – sagen wir – die ersten zwei oder drei Halme Eurer Ernte einzubringen. Ich werde Euretwegen mit Meister Andrea sprechen; vielleicht kann ich Euch eine Weile vom Engelmalen befreien. Was meint Ihr dazu?»

«Ein überaus großmütiger Vorschlag, Herr», erwiderte Leonardo. «Ich bin Euch sehr dankbar dafür, denn ein paar Tage ungestörten Arbeitens sind mir im Augenblick mehr wert als Gold. Aber jeder Handel hat zwei Seiten. Was erwartet Ihr dafür von mir?»

Auf Lorenzos Gesicht erschien ein flüchtiges Lächeln.

«Erlaubt meinen Gelehrten und Mathematikern, Euch mit all jenen Fragen zu behelligen, die sie über den Flug von Geschossen zu stellen imstande sind», sagte er. «Leider kann ich Euch nicht garantieren, daß meine Höflinge nicht auf ähnliche Weise über Euch herfallen, aber wenigstens werden sie Eure Maschine nicht zerstören, wie andere es leicht tun könnten, falls Ihr weiterhin auf dieser Wiese arbeitet. Nun?»

«Ich nehme Euer Angebot mit Freuden an», sagte Leonardo.

«Dann meldet Euch morgen früh zeitig bei mir, Meister Leonardo. Und nun gute Nacht.»

Lorenzo verabschiedete sich mit einem leutseligen Nicken.

«Wollt Ihr nicht eine meiner Laternen nehmen, Herr?» fragte Leonardo. «Die Nacht ist sehr dunkel.»

«Ein guter Gedanke. Bianca, würdest du sie bitte tragen? Kommt, Silvio.» Lorenzo wandte sich noch einmal dem Künstler zu, und ein leises Lächeln umspielte seine Lippen. «Wir fürchten uns nämlich ein wenig vor Kröten.»

«Hier gibt es keine», sagte Leonardo. «Kröten, Herr, quaken und tun solchermaßen ihre Anwesenheit kund.»

«In der Tat», sagte Lorenzo de' Medici. «In der Tat.»

5

Am frühen Vormittag war der Rauhreif auf dem Rasen zwar geschmolzen, aber die Sonne hatte die glitzernden Tropfen an den kurzgeschnittenen Gräsern noch nicht weggetrocknet. Überall bildeten sich kleine Pfützen; Wasser rann über das gehämmerte Kupferdach des Gartenhauses und tropfte in unregelmäßigen Abständen auf die Pflastersteine unter den Dachtraufen. In der hohen, zum Teil von goldgelben Flechten überzogenen Steinmauer, die den langen, schmalen Platz umgab, begannen die dunklen Fugen, in denen sich der Nachtfrost bis jetzt gehalten hatte, im Sonnenlicht eisig zu funkeln.

Drei Tage waren vergangen, seit Leonardo und Lorenzo sich auf der Wiese vor den Toren des Palastes begegnet waren, und die erste Versuchsreihe mit dem Bogengestell, das jetzt an einem Ende des Schießplatzes stand, war fast abgeschlossen. Leonardo saß auf einer Holzbank in der Sonne und betrachtete seine schnell hingekritzelten Zahlenreihen; sein Atem dampfte in der frischen, klaren Winterluft.

Matteo Barletta hatte nun zwar keine Bedenken mehr, sich zusammen mit Leonardo auf dem Gelände des Palastes aufzuhalten, aber seine Zweifel an dem Sinn ihrer gemeinsamen Arbeit waren nicht geringer geworden. Dennoch betrachtete er die Maschine mit dem Besitzerstolz eines Hofhundes und stellte sich jedem in den Weg, der aussah, als wollte er sie anrühren.

Von den vergangenen zweiundsiebzig Stunden hatte Leonardo nur acht schlafend verbracht, aber man sah es ihm nicht an. Vom Einbruch der Dunkelheit bis Mitternacht hatte er Berechnungen über die Ergebnisse des voraufgegangenen Tages angestellt, und schon vor drei Uhr war er wieder aufgestanden, um die Versuche des anbrechenden Tages vorzubereiten.

Nach einigem Hin und Her hatte er sich mit dem Bogenschützen auf einen Kompromiß geeinigt. Als Geschosse benutzten sie nach wie vor Pfeile aus Matteos Bestand, keine Armbrustbolzen. Die Maschine jedoch hatten sie umgebaut und verbessert. Sie war im Kern immer noch eine Armbrust, deren Sehne von einem zurechtgefeilten und polierten Bolzen straff gehalten und durch einen Abzug gelöst wurde. Diese Armbrust wiederum war horizontal auf einem besonderen Holzgestell montiert, und indem man dieses Gestell innerhalb der Hauptkonstruktion hob oder senkte, konnte man den Abschußwinkel verändern.

Ihre Zuschauer waren bisher nur die Neugierigen unter den Damen und Herren des Hofes gewesen. Lorenzo de' Medici hatte sich noch nicht blicken lassen. Die nötigen Vorbereitungen hatte er einem Kammerherrn aufgetragen, der seinerseits diese Aufgabe verächtlich dem Obergärtner zugewiesen hatte. Auch von den am Hofe der Medici weilenden Mathematikern war bisher noch keiner erschienen.

Leonardo war das nur recht, denn er zog die Gesellschaft von Höflingen der von Gelehrten bei weitem vor; die Fragen der neugierigen Höflinge, auch wenn sie gelegentlich in herablassendem Ton vorgebracht wurden, brauchte er nur mit knappen Andeutungen zu beantworten. Die meisten kannten ihn vom Sehen als Giuliano de' Medicis ständigen Begleiter und waren deshalb bereit, ihn bis zu einem gewissen Grade als ihresgleichen zu akzeptieren; der Grund ihrer Herablassung war weniger Standesdünkel als vielmehr Unwissenheit. Ein Maler, so dachten sie, war ein Handwerker, aber ein Maler, der mit dem Bruder des Magnifico auf die Jagd ritt und damit eine erfreuliche Verachtung für sein Handwerk an den Tag legte, mochte ein durchaus annehmbarer Gesellschafter sein – trotz Feder, Tintenfaß und Skizzenblock. Außerdem war das Leben am Hofe oft genug langweilig; ein Spaziergang durch den Garten und eine Unterhaltung über das seltsame Gestell, das man auf den Schießstand gebracht hatte – der Himmel mochte wissen, zu welchem Zweck –, konnte dem Tag die Würze geben, die ihm sonst fehlte. Leonardo beantwortete ihre Fragen bereitwillig und mit Worten, die sie verstanden; man plauderte, dann wanderten sie weiter.

Ein Schatten fiel auf die mit Zahlen bedeckte Seite, die Leonardo gerade betrachtete; er sah auf.

«Wie geht es, Künstler?» erkundigte sich Giuliano de' Medici.
«Gut, vielen Dank.»
«Und was habt Ihr entdeckt?»
«Die Poesie.»
«Ach? Und was meint Ihr damit?»
«Ich meine damit eine gewisse Symmetrie in der Natur», erklärte Leonardo, «die etwas Poetisches an sich hat und mich deshalb erfreut. Giuliano, was macht Ihr für ein finsteres Gesicht? Setzt Euch doch.»
«Nicht für lange», sagte Giuliano und ließ sich neben Leonardo auf der Bank nieder. «Ich kam, weil ich hoffte, Ihr hättet vielleicht herausgefunden, wie wir Castelmonte morgen erobern können. Die poetische Seite der Natur hilft mir da nicht weiter.»
«Weder morgen noch übermorgen. Weshalb?»
«Leider habe ich gute Gründe für diesen Wunsch», sagte Giuliano. «Constanzas Schwester, Carla d'Avalos, befindet sich als Gefangene in der Zitadelle.»
Leonardo schlug seinen Skizzenblock heftig zu und sah dem neben ihm sitzenden Mann ins Gesicht.
«Wie konnte das geschehen?»
«Durch die Dummheit dieses verdammten Lackaffen, des Fürsten von Savoyen», antwortete Giuliano bitter. «Ich hätte ihn auf der Stelle erwürgen können. Vorletzte Nacht haben sie ein *camisado* veranstaltet und sie gefangengenommen, und ich kam zu spät, um noch irgend etwas zu retten – ich konnte ihnen nur noch ein paar Flüche nachrufen.»
«Berichtet mir genau, was geschehen ist, Giuliano. Ein *camisado*? Ich hatte bisher immer angenommen, die Verteidiger von Castelmonte hätten Besseres zu tun, als Hemden über ihre Rüstungen zu streifen und nachts durch die Gegend zu reiten.»
«Wahrscheinlich war es nur ein Vorstoß aufs Geratewohl», sagte Giuliano, «der sich dann als einträglicher erwies, als sie gedacht hatten. Nun ja. Wie Ihr wißt, hatte ich vor, nach Pistrola zu reiten und Carla d'Avalos und ihre Begleiter nach Florenz zu eskortieren; sie war ohnehin schlecht beraten und hatte den dicht an Castelmonte vorbeiführenden Weg dem etwas mühsameren durch die Berge im Norden vorgezogen. Ich schickte einen Boten

zu der Herberge und bat, sie sollten auf mein Eintreffen warten. Das haben sie nicht getan. Und weshalb nicht? Weil es unserem lieben Fürsten von Savoyen eingefallen war, vor mir nach Pistrola zu reiten und den törichten Vorschlag zu machen, man solle Castelmonte unter dem Schutz der Dunkelheit passieren, und zwar noch in der gleichen Nacht. Ein gewisser Corsario de Soto, ein Cousin Carlas und nicht weniger hirnlos als der Fürst, pflichtete ihm bei. Und so hatten sie nichts Eiligeres zu tun, als unter einem hellen Halbmond mit nur fünf Mann – und darunter einem Geistlichen – als Eskorte loszureiten. Toscanelli hörte sie schon von weitem kommen, ließ sie jedoch vorbei, da er annahm, sie befänden sich in meiner Begleitung und also in Sicherheit. Ich habe zu Toscanelli gesagt, wenn er geglaubt habe, ich ließe mich mit weniger als einer Vierteleskadron meiner Reiterei auf ein solches Unternehmen ein, dann sei er nicht weniger beschränkt als Silvio. Aber lassen wir das. Was mich betrifft, so kam ich kurz nach Mitternacht in Pistrola an, stellte fest, daß sie bereits aufgebrochen waren, und ritt hinterher. Ungefähr eine Meile von Castelmonte entfernt wurden sie in einem Engpaß von ungefähr dreißig Soldaten aus der Zitadelle angegriffen, die Wappenröcke über der Rüstung trugen. Als ich ankam, war de Soto verwundet, der Mönch betete seinen Rosenkranz, ein Mann war gefallen und Silvio in einen Kampf mit der Nachhut verwickelt, die bei meinem Erscheinen rasch die Flucht ergriff. Ich erklärte Silvio, ich wünschte, es wäre ihm ebenso ergangen wie de Soto; das nahm er mir sehr übel. Dieser Dummkopf! Mir blieb nichts übrig, als den Leuten nachzusetzen, aber es war vergeblich. Ich kam zurück, wünschte seine fürstliche Hoheit zum Teufel, und damit hatte es sich. Eine schlimme Geschichte.»

«Wahrscheinlich meinte er es gut.»

«Daran zweifle ich nicht. Aber wer zum Teufel hat ihn auf die Idee gebracht, sich einzumischen? Er ist kein Soldat; er ist eine Schmeißfliege. Mit dem Degen tänzelt er herum, wie es ihm die französischen Fechtmeister oben im Norden beigebracht haben. Wahrscheinlich hat er sich eingebildet, nachdem er ein paar Männer mit seinem weibischen Gehüpfe und Getrippel im Duell getötet hat, wäre er als Beschützer einer Dame unüberwindlich. Aber nun ist es passiert, und wir müssen für seine Anmaßung zahlen! Es sollte mich sehr wundern, wenn della Rovere bereit wäre, Carla d'Avalos für weniger als fünfzigtausend Fiorini freizulassen. Vielleicht nehmen sie die Gelegenheit auch wahr, besonders günstige Waffenstillstandsbedingungen auszuhandeln. Und wenn die Dinge nicht schneller ins Rollen kommen, als ich zu hoffen wage, dann muß ich Constanza die böse Nachricht überbringen!»

«Das müßt Ihr auf jeden Fall», sagte Leonardo.

«Aber nicht unbedingt gleich. Noch besteht Hoffnung, eine geringe Hoffnung, ihr Angst und Sorgen zu ersparen.»

Leonardo schüttelte den Kopf. «Ich wüßte nicht, wie das möglich sein sollte.»

«Ich sagte, eine geringe Hoffnung. Und deshalb warte ich lieber, bis ein Lösegeld gefordert und von meinem Bruder bewilligt ist, weil es noch heute oder morgen geschehen kann. Sich eine solche Gelegenheit entgehen zu lassen, sähe ihnen ganz und gar nicht ähnlich. Rigo und Toscanelli sind sich einig, daß es in den nächsten Tagen zum Abschluß eines Waffenstillstands für den Winter kommen muß. Das einzige, was sich geändert hat, ist, daß wir nun einen höheren Preis zahlen müssen, als es ohne die hohlköpfige Galanterie des Fürsten von Savoyen der Fall gewesen wäre. Ihr schaut so nachdenklich drein, Leonardo?»

«Und besorgt», erwiderte Leonardo, «wenn auch vielleicht ohne Grund. Sagt, wann seid Ihr in Florenz eingetroffen?»

«Vor einer Stunde.»

«Dann rate ich Euch: sucht Constanza auf. Sie hat nicht weniger Recht darauf, vom Schicksal ihrer Schwester zu hören, als ich.»

«Ihr haltet es nicht für richtiger, erst einmal abzuwarten?»

«Nein. Ihr meint es gut, aber Ihr handelt falsch. Habe ich Euch nicht schon früher erklärt, daß sie ebenso wie Ihr und ich einen Verstand und eine Seele hat? Berichtet es ihr – sofort.»

«Also gut», sagte Giuliano und erhob sich, «ich will es mir überlegen. Außerdem habe ich Euch und Euren Bogenschützen lange genug von der Arbeit abgehalten. Aber dort sehe ich jemanden kommen, der Euch vermutlich noch länger davon abhalten wird.» Er deutete auf die Kolonnaden, die den Schießplatz mit dem angrenzenden Innenhof verbanden. Dort, unter einem der

Bögen, stand jetzt ein eindrucksvoll aussehender Mann mit einem geteilten grauen Bart; er trug ein wallendes braunes Gewand und ein dazu passendes Samtbarett.

«Wer ist das?»

«Das, mein lieber Leonardo, ist Doktor Mazzone, ein hervorragender Gelehrter im Dienste meines Bruders. Ich wünsche Euch viel Vergnügen mit ihm. Ich für mein Teil will mich rasch verabschieden, ehe ich mich genötigt sehen könnte, an dem Gespräch teilzunehmen.»

Giuliano überquerte den Grasstreifen zwischen der Bank und den Kolonnaden, verbeugte sich vor dem Gelehrten und entfernte sich mit eiligen Schritten. Doktor Mazzone erwiderte den Gruß mit einer ernsten Neigung des Kopfes, schob das Kinn vor und ging auf Leonardo zu. An dem Gestell mit dem Bogen machte er kurz halt; Matteo Barletta, der gerade die Sehne prüfte, bedachte ihn mit einem kalten, abweisenden Blick. Leonardo erhob sich, als er herankam.

«Euer Diener, Messere», begann Doktor Mazzone mit unaufrichtiger Bescheidenheit.

«Ganz meinerseits, Messere.»

«Man hat mir berichtet», sagte Doktor Mazzone, «daß Ihr Euch hier mit mechanischen Dingen beschäftigt. Ich wollte schon früher kommen und Euch mathematischen Rat und Hilfe anbieten, aber es ist schwer, sehr schwer – wie Ihr mir vielleicht nachfühlen könnt –, die eigene Arbeit und die eigenen Bücher im Stich zu lassen. Ich verlasse meine Gemächer in letzter Zeit nur selten; mich beschäftigen drei gesonderte Beweise eines Satzes von Anaximenes, von denen vor allem der dritte nicht gewisser Feinheiten entbehrt. Ich nehme an, Ihr seid mit den Schriften des Anaximenes vertraut?»

«Bis zu einem gewissen Grad», antwortete Leonardo.

«Das ist unmöglich, Messere. Man ist entweder mit Anaximenes vertraut, oder man ist es nicht. Seine Vernunft strahlt auf uns herab wie ein Leitstern. Er ist ein klarer Denker, ein herrlicher Mathematiker, und seine Theorie des Universums ist, wie ich meine, sowohl der des Xenophanes wie der des Anaxagoras überlegen. Er ist, Messere, unter den Alten der größte.»

«Das mag sein», sagte Leonardo. «Nur finde ich, daß er sich reichlich wenig um die Tatsachen kümmert.»

Doktor Cino di Lapo Mazzone war verblüfft, aber er faßte sich schnell wieder.

«Tatsachen?» sagte er. «Wir kennen die Tatsachen nicht. Bis wir sie kennen, müssen wir uns auf Hypothesen und Systeme stützen und sie bejahen oder verwerfen, je nachdem, wie unser Verstand entscheidet. Wenn wir – wie im Falle des Anaximenes – auf ein gedankliches System stoßen, das sowohl harmonisch als auch in sich schlüssig ist, dann kann man sich darauf verlassen, Messere, daß eines Tages auch die Tatsachen gefunden werden, die ihm entsprechen. Das liegt in der Natur der Philosophie. Ich gehe wohl nicht fehl in der Annahme, daß Ihr Pythagoräer seid?»

«Ich bin nichts dergleichen, Messere.»

«Zu welcher Schule gehört Ihr, wenn ich mir die Frage erlauben darf?»

«Ich gehöre zu keiner Schule und folge keinem Gelehrten. Wenn es unter den Griechen jemanden gibt, den ich bewundere, dann allenfalls Eupalinos aus Megara.»

«Eupalinos?» fragte Doktor Mazzone langsam. «Ich glaube, seine Werke sind mir nicht bekannt. Seid so freundlich, meinem Gedächtnis nachzuhelfen.»

«Er ließ, wie Herodot berichtet, einen hundertfünfzig Klafter langen Tunnel durch einen Berg bohren, um die Stadt Samos mit Wasser zu versorgen.»

«Ach so», sagte Doktor Mazzone erleichtert, «dann war er also kein Philosoph, sondern nur ein Ingenieur?»

«Wie ich», erwiderte Leonardo belustigt. «Natürlich weiß ich, daß der Verstand eines Ingenieurs dem eines Philosophen in jeder Hinsicht unterlegen sein muß. Hat nicht Plato das schon behauptet? Weist er im *Gorgias* nicht darauf hin, daß ein vernünftiger Mann diese Bezeichnung nur im herabsetzenden Sinne gebraucht und niemals zulassen wird, daß seine Tochter den Sohn eines Ingenieurs heiratet? Wir können also gewiß sein, daß es sich um einen unrühmlichen Beruf handelt. Und doch müssen wir im Leben auf der Straße wandeln, die Gott uns bestimmt hat.»

«Ich stelle fest, junger Herr, daß Ihr zumindest gut belesen seid.»

«Habt vielen Dank.»

Doktor Mazzone beschloß, die möglicherweise in Leonardos Erwiderung liegende Ironie nicht zur Kenntnis zu nehmen. Er glaubte seine Überlegenheit nicht mehr bedroht und meinte, daß er es sich darum leisten konnte, huldvoll zu sein. «Sagt mir, bitte, was hat es denn mit dem Gestell dort auf sich?»

«Es ist eine Falle», sagte Leonardo.

«Wie bitte? Ich glaube, ich verstehe nicht recht. Was wollt Ihr damit fangen?»

«Tatsachen natürlich», antwortete Leonardo.

Doktor Mazzone sagte kühl: «Ich fürchte, Ihr wollt Euren Spott mit mir treiben.»

«Keineswegs. Es ist die reine Wahrheit. Tatsachen sind flüchtig – wäre Anaximenes noch am Leben, er würde es Euch bestätigen. Aber mit Hilfe meiner Maschine fange ich sie ein und halte sie auf diesem Blatt Papier hier fest.» Leonardo wies auf seine Aufzeichnungen. «Wenn ich eine ausreichende Menge von Tatsachen beieinander habe, kann ich vielleicht zu einer Theorie gelangen. Vielleicht auch nicht. Das liegt nun einmal in der Natur der Ingenieurskunst.»

«So, wirklich? Diese Art, zu Wissen zu gelangen, erinnert sehr an einen Maulwurf – wenn Ihr die Bemerkung gestattet.»

«Ein hervorragendes Bild. Seid Ihr an einer Demonstration interessiert?»

«Eben zu diesem Zweck bin ich gekommen», sagte Doktor Mazzone, «und zwar auf ausdrücklichen Wunsch Lorenzo de' Medicis, der mich gebeten hat, die Arbeit, die Ihr unter seiner Protektion verrichtet, zu – äh – würdigen. Ich habe nur auf die Ankunft meines Kollegen gewartet.»

Ein hochgewachsener, dünnlippiger Mann in der Kutte eines Franziskaners kam auf sie zugeeilt, wobei er wie ein Vogel argwöhnische Blicke in alle Richtungen schnellte. Leonardo ging ihm mit Doktor Mazzone entgegen.

«Darf ich Euch mit Fra Sigismondo Carregi bekannt machen?» sagte er. Leonardo verbeugte sich und stellte seine beiden gelehrten Gäste dem Bogenschützen vor, der die verschränkten Arme sinken ließ und sich schweigend verbeugte.

«Also nur zu», sagte Doktor Mazzone.

Während Matteo Barletta die Bogensehne zurückzog und über den metallenen Bolzen am hinteren Ende des Rahmens hängte, studierte Leonardo seine Aufzeichnungen.

«Die Entfernung von hier bis zum Ziel beträgt im Augenblick siebzig Schritt», sagte Leonardo. «Ich bitte die Herren, eine Veränderung vorzuschlagen.»

«Ist das von irgendwelcher Bedeutung?» fragte der Mathematiker.

«Nein, es ist nur ein Teil unserer Demonstration.»

«Also, dann sagen wir, neunzig Schritt.»

«Sehr schön», sagte Leonardo. Er schritt den Schießplatz ab, nahm die kleine, auf einem Dreifuß montierte Zielscheibe aus Stroh auf und trug sie zwanzig Schritt weiter. Zurückgekehrt, legte er einen Pfeil in die Kerbe des Rahmens und stellte den Winkel an seinem Gestell ein. Dann nickte er Matteo zu. Dieser trat vor, kniete hinter dem Gestell nieder und griff nach dem Abzug. Der Bolzen senkte sich ein wenig und gab die Sehne frei. Die gespannten Arme des Bogens streckten sich sirrend, und der Pfeil blitzte einen Augenblick im bleichen Sonnenlicht auf, ehe er sich ins Ziel bohrte. Matteo erhob sich, froh darüber, daß die hinter ihm stehenden Männer sein erleichtert lächelndes Gesicht nicht sehen konnten.

«Ist das alles?» erkundigte sich Fra Sigismondo.

«Das ist alles», erwiderte Leonardo. «Wir können den Vorgang selbstverständlich so oft wiederholen, wie Ihr es wünscht. Das Ergebnis wird, mit geringen Abweichungen, immer dasselbe sein.»

Fra Sigismondo umkreiste das Gestell vorsichtig und mit kaum verhohlener Verachtung. Und ein paarmal bückte er sich, um das eine oder andere Teil zu berühren.

«Ich habe nicht den Eindruck», verkündete er, «daß hier ein bedeutsames Rätsel zu lösen ist. Wenn der Bogen einmal so befestigt ist wie hier, dann kann man doch erwarten, daß der Pfeil immer auf dieselbe Stelle trifft, nicht wahr?»

Doktor Mazzone schürzte die Lippen, strich sich über den Bart und pflichtete ihm bei.

Leonardo verbeugte sich abermals; seine Miene war offen und heiter.

«Meine Herren», sagte er, «auch das liegt im Wesen der Ingenieurskunst: Sobald man einmal etwas bewerkstelligt hat, erscheint es allen Menschen als selbstverständlich. Ich wünsche den Herren einen guten Morgen.»

6

Pfauenblau und bitterkalt dämmerte der Tag herauf.

Matteo Barletta war nur zu gern in die Arme seiner geduldigen Frau zurückgekehrt. Er hatte am Abend zuvor, nachdem sie die Armbrust abmontiert hatten, auch seinen Bogen mitgenommen. Und Leonardo hatte sich für die Schießübungen, die er seit Tagesanbruch machte, einen anderen leihen müssen. Da es ihm an der nötigen Erfahrung fehlte, hatte er sich beim Schießen bereits an zwei Fingerknöcheln die Haut abgeschürft und sich das Handgelenk an der Sehne verbrannt. Trotzdem pfiff er vergnügt vor sich hin – zu dieser frühen Stunde war niemand in der Nähe, der ihn dabei beobachten konnte, wie er sich zum Narren machte.

In der Theorie beschäftigten ihn Winkel, Entfernungen und wissenschaftliche Erkenntnisse noch immer, doch nicht mehr so ausschließlich wie zuvor. Er genoß jetzt vor allem die frische Luft, den Morgen und seine gute Laune.

Er hob den Bogen über den Kopf und jagte einen Pfeil senkrecht in den Himmel hinauf. Mit abgeschirmten Augen verfolgte er seinen Weg im Sonnenlicht und zählte dabei: Die Zeit war ein Faktor der Flugbahn, den er bisher nicht berücksichtigt hatte. Würde der Pfeil zum Fallen ebensoviel Zeit brauchen wie zum Steigen? Die Logik, schien es, sprach dafür. Wenn es so war, so folgte daraus – ja, was folgte daraus? Konnte es sein, daß die Geschwindigkeit, mit der er auf den Boden traf, ebensogroß war wie die, mit der er von der Sehne schnellte? War das notwendigerweise so? Er verzählte sich und lachte. Der Wind erfaßte den Pfeil in der Höhe und trieb ihn seitwärts ab; er geriet ins Trudeln und fiel jenseits der Steinmauer nieder, die den Schießplatz umgab.

Leonardo legte den Bogen auf die Holzbank, auf der schon die Teile seines auseinandergenommenen Gerüsts lagen, ging zu der kleinen Pforte, die auf die außerhalb des Palastbereichs gelegene Wiese führte, und stieß sie auf. Der Anblick, der sich ihm bot, war entmutigend. Die Böschung von der Pforte bis hinab ans Bachufer war von dornigem Gestrüpp und von Myrten überwuchert, und er befand sich jetzt auf gleicher Höhe mit den Wipfeln der verkümmerten Weiden, die kaum zwanzig Schritt entfernt über dem glitzernden Wasser hingen. Es war ein Gelände, in dem es wenig Sinn hatte, nach einem verlorenen Pfeil zu suchen, sofern er nicht über den Bach hinweg in das hohe Gras der dahinterliegenden Wiese getragen worden war.

Er stieg die Böschung hinab und kam dabei auf dem lockeren, steinigen Boden ins Rutschen. Am bröckligen Bachufer gelang es ihm, wieder Halt zu finden, indem er nach einem Zweig griff, und da sah er die gestreiften Federn und den polierten Schaft des Pfeils mitten im Bach aus dem Wasser ragen.

Er zog die Stiefel aus und stieg vorsichtig in das eisige Wasser, zuckte zusammen und watete weiter. Der Bach war kaum zwölf Fuß breit und ungeachtet der recht kräftigen Strömung überall ziemlich seicht. Langsam tastete er sich über den Kiesboden, erreichte den Pfeil, beugte sich nieder, um ihn herauszuziehen, hielt dann aber inne. Um den Schaft herum hatte sich ein kleines, exaktes Muster aus Wirbeln gebildet, und winzige, makellose Strudel drehten sich an der Stelle, an der sich die bewegte Wasseroberfläche am Schaft brach. Er griff nach Feder und Skizzenblock und begann diese Muster der Natur zu zeichnen, ohne sich der zunehmenden Taubheit seiner Füße bewußt zu werden; wieder pfiff er leise vor sich hin.

Ungefähr fünf Minuten waren darüber vergangen, als ihn die Stimme eines Mädchens hinter seinem Rücken herumfahren ließ.

«Nun, ist das Wasser warm?»

Leonardo richtete sich auf und wandte den Kopf. Am Ufer, neben seinen Stiefeln, stand, schlank und blondhaarig, Bianca Maria Visconti in einem fließenden Gewand aus apfelgrüner Seide, das an Saum und Mieder Schmutzspuren aufwies. Ein Zweig hatte ihr Gesicht geschrammt und einen dunklen Streifen auf ihrer Wange hinterlassen. Doch weder diese kleinen Zwischenfälle bei ihrem Abstieg zum Bachufer noch ihre unpassende Kleidung schienen ihr etwas auszumachen; sie lachte vergnügt.

Leonardo schloß seinen Skizzenblock, blieb jedoch im Wasser stehen.

«Madonna», sagte er.

«Ihr kennt mich?» fragte sie und strich sich eine Strähne aus der Stirn. «Wer Ihr seid, weiß ich natürlich. Ihr seid Leonardo da Vinci, Bemaler von Gartenhäusern und, nach dem zu urteilen, was ich gesehen habe, ein mittelmäßiger Bogenschütze. Aber wer bin ich?»

«Gräfin Bianca Maria Visconti von Abbiategrasso, eine Cousine des Herzogs Lodovico Sforza, Regenten von Mailand», sagte Leonardo.

«Ihr kennt mich also. Wie kommt das?»

Leonardo lächelte sie vergnügt an. «In solchen Dingen bin ich kein so schlechter Schütze wie im Umgang mit dem Bogen. Giuliano de' Medici hat Euch mir beschrieben, sowohl Euer Wesen wie Eure Erscheinung. Und es schien mir nicht möglich, daß es zwei Frauen geben sollte, auf die seine Beschreibung zutrifft. Außerdem – habe ich Euch nicht wie eine Maus unter dem Mantel meines Protektors Lorenzo de' Medici hervorlugen sehen? Eures Vormunds, soweit ich informiert bin? Ihr seht, es war ganz einfach.»

«Was Ihr da sagt, gefällt mir nicht», sagte die Gräfin. «Ich bin keine Maus.»

«Damals war es dunkel. Ich erkenne meinen Irrtum und bereue ihn.»

«Schon besser. Und wie hat Giuliano mich beschrieben, wenn ich fragen darf?»

Leonardo hatte den Pfeil aus dem Bachbett gezogen und watete zum Ufer.

«Nun, soweit ich mich erinnere, Madonna, als vorlaut und flachbrüstig.» Knietief im Wasser stehend, machte er vor ihr halt. «Ich glaube jedenfalls, daß er ‹vorlaut› sagte, aber es kann auch sein, daß er den Ausdruck ‹scharfzüngig› benutzte.»

«Lassen wir mein Temperament für den Augenblick außer acht, wenn es Euch recht ist», sagte Bianca streng und blickte zornig auf ihn herab. «Giulianos lose Reden über meine . . . meine äußere Erscheinung empören mich. Wie kann er es wagen? Und daß Ihr es wagt, sie mir ins Gesicht zu wiederholen, finde ich noch empörender!»

«Leider haben Männer, die zusammen ausreiten, die üble Angewohnheit, solche Bemerkungen zu machen», sagte Leonardo. «Aber Ihr habt mir eine klare Frage gestellt, und es wäre gegen meine Würde gewesen, Euch darauf nicht wahrheitsgemäß zu antworten.»

«Ich könnte Euch auspeitschen lassen. Glaubt nicht, daß ich das nicht könnte.»

«Ich zweifle nicht daran. Aber wenn Ihr mir einen Schrecken einjagen wollt, müßtet Ihr vorher lernen, die Belustigung, die ich in Euren Augen sehe, besser zu verbergen. Inzwischen wäre ich Euch dankbar, wenn Ihr den Weidenzweig dort neben Euch mit der einen Hand fassen und mir die andere entgegenstrecken würdet.»

Die Gräfin gehorchte unter Verlust eines Teils ihrer Erhabenheit. Leonardo ließ sich neben ihr nieder und zog seine Stiefel an.

«So», sagte sie, «und jetzt erklärt mir bitte, weshalb Ihr da mitten im Bach gestanden und gezeichnet habt - ja, was eigentlich? Laßt mich sehen!»

Bereitwillig löste er den Skizzenblock von der Kette und reichte ihn ihr. Sie betrachtete das oberste Blatt mit kritischen Blicken.

«Was soll das sein?»

«Wie sieht es denn aus?»

«Wie Linien und Wirbel im Wasser.»

«Ausgezeichnet.»

«Aber wozu?»

«Das», sagte Leonardo, «ist nicht leicht zu erklären.»

«Wieso? Schließlich ist es eine klare Frage, und wir wissen inzwischen – nicht wahr? –, daß Ihr durchaus imstande seid, klare Antworten zu geben.»

«Ja, also», sagte Leonardo und stand auf, «Ihr müßt wissen, daß ich den Flug von Pfeilen studiert habe . . .»

«Das weiß ich», erklärte Bianca ungeduldig. «Ich habe Euch dabei beobachtet.»

«Tatsächlich? Ich habe Euch nicht gesehen.»

«Ich kann mir durchaus vorstellen, daß Ihr nichts bemerkt,

was auch nur eine Spanne von Eurer Nase entfernt vor sich geht, wenn Ihr arbeitet – sofern man das Arbeit nennen kann», sagte Bianca spitz. «Ihr hörtet mich nicht einmal kommen.»

«Das ist wahr.»

«Also, weiter. Was hat der Flug von Pfeilen mit Wirbeln im Wasser zu tun?»

«Vielleicht gar nichts. Die Gedankenverbindung lieferte der Pfeil selbst. Die Wirbel, die ich hier skizziert habe, beweisen, daß Wasser Bewegung hemmt und seinerseits von ihr gehemmt wird. Vor ein paar Minuten kam mir der Gedanke, daß die Luft den Flug des Pfeils vielleicht auf die gleiche Weise hemmt. Wenn es so ist, dann muß ich diesen Umstand berücksichtigen, wenn ich die Bewegung eines Pfeils durch die Luft studiere. Begreift Ihr das?»

Bianca runzelte die Stirn.

«Haltet den Pfeil hoch», befahl sie. Leonardo nahm ihn und streckte ihr den Schaft entgegen. «Wo sind die Wirbel in der Luft?» fragte sie. «Ich sehe keine.»

«Sie sind unsichtbar.»

«Oder es gibt sie nicht. Woher wollt Ihr wissen, daß sie da sind, wenn sie unsichtbar sind?»

«Weil ich sie anderswo sehen kann», erwiderte Leonardo.

«Wo zum Beispiel?»

«Hättet Ihr einen Spiegel, Madonna, und könntet Ihr darin sehen, wie reizvoll Euer Haar in eben dieser Luft flattert, dann würdet Ihr sie auch bemerken», sagte Leonardo. «Außerdem würdet Ihr dann sehen, daß Ihr einen Schmutzstreifen im Gesicht habt.»

«Ihr hättet Euer Kompliment nicht gleich wieder zu verderben brauchen.»

«So ist das nun einmal mit dem Auge des Künstlers», entschuldigte sich Leonardo. «Flatterndes Haar und Schmutz haben für ihn den gleichen Reiz.»

«Ich verstehe. Aber um auf die Luft zurückzukommen», sagte Bianca und betrachtete ihn leicht belustigt, «so scheint mir doch, daß Ihr Euch da irrt. Wasser ist schwer, Luft ist es nicht. Luft ist – einfach nichts.»

«Keineswegs. Schaut dort hinüber.» Er deutete auf ein paar verspätete Blätter, die, vom Wind getragen, langsam auf die Wasseroberfläche herabsanken und mit der Strömung davonglitten. «Die Luft trägt das fallende Blatt», sagte er. «Wäre das nicht der Fall, dann würde es sofort zu Boden fallen wie ein Stein. Also hat die Luft eine Festigkeit – wie das Wasser auch.»

«Aber die Blätter fallen», wandte sie ein. «Ob langsam oder schnell, sie fallen. Das beweist gar nichts.»

«Ihr seid schwer zu überzeugen.»

«Durchaus nicht. Schiffe fallen nicht durchs Wasser. Sie treiben darauf.»

«Wie die Wolken am Himmel treiben, die auch nicht fallen.»

«Wolken haben kein Gewicht. Kann eine Wolke eine Last tragen? Sie kann es nicht. Ein wenig mehr müßt Ihr Euch schon anstrengen.»

«Dann sagen wir, wie ein Drachen treibt», argumentierte Leonardo. «Ein Drachen hat Gewicht, das gesteht Ihr mir doch zu? Oder ein Vogel.»

Sie rieb sich die Wange, ließ ihn aber nicht eine Sekunde aus den Augen.

«Ja», sagte sie langsam, «das stimmt. Vielleicht habt Ihr letzten Endes doch recht. Aber es ist eine merkwürdige Idee. Ich muß darüber nachdenken.» Dann änderte sie plötzlich das Thema. «Wißt Ihr, was meine Tante Francesca von Euch sagen würde? Sie würde sagen, daß Ihr ein Träumer seid.»

Leonardo warf den Kopf zurück und lachte laut auf. «Habt Erbarmen mit mir!» rief er. «Eure Tante und Ihr – das ist zuviel, dagegen komme ich nicht an. Aber ich versichere Euch, Madonna Bianca, ich bin kein Träumer – ganz im Gegenteil. Mich beschäftigt nur das, was ich wahrnehme, und an dieser Beschäftigung kann mich nichts hindern. Nur – das ist kein Träumen. Vielleicht sehen Maler die Dinge klarer als andere Menschen, und manche ziehen aus dem, was sie sehen, ihre Lehren.»

«Lehren», sagte die Gräfin. «Ich hasse Lehren. Und ich kam im Grunde hierher, um ihnen zu entfliehen. Also bitte, behaltet Eure Lehren für Euch.»

«Ich wunderte mich bereits über Eure Kleidung. Seide und

Dornen passen schlecht zueinander. Bei wem habt Ihr Unterricht?»

«Bei einem Mönch, der an eine Pisaner Bracke erinnert», sagte Bianca. «Er langweilt mich. Sein Name ist Fra Sigismondo Carregi. Wahrscheinlich stürmt er im Augenblick durch sämtliche Höfe des Palastes und sucht nach mir, und am Nachmittag wird er mich in meinem Zimmer einsperren. Soll er doch! Lieber lese ich, als daß ich seinem monotonen Geschwätz zuhöre. Und deshalb hasse ich Lehren.»

«Gegen diese hier habt Ihr aber keinen Einspruch erhoben», wandte Leonardo ein.

«Das war ja auch keine», widersprach sie.

«Ihr irrt abermals, kleine Contessa. Lehren werden nicht nur von Mönchen erteilt und stehen nicht einmal immer in Büchern. Auf meine Lehrmeister ist mehr Verlaß.»

«Eure Lehrmeister? Wo sind Eure Lehrmeister?»

«Rings um uns her», erwiderte er. «Heute morgen zum Beispiel waren es Pfeile, Blätter, Wasser und –» er streckte sanft die Hand aus – «vielleicht sogar wehendes Haar. Bedenkt das, wenn Ihr heute nachmittag in Eurem Zimmer eingeschlossen seid, Madonna. Es ist vielleicht noch wichtiger als das relative Gewicht von Wolken und Drachen.»

Den Kopf in die Hand gestützt, saß Lorenzo de' Medici an einem Tisch aus Kiefernholz in einem kleinen Gemach, das einer Klosterzelle ähnelte; die weißgetünchten Wände waren kahl bis auf eine Landkarte, die Petrus Vesconte gezeichnet hatte. Das Fenster war vergittert. Aber es war groß und bot einen herrlichen Ausblick über die Gärten des Palastes und die Landschaft jenseits der Stadt.

Der Beherrscher der Republik Florenz benutzte dieses Gemach recht oft. Hierher zog er sich zurück, wenn er in Ruhe über Staatsprobleme nachdenken oder wenn er dem Geschwätz der Müßiggänger entfliehen wollte. Außer ihm hatten nur ganz wenige Menschen Zutritt zu diesem Gemach, und niemand ohne ausdrückliche Einladung.

«Habt Ihr Eure Experimente zu einem befriedigenden Abschluß gebracht?» fragte er.

«Ja, das habe ich, Herr.»

«Gut. Ich will Euch nicht verschweigen, daß ich weder von Doktor Mazzone noch von dem ehrenwerten Fra Sigismondo Carregi ermutigende Berichte darüber gehört habe. Aber das wird Euch kaum überraschen.»

Leonardo hatte auf einem niedrigen Schemel an der anderen Seite des Tisches Platz genommen; nun legte er ein Bein über das andere Knie und umfaßte gelassen den Knöchel.

«Nein, ich gestehe, es überrascht mich nicht», sagte er. «Sie schienen zu glauben, es ginge mir um Treffsicherheit, und das war natürlich nicht der Fall.» Er wollte fortfahren, aber Lorenzo hob abwehrend die Hand.

«Verschont mich mit Eurer Wissenschaft», sagte er. «Ich befasse mich mit Menschen – ein Gebiet, auf dem ich über einige Kenntnisse verfüge. Was der gute Doktor und Fra Sigismondo mir berichtet haben, spielt keine Rolle. Ich biete Euch eine Stellung als Kriegsingenieur an. Bis Ihr mir bewiesen habt, was Ihr wert seid, zahle ich nur wenig. Dafür steht es Euch frei, Eure Experimente fortzuführen, soweit Eure Pflichten es zulassen. Was haltet Ihr davon?»

«Eure Bedingungen sind gerecht. Ich nehme sie an und bin Euch dankbar. Wann soll ich mein Amt antreten?»

«Sofort.»

«Sofort?» sagte Leonardo unerschüttert. «Wie Ihr wünscht.»

«Ich werde dafür sorgen, daß Ihr aus Eurem Vertrag mit Andrea del Verrocchio entlassen werdet, ohne daß Euch Schaden entsteht. Solange Ihr mir dient, werdet Ihr hier im Palast wohnen. Aber heute nacht noch nicht. Heute abend sollt Ihr nach Castelmonte reiten. Ihr überbringt Kapitän Rigo Leone eine Vollmacht von mir und helft ihm, die Mauer der Stadt zu brechen.» Er sah, daß Leonardo sprechen wollte, und hob abwehrend die Hand. Mit festem Blick fügte er hinzu: «Ihr braucht mir nicht zu sagen, daß Ihr keine Wunder vollbringen könnt. Das ist mir bekannt, und ich erwarte keine. Aber vielleicht fällt Euch selbst zu so später Stunde etwas auf, das den anderen entgangen ist. Ihr wißt, daß sich Donna Carla d'Avalos als Gefangene in Castelmonte befindet?»

«Euer Bruder hat es mir berichtet, Herr.»

«Wir haben bisher noch keine Lösegeldforderung erhalten, aber ich zweifle nicht daran, daß sie in Kürze kommt. Ich will offen sprechen. Im Augenblick geht es mir darum, meinem Schatzmeister die Summe von fünfzig- oder hunderttausend Fiorini zu ersparen; soviel wird es Florenz kosten, sie freizukaufen, sofern die Zitadelle des Grafen della Rovere auch übermorgen noch unbeschädigt ist. Natürlich werde ich widerspruchslos zahlen, wenn es sein muß. Aber so liegen die Dinge. Habe ich mich klar ausgedrückt?»

«Das habt Ihr», sagte Leonardo. «Ich werde tun, was in meinen Kräften steht, Herr, jetzt und künftig, solange ich in Euren Diensten stehe.»

«Möge das Glück mit Euch sein», sagte Lorenzo de' Medici.

«Lieber Messer Matteo», sagte Bianca Visconti, «bitte, erzählt mir davon.» Sie standen zusammen auf der kleinen Brücke, die den Bach hinter dem Palast überspannte.

«Da gibt es nicht viel zu erzählen, Madonna», sagte der Bogenschütze. «Es war . . . es war ja auch nur ein Traum. Wir waren damals noch Kinder.»

«Ihr sagtet es. Erzählt mir seinen Traum.»

«Ich hielt es für baren Unsinn», fuhr der Bogenschütze brummend fort. «Wie er mir später erzählte, träumte er, daß er auf einer Wiese nahe bei dem Bauernhof lag, und da stieß ein Habicht vom Himmel herab und peitschte ihm mit dem Schwanz die Lippen. Danach weigerte er sich mehrere Monate lang, zur Schule im Dorf zu gehen, obwohl ihm sein Vater, Ser Piero, deshalb manche Tracht Prügel verabreicht hat.»

«Tatsächlich?» fragte Bianca. «Und weshalb weigerte sich Leonardo?»

«Er sagte, der Vogel habe ihm sein Schicksal offenbart. Es bestünde darin, die Wahrheit auszusprechen, wo immer er sie entdecke. Seine Lehrer, behauptete er, wüßten die Wahrheit nicht zu erkennen und fütterten ihn mit purem Unsinn. Sogar als Junge war er schon seltsam, Madonna.»

«Und Ihr wart sein Freund.»

«Bis zu einem gewissen Grad», sagte Barletta und nickte.

«Hatte er viele Freunde? Oder vertrieb er sie mit seinen merkwürdigen Ideen?»

«Das, Madonna, ist schwer zu sagen. Es gab viele, die seine Freundschaft suchten, aber nur wenige, die er selber als Freunde anerkannte. Männer fühlten sich immer von ihm angezogen, und Frauen auch, ob er sich darum bemühte oder nicht. Aber ich glaube, bevor er mit seinem Vater hierher nach Florenz kam, war er oft sehr einsam. Wenn ich auch nicht recht weiß, weshalb eigentlich.»

«Aber Euch hat er anerkannt», sagte Bianca.

Der Bogenschütze lachte. «Vielleicht nur deshalb, weil ich nie den Fehler gemacht habe, ihn zu bewundern oder mir auch nur den Anschein zu geben, als täte ich es. Ich schoß mit Pfeilen auf Kaninchen und sagte zu ihm, er solle sich nicht ungeschickter anstellen, als es unbedingt sein müsse. Er war im Gegensatz zu mir sehr ungeschickt im Umgang mit dem Bogen. Aber die Lehrer liebten wir beide nicht sehr, und so gingen wir miteinander auf die Jagd, das heißt, ich jagte, und er beobachtete inzwischen den Himmel und riß Blätter von den Bäumen. Und da ich kaum ein Viertel von dem verstand, was er sagte, und trotzdem so gut kämpfen konnte wie er . . .»

«Habt Ihr miteinander gekämpft?» unterbrach Bianca.

«Oft. Er war stärker als ich, aber da er meist nicht ganz bei der Sache war, gaben wir einander nichts nach. Ich geriet in Wut und er nicht, Madonna, und das ist der entscheidende Unterschied zwischen uns.»

«Das genügt. Ich sehe, Ihr versteht ihn sehr gut, Barletta, und ich verstehe ihn allmählich auch ein wenig besser. Er braucht Freunde wie Euch, scheint mir.»

«Und vielleicht wie Euch, Madonna.»

Bianca Visconti warf einen Zweig in das unter ihnen dahinfließende Wasser. «Vielleicht», sagte sie, «vielleicht auch nicht. Es wird sich zeigen.»

7

Den Rücken fest gegen einen Seitenpfosten der Ausfallpforte von Castelmonte gestemmt, ließ Guido Toscanelli seine Schwertspitze einen Augenblick auf dem festgetretenen Erdreich zu seinen Füßen ruhen und bedachte die Lage.

Im Augenblick bot ihm der überhängende Bogengang Schutz; er preßte die rechte Schulter an das balkenbewehrte Holz der Tür, die er zerschmettern wollte. Aber die Männer, die, eine Armlänge von ihm entfernt und mit Flüchen von ihm angefeuert, mit einem eisenbeschlagenen Rammbock gegen die Planken anrannten, waren weniger glücklich. Von den dreißig Mann seines Sturmtrupps waren bereits fünf gefallen und ebenso viele verwundet worden – durch von den Flanken her abgefeuerte Pfeile und durch aus den Scharten der Wachstube über dem Tor herabgeschleuderte Steine.

Er verfluchte sich selbst. Wie hatte er zulassen können, daß seine Ungeduld die Oberhand über den gesunden Menschenverstand behielt! Er hatte gehofft, sich den Zutritt binnen weniger Minuten erzwingen zu können. Das war nicht gelungen, und nun kostete jeder Stoß des Rammbocks einen weiteren Mann.

Die Entfernung vom Ausfalltor bis zum Flußufer betrug kaum fünfzehn Schritt, aber das Gelände stieg steil an. Deshalb waren seine Männer nicht in der Lage, die schwere Ramme mit ganzer Kraft zu führen. Sie konnten nicht mit ihr zurückgehen und wieder vorstürmen, sondern sie lediglich auf Armeslänge zurück- und vorschwingen lassen. Inzwischen hatten die Verteidiger genügend Zeit gehabt, sich oberhalb der Pforte und auf der Mauerkrone zu beiden Seiten zu sammeln; sie überschütteten seine Leute mit einem tödlichen Geschoßhagel. Und ein Armbrustbolzen durchschlug selbst auf vierzig Schritt Entfernung einen Kettenpanzer.

Gefangen zwischen Fluß und Mauer, konnte er nichts ausrichten, und der Rammbock richtete an der Pforte so wenig Schaden an, als wäre sie aus Felsgestein.

Toscanelli trat aus dem Schutz des Bogengangs heraus und warf einen Blick zurück über den Fluß. Von einem Steinhaufen gedeckt, versuchten seine eigenen Armbrustschützen dem Sturmtrupp Feuerschutz zu geben. Ihre Bolzen prallten von der Brustwehr über ihm ab. Als er hochblickte, um zu sehen, was sie ausrichteten, brach einer der Bogenschützen oben mit durchschossenem Hals zusammen und fiel nach vorn. Er war schon tot, ehe er unten aufschlug, rollte die steile Böschung hinunter und klatschte ins Wasser. Das war bisher der einzige Tote, dessen seine Helfer sich rühmen konnten. Und in dem Augenblick, in dem ihm das klarwurde, stieß der letzte Mann am Rammbock einen heiseren Laut aus und fiel auf den Rücken. Mit ausgebreiteten Armen lag er zu Toscanellis Füßen. Die Fiederung des kurzen Eisenbolzens in der Stirn des Mannes färbte sich rot, und es war, als starrte sie den Condottiere wie ein bösartiges drittes Auge an.

Ein sinnloses Unterfangen, dachte Toscanelli und fluchte vor sich hin. Das Leben seiner Leute in fruchtlosen Kämpfen aufs Spiel zu setzen gehörte nicht zu den Aufgaben eines Condottiere. Seine eigenen Soldaten machten ein Viertel des Sturmtrupps aus, die übrigen waren Freiwillige aus Florenz, erpicht auf Ruhm oder Tod für ihre Stadt und Lorenzo de' Medici. Möchtegern-Helden, dachte Toscanelli – also Narren. Aber in diesem Fall war er kein geringerer Narr als sie.

Er hatte den Rückzugsbefehl schon auf den Lippen, als die Ausfallpforte unter der Gewalt der Ramme nach innen aufschwang. Die Männer an der Spitze ließen den Rammbock fallen und stürmten, vom Freudengeschrei der hinter ihnen Stehenden angetrieben, durch die Öffnung. Toscanelli folgte ihnen, fast der letzte von denen, die sich hindurchdrängten.

In Friedenszeiten diente die schmale Ausfallpforte als Durchlaß für Waschfrauen und Leute, die Wasser aus dem Fluß schöpfen wollten. In Zeiten einer Belagerung war sie ebenso unüberwindlich wie das Haupttor und die Mauern, die die Stadt umgaben.

Ihre Verteidiger hatten ihr mit grimmem Spott den Namen Schlangenrachen gegeben.

Über ihr stand Federigo da Montefeltro, der Herzog von Urbino und eigentliche Befehlshaber von Castelmonte. Er war ein Zyniker, mehr Soldat als Edelmann, und verdankte seinen Herzogstitel hauptsächlich seinen überragenden Fähigkeiten in der Kriegskunst. Durch einen Spalt zwischen den Bodenplanken der Wachstube schaute er hinab auf die Florentiner, die durch den engen Gang zu seinen Füßen hindurchdrängten. Ihre Waffen schrammten an den Steinmauern entlang. Er vernahm die ersten Untertöne von Unsicherheit in ihrem Kriegsgeschrei und lächelte leise vor sich hin.

«Wartet», sagte er leise zu den Männern, die um ihn herumstanden. «Noch nicht.»

Toscanellis Leute hatten natürlich damit gerechnet, jenseits des Tores, das sie aufgebrochen hatten, auf erbitterten Widerstand zu stoßen. Doch das erwartete Handgemenge blieb aus. Diejenigen, die am weitesten eingedrungen waren, begannen den wahren Sachverhalt zu ahnen: daß die Pforte keineswegs den Stößen des Rammbocks nachgegeben hatte, sondern absichtlich geöffnet worden war, um sie hereinzulocken.

Guido Toscanelli jedenfalls hatte es erkannt. Als einer der letzten betrat er den langen schmalen Durchgang und sah mit raschem Blick, daß Riegel, Schloß und Türangeln unbeschädigt waren. Er blieb stehen und ließ die letzten Heißsporne an sich vorbei. Der Gang selbst ließ sich mühelos verteidigen: fünfundzwanzig Schritt lang, führte er durch den gewachsenen Fels, der die Wachstube über der Pforte trug. Wie das Terrain an seinem anderen Ende aussah, konnte er von seinem Standort aus nicht erkennen.

Wo waren die Männer, denen es doch ein leichtes gewesen wäre, einen solchen Zugang gegen ihn zu verteidigen?

Zehn Schritt entfernt klafften zu beiden Seiten des Ganges rohbehauene Öffnungen. Das mußten die Zugänge zu den Stiegen sein, die zur Wachstube hinaufführten. Drei Mann, von oben über eine der Stiegen herabgekommen, hätten ausgereicht, den Durchgang gegen seine zwanzig Männer zu halten. Armbrustschützen am anderen Ende des Tunnels hätten ein Dutzend seiner Soldaten niederschießen können, bevor sie sich ins Freie durchkämpfen

Aber der Gegner hatte keine dieser möglichen Maßnahmen ergriffen.

Er wandte sich um und blickte abermals zum jenseitigen Flußufer hinüber. Dort warteten weitere hundert seiner Leute auf einer Anhöhe auf sein Signal zum Angriff.

Sechs Fuß über dem langen dunklen Gang schaute Federigo da Montefeltro in aller Gelassenheit zu, wie die Zahl der Angreifer wuchs. Fast im Plauderton erteilte er dem Hauptmann der Torwache und den Bogenschützen draußen auf der Mauer seine Befehle. Sie nahmen daraufhin an der Rückseite der Brustwehr Aufstellung und richteten ihre Bogen auf die Florentiner, die wie ein Bienenschwarm aus der Mündung des Tunnels hervorkamen. In der Wachstube paßten vier Männer ein Fallgatter aus schmiedeeisernen Gitterstäben in den Schlitz zu seinen Füßen. Das Gatter – die Tür der Falle, die er nun hinter seinen Opfern unten zu schließen gedachte – wurde am oberen Rand von Seilen gehalten, die über Flaschenzüge an den Deckenbalken liefen. Vier Männer hielten die Seile, bereit, sie jeden Augenblick loszulassen.

«Noch nicht», sagte Federigo da Montefeltro abermals leise.

Die Stille war unnatürlich. Ein einzelner Bolzen von jenseits des Flusses fand seinen Weg durch eine Schießscharte und prallte, ohne Schaden anzurichten, von der Mauer und von einer Bank ab und fiel dann leise klirrend zu Boden. Dann begannen Montefeltros Bogenschützen, die Florentiner, die den kleinen Weinberg am anderen Ende des Schlangenrachens erreicht hatten, niederzuschießen.

Toscanelli war zu einem Entschluß gelangt und rannte durch den Gang hinter seinen Männern her. Wenn sein Sturmtrupp schon bis auf den letzten Mann fallen sollte, dann mußte der Verlust von dreißig Menschenleben wenigstens durch eine nähere Erkundung der Gegebenheiten gerechtfertigt werden.

Er sah sofort, daß er richtig vermutet hatte. Der Durchgang, der ihnen kampflos überlassen worden war, führte nur auf ein steil ansteigendes, steiniges Feld, über das man jetzt hätte vorrücken müssen, was aber völlig sinnlos war. Das Feld war in gleichmäßigen Reihen mit verkümmerten Rebstöcken bepflanzt, und ringsum ragten die Mauern der Zitadelle empor. An seinem anderen Ende lag ein zweites Tor, das Gegenstück zu der Ausfallpforte, die er genommen hatte. Die Erbauer von Castelmonte waren geschickte Leute gewesen. Wenn die äußere Ausfallpforte der Schlangenrachen war, so war das Gelände hier der Leib der Schlange, der nur darauf wartete, seine Beute zu verdauen.

Überall von steilen Mauern und einem unerreichbaren Feind umgeben, versuchten seine Männer vergeblich, den Pfeilen auszuweichen, die von allen Seiten auf sie niederzischten. Zwei oder drei von ihnen, die sich der Niederlage schneller bewußt geworden waren als die übrigen, kamen bereits den Hang herab auf Toscanelli zugerannt. Er konnte nichts mehr tun, um die Lage zu retten. Er schrie seinen Leuten noch etwas zu und rannte dann durch den Gang zurück. Keuchend erreichte er das äußere Ende – eine Sekunde später rasselte das Fallgatter herab und versperrte den Gang. Seine Leute waren unentrinnbar dem Tod ausgeliefert. Er hastete zum Fluß hinab, sprang ins Wasser, fluchte, soweit ihm noch genug Puste dafür blieb, und brachte sich, zum anderen Ufer schwimmend, ruhmlos in Sicherheit.

Ein leichter, vom Wind getriebener Regen schlug Rigo Leone und seinen Kanonieren ins Gesicht. Leonardo da Vinci, der sein Pferd wieder am Pulvermagazin angebunden hatte, stand mit flatterndem Umhang neben dem Hauptmann. Jetzt tippte er ihn an und deutete zum Fluß hinunter.

«Nur *ein* Mann», sagte er. «Ich glaube, es ist Toscanelli selbst.»

Rigo wandte ihm gereizt das regennasse Gesicht zu.

«Ich kann mich nicht auch noch um Toscanelli und seine Leute kümmern», sagte er mürrisch. «Diesen Ärger hat er sich selbst zuzuschreiben. Es war eine schlecht überlegte, törichte Attacke. Er wußte, daß sie aussichtslos war, und hat dafür bezahlt.»

«Das stimmt. Aber vielleicht hat er wenigstens etwas Neues dabei herausgefunden.»

«Nichts, was mich interessieren könnte. Die Ausfallpforte kümmert mich nicht», sagte Rigo. «Was mich interessiert, ist die Treffsicherheit meiner Geschütze, und um die ist es jämmerlich bestellt. In der Vollmacht von Lorenzo steht, Ihr wäret Ingenieur – vielleicht könnt Ihr mir sagen, wie man mit Bombarden schießen soll, die halb im Schlamm versinken. Wißt Ihr es?»

«Nein», sagte Leonardo. «Ich kann Euch nur raten, es zu lassen.»

«Besten Dank. Und deshalb verschont mich mit Guidos Pech. Ich habe selbst genug. Aus dem Weg, Ingenieur.»

Er trat von seinem kleinen Erdhügel herunter und stieß Leonardo zur Seite, während die Kanone zu seiner Rechten losdonnerte. Leonardo war noch nicht daran gewöhnt, daß er den Mund öffnen mußte, damit die Detonation ihn nicht taub machte, und schüttelte den Kopf, um ihn wieder klar zu bekommen. Dann kniete er nieder und bohrte die Finger ins durchnäßte Gras. Zu seiner Linken mühte sich Agnolo Fulvios Mannschaft verzweifelt mit der riesigen Bombarde ab; mit zwanzig Fuß langen Stangen, die von jeweils fünf Mann gehandhabt wurden, versuchten sie, die Lafette zur Seite zu hebeln. Bis an die Augen mit rötlichem Lehm bespritzt, sahen sie kaum noch wie Menschen aus. Rigo mag seine Schwierigkeiten übertreiben, dachte Leonardo leicht belustigt, aber nicht sehr. Das Geschütz neigte sich langsam zur Seite und blieb in schräger Stellung stehen. Mindestens eine halbe Stunde würden die Kanoniere damit zu tun haben, die eingesunkenen Räder mit schweren Balken abzustützen, die beim nächsten Rückstoß wieder im aufgeweichten und zertrampelten Grund versinken würden. Als er sich aufrichtete, stand Rigo wieder neben ihm.

«Ihr habt natürlich recht», sagte der Hauptmann. «Jemand mit etwas mehr Vernunft als ich hätte schon vor Tagen aufgehört. Aber ich kann es nicht. Wenn ich die Beschießung jetzt abbräche, würde ich mir den ganzen Winter über immer wieder sagen, daß vielleicht ein einziger weiterer Schuß genügt hätte, diese verdammte Mauer zum Einsturz zu bringen.» Er hustete und spie etwas von dem Schwefel aus, der dick auf seiner Zunge lag. «Nun ja», fuhr er fort, «ab übermorgen spielt es keine Rolle mehr.»

Aus Rigos Mund kamen diese Worte einer Entschuldigung gleich, und Leonardo nahm sie mit einem freundlichen Brummen hin.

«Wie treffsicher sind Eure Geschütze, wenn Ihr festen Grund

habt?» fragte er dann.

Rigo schnitt eine Grimasse. «Es ist schon so lange her, daß ich zum letztenmal festen Grund hatte – ich kann mich kaum noch erinnern», sagte er. «Auf diese Entfernung? Nun, ich würde sagen, die Streuung liegt bei zehn Fuß beiderseits des Zielpunkts – mit gutem Pulver. Manchmal ist es besser, oft schlechter.»

Leonardo ging zu einer Stelle, wo drei der großen Eisenkugeln nebeneinander lagen. Er hockte sich nieder, hob eine mit beiden Händen an, richtete sich auf und wuchtete sie in Schulterhöhe.

«Wie schwer?» fragte er.

«Hundert Pfund. Euer Körperbau täuscht, Ingenieur. Ich sollte Euch zum Laden anwerben.»

Leonardo ließ die Kugel wieder langsam auf den Boden nieder.

«Wie viele Schüsse wollt Ihr heute noch abgeben?»

«So viele, wie die Vorsehung zuläßt. Vielleicht noch acht vor Sonnenuntergang.»

«Wenn es so ist», sagte Leonardo, «mache ich mich schnell auf den Weg.»

«Wohin?»

«Zur Mauer dort drüben. Mir liegt daran, den Flug Eurer Kugeln von beiden Seiten zu beobachten.»

«Dann spielt Ihr mit Eurem Leben», erklärte Rigo. «Zur Zeit beträgt die Streuung meiner Geschütze nicht zehn, sondern vierzig Fuß nach beiden Seiten. Das ist Wahnsinn.»

«Vielleicht. Ich vertraue auf Gott und Euer Können. Habt Ihr Euch nie gewünscht, Eure eigenen Kugeln aufprallen zu sehen?»

«Ich? Nie und nimmer. Und warum auch? Der Platz eines Kanoniers ist hinter seinen Kanonen, nicht vor ihnen, und Ihr tätet gut daran, meinem Beispiel zu folgen. Ich hätte nicht gedacht, daß Ingenieure so gefährlich leben.»

Die Unterrichtsstunde verlief nicht gut. Fra Sigismondo Carregi saß steif auf der vorderen Kante des bequemen Lehnstuhls, den fahlen Gelehrtenfinger als Merkzeichen in ein Buch geklemmt. Er wartete auf Biancas Antwort. Stille breitete sich in dem Zimmer aus, so daß trotz der geschlossenen Fenster der Ruf eines Gassenjungen zu vernehmen war. Bianca seufzte tief.

«Es tut mir leid, Fra Sigismondo, wirklich – aber ich habe Eure Frage vergessen.»

Das selbstgefällige Nicken ihres Lehrers ließ erkennen, daß er eben diese Antwort erwartet hatte. «Wir sprachen, mein Kind, von der heiligen Agatha», sagte er. «Vielleicht erinnert Ihr Euch jetzt wieder. Die heilige Agatha. Weshalb wurde sie heiliggesprochen? Wann wurde sie heiliggesprochen? Ich gebe zu, daß der heilige Eusebius etwas schwierig ist, und das mag auch für die heilige Felicitas gelten. Aber außer dem heiligen Franz von Assisi, den jedes Kind kennt, scheinen all unsere lieben Heiligen für Euch ein Buch mit sieben Siegeln zu sein.»

«Die heilige Agatha», sagte Bianca. «Nein, ich glaube nicht, daß ich je von ihr gehört habe. Es tut mir leid.»

Der Mönch befeuchtete seine schmalen Lippen. «Dann hört mir bitte zu. Mit ihrer Fürbitte gebot sie dem Ätna auf Sizilien bei einem Ausbruch Einhalt, Madonna. Den Märtyrertod erlitt sie im Jahre des Herrn zweihundertundfünfzig.»

Bianca lachte.

«Sie gebot dem Ätna Einhalt? Einem Vulkan? Glaubt Ihr das wirklich, oder ist das eine Legende?»

Fra Sigismondo erhob sich und zupfte wütend und erregt an seinem Habit.

«Wie lange muß ich mir das noch anhören?» fragte er. «Wir können nur hoffen, daß Il Magnifico, Euer Vormund, Euch nie solche Reden führen hört. Daß Ihr meinem Unterricht nicht folgt, ist schlimm genug. Aber daß Ihr an meinen Worten zweifelt, ist weit schlimmer.» Er stand jetzt drohend neben ihr. «Und nun hört bitte genau zu, Madonna. Ob Ihr geruht, meinem Unterricht zu folgen oder nicht, mag Eure Sache sein. Aber wenn Ihr über das, was ich Euch lehre, spottet, dann spottet Ihr nicht über mich, dann spottet Ihr über unsere Mutter, die Heilige Kirche, und das ist Ketzerei.»

«Ich spotte weder über Euch noch über die Heilige Kirche», erklärte Bianca mutig. «Ich habe lediglich eine Frage gestellt, weil Messer Leonardo da Vinci mir beigebracht hat, daß wir nur durch Fragen lernen. Und bin ich etwa nicht hier, um zu lernen? Ich glaube, Herr, Ihr fürchtet Fragen, wofern Ihr nicht die Antwort kennt. Aber Messer Leonardo sagt, daß gerade solche Fragen . . .»

«Messer Leonardo, Messer Leonardo», sagte Fra Sigismondo wütend. «Mir scheint, mein Kind, Ihr habt zwei Lehrer – einen, der Euch den Weg zur ewigen Seligkeit weist, und einen, der genau das Gegenteil bewirken möchte.»

Er wandte ihr den Rücken und blickte zum Fenster hinaus. Bianca betrachtete ihn verächtlich.

«Es tut mir leid, wenn ich Euch mit meinen Fragen gekränkt habe», sagte sie in vorgetäuschter Demut. «Darf ich Euch trotzdem noch eine weitere stellen? Eine, die eher in Eurem Sinne sein dürfte. Haben Engel Flügel?»

Durch ihren Tonfall besänftigt, wandte Sigismondo sich ihr wieder zu.

«Aber ja, Kind», erwiderte er. «Alle Engel sind, wie wir wissen, Sendboten Gottes und deshalb mit Flügeln versehen. Sind sie nicht auf Gemälden immer mit Flügeln dargestellt?»

Bianca nickte. «Ich habe solche Gemälde gesehen», sagte sie. «Aber ich möchte wissen, warum es so ist.»

«Warum was ist?»

«Warum sie Flügel haben . . .»

«Damit sie fliegen können, natürlich», sagte der Mönch geduldig. «Das war aber eine törichte Frage.»

Aus Biancas Stimme klang echtes Interesse. «Dann sind Engel also schwer?» fuhr sie fort.

«Schwer? Ich verstehe Eure Frage nicht, Madonna. Sie sind spiritueller Natur.»

«Und wiegen nichts?»

«Nur Materielles hat Gewicht.»

«Und warum haben sie dann Flügel? Ich habe mit Messer Leonardo auch über Vögel gesprochen und über Flügel und die Luft. Und er hat mir erklärt, daß die Flügel nötig sind, um das Gewicht des Vogels zu tragen – damit er nicht zu Boden fällt. Wenn nun ein Engel kein Gewicht hat, das getragen werden muß – warum braucht er dann Flügel?»

Fra Sigismondo bedachte sie mit einem langen Blick. «Ich will Euch nicht zürnen, Kind», sagte er fromm. «Ihr fordert mich heraus, aber die Schuld liegt, wie ich glaube, nicht nur bei Euch.

Dieser Leonardo hat Euren Geist so vergiftet, daß Ihr nicht mehr Weisheit von reiner Schläue unterscheiden könnt. Aber der Abend bricht herein, und wir sollten es für heute genug sein lassen. Ihr könnt gehen. Und ich werde ein inbrünstiges Gebet für das Heil Eurer Seele zum Himmel schicken.»

Leonardo stand leicht schwankend unterhalb der Mauer von Castelmonte, die Absätze seiner Schuhe in den steilen, schlüpfrigen Abhang gebohrt, den Rücken der über ihm aufragenden Befestigung zugekehrt. Zwischen den vielen lockeren Steinbrocken und den einzelnen verformten Kanonenkugeln, die nicht wie die anderen in den Fluß hinabgerollt waren, konnte er keinen sicheren Stand finden.

Sein Blick war aufmerksam auf die ferne Anhöhe gerichtet, obwohl Regen und Dunst ihm die Sicht verschleierten. Eines wußte er bereits: Wenn er hörte, daß eine von Rigos Kanonen abgefeuert wurde, hatte die Kugel ungefähr die Hälfte ihrer Bahn schon hinter sich gebracht. Das Mündungsfeuer warnte ihn etwas früher, und er hatte so ein paar Sekunden Zeit, die Kugel im Flug auszumachen, obwohl sich auch dann noch nicht absehen ließ, ob sie rechts oder links von ihm aufprallen würde. Er hatte sich jedoch ausgerechnet, daß die Gefahr, direkt getroffen zu werden, sehr gering war. Er mußte nur achtgeben, daß er nicht von einer abgeprallten herabfallenden oder herunterkullernden Kugel umgeworfen wurde.

Er hatte den Fluß durchschwommen, und jetzt fror ihn. Zitternd vor Kälte stand er mit hochgezogenen Schultern da und wartete.

Scudos Geschütz spie abermals Feuer und Rauch, aber beides wurde fast im gleichen Augenblick von einer Regenbö verschluckt, die gerade durch das Tal fegte. Leonardo fluchte leise. All seinen Berechnungen zum Trotz war der Gedanke an die tödliche und nun unsichtbare Masse, die auf ihn zugeflogen kam, zermürbend. Er hörte ihr leises Sausen in den Nebelschwaden über sich und zog unwillkürlich den Kopf ein. Mauer und Boden erbebten unter dem Anprall. Steinsplitter flogen ihm um die Ohren, und dann schlug die Kugel nur ein paar Schritt von ihm entfernt auf dem Boden auf. Sofort kletterte er ein Stück hinauf und stand nun unterhalb der Stelle, an der sie die Brustwehr getroffen hatte – eine Armeslänge über ihm und dicht neben dem Winkel, der von der Mauer und einem erkerartig vorragenden Türmchen gebildet wurde.

Auf einer mehrere Ellen breiten Fläche zeigte die Oberfläche der Mauer einen Krater, an dessen Rändern hier und da Steinmassen nahe daran schienen, abzubrechen. Zu beiden Seiten dieser Fläche gab es kleinere Löcher. Rigos Kugeln trafen dicht genug auf, um irgendwann im Laufe der Zeit eine Bresche zu schlagen, aber viele waren auch danebengegangen und hatten so gut wie nichts bewirkt. Leonardo betastete den rauhen Rand der größten Wunde in der Mauer und schob sich dann zu der Stelle, an der das Türmchen vorragte.

Hier lag der schwache Punkt der Befestigung. Ein Riß, weit genug, daß er die Hand hineinstecken konnte, war in der Nische aufgebrochen. So dick und massiv die Mauer auch sein mochte, war sie doch unter dem ständigen Anprall von Rigos Kugeln um ein weniges zurückgewichen. Das Mauerwerk war gerissen, Mörtel herausgebröckelt. Mit den Fingerspitzen kratzte er Kalk aus der Spalte und versuchte, ihn zu zerkrümeln. Es ging nicht leicht, aber es ging.

Graf Girolamo Riario zog den Kopf von einem Fenster in dem erkerartigen Türmchen zurück und winkte einen Soldaten heran.

«Ihr steht im Dienste des Herzogs von Urbino, ja?» fragte er.

«Ja, Herr.»

«Wart Ihr auch schon bei ihm, als er vor ein oder zwei Jahren für Florenz kämpfte?»

«Ja, Herr.»

«Also kennt Ihr die Stadt?»

«Herr», antwortete der Soldat beunruhigt, «ich bin zwar Florentiner von Geburt, doch . . .»

Riario unterbrach ihn mit einer Handbewegung. «Ausgezeichnet», sagte er. «Von mir aus kann Eure Mutter Küchenmagd bei Lorenzo de' Medici gewesen sein. Ihr sollt mir nur etwas sagen.

Schaut aus diesem Fenster hinunter und berichtet mir, was Ihr dort seht.»

Der Soldat gehorchte. «Ich sehe einen Mann, Herr. Er steht am Fuße unserer Mauer und schaut herauf. Ich fürchte, er hat mich bemerkt.»

«Das kümmert mich nicht», sagte Riario. «Kennt Ihr ihn?»

«Ich will es nicht beschwören, Herr, aber ich glaube, es ist ein Künstler, der früher im Viertel der Goldschmiede arbeitete. Sein Name ist Leonardo da Vinci.»

Der Graf kratzte sich am Hals. «Gut», sagte er nach kurzem Nachdenken. «Welche Waffe führt Ihr?»

«Ich bin Pikenier, Herr.»

«Schade, aber unwichtig. Lauft und holt mir einen Armbrustschützen her. Schnell, Mann.»

Leonardo hatte das Gesicht des Hellebardiers am Fenster des Türmchens gesehen und entschied sich für Vorsicht als beste Taktik.

Von den Bolzen, die auf ihn abgefeuert wurden, als er durch den Fluß zurück und in den schützenden Nebel schwamm, kam keiner ihm gefährlich nahe. Ungefähr zwanzig Minuten später hatte er das abendliche Feuer der Kanoniere erreicht. In eine Pferdedecke gehüllt, griff er dankbar zu, als Rigo ihm seinen Weinschlauch anbot.

«Nun, gelehrter Herr», fragte der Hauptmann leicht belustigt, «was habt Ihr entdeckt?»

Leonardo setzte den Schlauch ab. «Daß Ihr, aufs Ganze gesehen, Eure Zeit vergeudet. Vielleicht hättet Ihr nach ungefähr einem weiteren Monat eine die Mühe lohnende Lücke in die Mauer von Castelmonte geschossen, aber mehr auch nicht. Ihr tätet besser daran, Eure beiden Kanonen dort hinüber zu bringen –» er deutete auf die südliche Anhöhe – «und Euer Feuer eher auf die Seite des Türmchens als auf die Mauer selbst zu richten. Der Turm würde binnen einer Woche fallen. Vielleicht bleibt die Mauer dahinter ohne Schaden, aber ein entschlossener Trupp Fußvolk könnte die Überreste des Türmchens ohne weiteres erklimmen. Soll ich es Euch aufzeichnen?»

«Nein. Und spart Euren Atem zum Warmwerden. Morgen bringe ich meine Kanonen fort, aber nicht auf Eure Anhöhe. Wir gehen nach Pistrola ins Winterquartier. Morgen früh unterhandelt Toscanelli mit Montefeltro; sein Abgesandter ist schon am Haupttor. Und da wir inzwischen allesamt wissen, einerlei, auf welcher Seite wir stehen, was es bedeutet, daß ich die Mauer nicht brechen konnte, werden sie bestimmt schon am frühen Nachmittag einig geworden sein. Welches Lösegeld Il Magnifico für Donna Carla d'Avalos, meinen Kanonier und die anderen Gefangenen des Grafen della Rovere zahlen muß, weiß ich nicht. Das wird morgen ausgehandelt. Aber bis zum Frühjahr ist der Krieg zu Ende.»

8

Gegen Mittag hatte sich das Wetter noch verschlechtert. Aus dem Regen war nasser Schnee geworden. Dennoch herrschte bei den Kanonieren, die unter dem schützenden Dach des Pulvermagazins beisammensaßen, eine heitere, fast sogar festliche Stimmung. Nach seinem tollkühnen Unternehmen vom Abend zuvor betrachteten sie Leonardo fast als einen Mann ihresgleichen, und er hatte sie auch damit für sich eingenommen, daß er nun lang ausgestreckt auf dem hintersten Stapel von Pulverfässern lag und keinen Gedanken an die Gefährlichkeit des Schießpulvers verschwendete – eine Sorglosigkeit, die, von Kanonieren abgesehen, kaum je ein Mensch aufzubringen vermochte.

Giuliano de' Medici stand in kastanienbrauner Reitkleidung neben seinem Pferd und klopfte ihm mit schlecht verhohlener Ungeduld den Hals. Er war in der Nacht aus Florenz gekommen, um im Auftrag seines Bruders die finanziellen Bedingungen des Waffenstillstands mit Castelmonte auszuhandeln; nun mußte er warten, bis die Soldaten, Toscanelli und Federigo da Montefeltro, die militärische Seite der Sache erörtert hatten.

Von allen Anwesenden schien nur Rigo schlechter Laune zu sein.

«Wo bleibt Guido?» fragte er, ohne jemanden direkt anzusprechen. «Bei allen Heiligen, allmählich ist er lange genug in dieser verdammten Zitadelle. Wir haben schließlich zu tun.»

«Warum sollten sie sich eilen?» fragte Agnolo Fulvio. «Bestimmt haben sie noch einen oder zwei Schläuche guten Wein liegen, selbst nach einer so langen Belagerung. Wir haben drei Monate Krieg geführt – da kann es meinetwegen ruhig einen Tag dauern, ihn zu Ende zu bringen, wenn sie wollen. Mein Geschütz ist noch nicht einmal kalt, und ob es nun ein paar Stunden mehr oder weniger poliert wird, bis der Krieg nächstes Jahr wieder anfängt, macht keinen Unterschied.»

«Ich hätte nicht so lange gebraucht», erklärte Rigo mürrisch.

«Gewiß», pflichtete sein Geschützmeister ihm bei. «Aber nur, weil Ihr kein Politiker seid. Ihr hättet sofort zugegeben, daß Florenz der Verlierer ist, und dafür gezahlt. Toscanelli ist ein schlauerer Fuchs als Ihr. Laßt ihm Zeit.»

«Ich traue den Politikern nicht.» Mehr hatte Rigo dazu nicht zu sagen. Er trat aus dem Schuppen und versuchte, trotz der Düsterkeit des Tages die andere Talseite auszumachen.

Eine Stunde verging.

Dann ertönte von jenseits des Tals ein Trompetenstoß. Giuliano saß auf und ritt den Abhang hinab. Aus dem Schneeregen war jetzt fester Schnee geworden. Er zügelte sein Pferd, dessen Hufe wegzugleiten drohten; die dicken Flocken hatten ihn den Blicken des Hauptmanns und der Kanoniere entzogen, noch bevor er die Talsohle erreicht hatte. Rigo nahm seine pelzgefütterte Mütze vom Kopf, klopfte sie am Knie aus und kehrte schweigend zu seinen Männern im Pulvermagazin zurück.

Giuliano erreichte das Flußufer. Er lenkte sein Pferd nach links, um dem Flußlauf zu folgen, bis er die jetzt unsichtbare Brücke erreicht hatte, die zum Haupttor der Festung führte. Durch Schnee und Nebel hörte er wie aus weiter Ferne die Geräusche, die Toscanellis Fußvolk und seine eigenen Reiter machten, während sie, soweit es bei diesem Wetter möglich war, ihren alltäglichen Aufgaben nachgingen. Dennoch riefen das trübe Gewässer und die am jenseitigen Ufer hoch aufragende graue Mauer ein Gefühl der Einsamkeit und des Eingeschlossenseins in ihm wach. Er zitterte.

«Willkommen, Fürst», ließ sich unvermittelt eine rauhe Stimme vernehmen.

Überrascht zügelte er sein Pferd und sah über den seichten Fluß hinweg zur Mauerkrone hinauf, auf der sich dunkle Gestalten versammelt hatten. In einer der Schießscharten stand Graf Girolamo Riario; das goldene Kreuz zwischen dem Brustharnisch und der Schulterplatte seines Kettenhemds funkelte schwach. Mit dem einen Ellenbogen auf die Brustwehr gestützt, blickte er auf den Reiter hinab.

«Willkommen», wiederholte er. «Wohin des Wegs, Giuliano?»

«Zum Gespräch mit dem Grafen Giovio della Rovere, wie vereinbart, Generalkapitän. Wo ist er?»

«Am Tor», sagte Riario. «Aber spart Euch nur den Weg. Er und der Herzog von Urbino tauschen gerade höfliche Abschiedsreden mit unserem ehrenwerten und törichten Freund Guido Toscanelli aus. Eure Geschäfte, Fürst, führen Euch zu mir, nicht zu ihnen.»

«Das bezweifle ich», sagte Giuliano. «Im Augenblick gibt es nichts, was ich mit dem Geier Roms zu besprechen hätte. Zumal wir formal noch nicht im Krieg mit der Kirche sind.»

«Das nenne ich tapfer, wenn auch unhöflich gesprochen», erwiderte Riario. «Ich werde Euch nicht lange aufhalten. Ich will Euch nur etwas zeigen.»

Ungeduldig lockerte Giuliano die Zügel und wollte weiterreiten, blieb dann aber. Ein schrecklicher Verdacht kam ihm. Er schaute abermals hinauf. Vier Soldaten waren gerade dabei, eine breite Planke mit einem darauf festgeschnallten Mann auf die Krone der Brustwehr zu heben. Einen Augenblick lang glaubte Giuliano, es sei ein Toter. Dann sah er, daß der Kopf des Gebundenen sich bewegte, und er erkannte Andrea di Veluti.

«Euer Kanonier», sagte Riario. «Unter anderem seid Ihr doch auch gekommen, um ihn auszulösen, nicht wahr?» Er verließ die Schießscharte, trat zu dem jungen Kanonier, packte ihn am Kinn und drehte sein Gesicht so gleichmütig herum, als inspizierte er einen Leichnam. «Er ist gesund», fuhr Riario fort, «trotz einiger Unannehmlichkeiten, die er auszustehen hatte. Ein Gegenstand von einigem Wert, könnte man sagen, wenn auch reichlich töricht. Was bietet Ihr für ihn? Nur zu! Tausend Fiorini? Zweitausend?»

«Hütet Euch, Euren Spott mit mir zu treiben, Generalkapitän», stieß Giuliano zwischen den Zähnen hervor. «Laßt den Jungen frei, dann können wir reden.»

«Wirklich? Eben noch lag Euch nicht viel an einem Gespräch mit mir. Also bleibt uns wohl nichts anderes übrig, als Euch besseres Benehmen beizubringen.»

Er winkte einem hinter ihm stehenden Mann, der jetzt vortrat. Es war, wie Giuliano nun erkennen konnte, der Henker mit der Kapuze, der kürzlich auf Befehl des Grafen vor aller Augen den Mord begangen hatte. In der Linken hielt er einen Beutel aus

Rehleder. Entsetzt und hilflos mußte Giuliano zusehen, wie er jetzt diesen Beutel hochhob.

«Euer Kanonier hat sich, trotz unserer Überredungsversuche, leider als nicht sehr gesprächig erwiesen», sagte Riario im Plauderton. «Das hat uns ein wenig erzürnt, und so werden wir ihn jetzt für immer zum Schweigen bringen, und zwar auf eine Art, die seiner Profession angemessen ist.»

Bedächtig ergriff der Henker eine kurze Eisenstange, trieb sie dem Kanonier zwischen die Zähne und öffnete ihm so den Mund. Der Junge schrie, aber seine Schreie brachen ab, als ihm der Mann mit der Kapuze aus seinem Beutel ein schwärzliches, körniges Pulver in den Mund schüttete. Es füllte ihm den Hals und erstickte seine Schreie, ergoß sich über seine Lippen und über sein Gesicht. Giuliano konnte sehen, wie die Adern am Hals des Jungen anschwollen, als er sich in wilder Verzweiflung aus den Lederriemen zu befreien versuchte, die ihn hielten. Der Henker stieß ein kurzes Stück steifer Zündschnur in den vollen Mund und zündete das andere Ende an. In dem langen Augenblick der Stille, während die Zündschnur versprühte, verdrehte der junge Kanonier die Augen, nur halb noch bei Sinnen, aber doch von dem schrecklichen Wissen erfüllt, was ihn erwartete. Rauch quoll auf, man hörte ein ungeheuerliches, widerliches Zischen, und danach, als das Schießpulver in Mund und Kehle des Kanoniers explodierte, ein Geräusch, als berste eine faule Melone.

Giuliano beugte sich würgend zur Seite. Sein Pferd trippelte nervös. Als er wieder imstande war, sich im Sattel aufzurichten, fiel der Leichnam des Kanoniers am Fuß der Mauer zu Boden. Er rutschte den steilen Hang hinab, und das trübe Wasser verbarg gnädig die verkohlten Überreste des Kopfes. Giuliano wandte den Blick von ihm ab und sah wieder zur Mauerkrone hinauf, auf den Mann, der dort stand, von Rauch und Nebel umwogt.

Ein Fluch erstarb ihm auf den Lippen. Jetzt stand Carla d'Avalos in der Schießscharte, von zwei Männern gehalten. Ihre Hände waren vor dem Leib gefesselt.

«Ich sehe, ich habe nach wie vor Eure Aufmerksamkeit», sagte Riario leise, die Finger im Kragen seines Kettenhemds. «So berichtet denn Eurem Kanonier-Hauptmann, daß ihn und jeden anderen seiner Männer ein ähnliches Geschick erwartet, wenn sie das Unglück haben sollten, mir in die Hände zu fallen. Und nun zu anderen Dingen. Ich nehme an, Donna Carla d'Avalos ist Euch bekannt?»

Giuliano suchte Halt in seinen Steigbügeln.

«Hört zu, Graf», erklärte er mit tödlichem Ernst in der Stimme. «Wenn Ihr auch nur einen Tropfen Ihres Blutes vergießt, werde ich Euch jagen und töten, und wenn ich selbst mein Leben verliere.»

Riario überhörte die Worte, als wären sie nicht gesprochen. Er streckte die Hand aus, und der Henker reichte ihm ein Stück schweren, weichen schwarzen Samts.

«Auch für Euren Bruder Lorenzo habe ich eine Botschaft», sagte er, «und für Florenz. Möge er sich nicht einbilden, ein Krieg mit mir sei ein Spiel. Die Medici haben uns hier belagert, wie sie schon andere in der Vergangenheit belagert haben. Und wie in der Vergangenheit scheinen sie zu glauben, Sieg oder Niederlage in solchen Dingen wäre etwas, worüber man sich einigen kann, wie man sich beim abendlichen Spiel einigt – mit Geld und einem wissenden Lächeln zwischen Sieger und Verlierer. Ihr sollt wissen, mit wem Ihr es zu tun habt, Fürst, und Florenz soll es gleichfalls wissen. Ich bin Girolamo Riario, Graf von Bosco und Imola und Generalkapitän des Heiligen Stuhls, und Krieg ist mir kein Spiel.»

Mit dem Stück Samt in der Hand näherte er sich der zitternden jungen Frau, die stumm und wie gelähmt vor Angst dastand. In aller Ruhe legte er ihr das weiche Tuch über die untere Hälfte ihres Gesichts und hielt es dort fest. Die Männer packten ihre Arme fester, als ihr Körper sich aufbäumte und ihre Stirn sich bläulich verfärbte. Der Graf hielt ihr durch den Stoff hindurch die Nase zu und preßte ihn in ihren Mund, bis sie erstickt war und sich nicht mehr regte. Dann trat er zurück.

Sie sank in der Schießscharte zusammen. Riario stieß den Leichnam mit der Stiefelspitze über die Mauerkante, bis er in die Tiefe stürzte und sich zu den anderen im Wasser gesellte.

«Da habt Ihr Eure Donna Carla d'Avalos», sagte er und warf das todbringende Tuch beiseite. «Ich gebe sie Euch umsonst, ohne jedes Lösegeld. Und wenn Rom Euch zu gegebener Zeit auffordert, Euch zu unterwerfen, dann gedenkt dieses Tages – und kommt der Aufforderung nach!»

9

«Unnötig», sagte Sixtus IV. vorwurfsvoll, den Blick auf die prächtig bemalte Decke über ihm gerichtet. «Ganz und gar unnötig, Riario, und deshalb tadelnswert. Habe ich Euch, mein Sohn, nicht immer wieder zur Zurückhaltung gemahnt?»

«Ich habe mir Eure Ermahnungen zu Herzen genommen, Heiliger Vater», sagte der Graf von Imola. «Ich beteuere es Euch in aller Aufrichtigkeit, die mir zu Gebote steht. Und daraus folgt, daß ich anderer Meinung bin als Ihr. Das Exempel mußte statuiert werden, und darum tat ich es.»

«Es mußte?»

«So ist es. Beweise eines festen Willens, so brutal sie auch erscheinen mögen, sind nicht weniger Werkzeuge des Krieges als Montefeltros Soldaten oder die Geschütze von Florenz. Ich brauche wohl kaum hinzuzufügen, daß meine Werkzeuge die wirksameren sind. Wenn Rom den Krieg für unumgänglich hält, steht es mir nicht zu, anderer Ansicht zu sein.»

«Und seid Ihr anderer Ansicht?» erkundigte sich Sixtus sanft.

«Nicht im mindesten», erwiderte Riario. «Und wenn ich es wäre, Heiliger Vater, würde ich es nicht aussprechen. Ich bin Generalkapitän und Roms ergebener Diener. Aber welche Mittel ich in Ausübung meiner Dienste wähle, liegt einzig und allein bei mir.»

Voller Unbehagen rieb der Pontifex maximus die Lehne seines Armstuhls.

«Aber eine Frau, mein Sohn? Die Sache mit dem Kanonier mag noch angehen, obwohl ich auch da Eure ... Strenge nicht gutheißen kann. Aber die Contessa d'Avalos ...» Seine Stimme verlor sich.

«Das erinnert mich an etwas», sagte Riario. Er griff in sein Wams, das er unter dem geriffelten Brustharnisch seiner Rüstung trug, holte einen kleinen Ring hervor und zeigte ihn dem Papst.

«Ich bin sicher, Eure Heiligkeit erkennen diesen Ring wieder. Ich zog ihn der Contessa vor ihrem höchst bedauerlichen Hinscheiden vom Finger.»

In seiner Hand lag ein Ring aus getriebenem Gold mit einem großen Smaragd. Bei seinem Anblick wich Sixtus zurück.

«Ich sehe, das Gedächtnis Eurer Heiligkeit ist unvermindert gut», fuhr Riario fort. «Dies ist der Ring, den Ihr der Gräfin anläßlich ihrer Verlobung mit dem ältesten Sohn des Herzogs von Ferrara überreichtet. Da die Verbindung, wie die Dinge liegen, nun leider nicht zustande kommen kann, gebe ich ihn Euch zurück.»

Sie waren allein in dem großen Audienzsaal. Ihre gedämpften Stimmen schienen von den vergoldeten Wänden auf sie zurückzufallen und sie so in ein Einverständnis zu zwingen, an dem keinem von beiden gelegen war. Die Schultern des Papstes zuckten unruhig unter der reichbestickten Seidenrobe. Riario lächelte.

«Warum?» fragte Sixtus. «Ich brauche ihn nicht.»

«Wie Ihr wünscht. Ich meinte nur, der Anblick des Ringes werde Eure Heiligkeit daran erinnern, daß eine Verbindung zwischen Ferrara und Florenz etwas ist, woran, wenn man es recht bedenkt, keinem von uns beiden im Interesse Roms gelegen sein dürfte.»

«Das ist wahr. Wir hätten Uns dieser Verbindung mit politischen Mitteln widersetzt, sofern Wir es, ohne Ärgernis zu erregen, hätten bewerkstelligen können», erklärte Sixtus. «Ich glaube, ich beginne Eure Absichten zu verstehen.»

«Es hätte dem Heiligen Vater schlecht angestanden, in einer scheinbar so belanglosen Angelegenheit Ärgernis zu erregen. Aber Roms Generalkapitän hat die Pflicht, Ärgernis zu erregen. So etwas zu tun bereitet mir keinerlei Vergnügen, aber, wenn ich das ohne jede Überheblichkeit aussprechen darf, so sicher, wie Ihr Haupt und Herz Roms seid, so sicher bin ich sein rechter Arm.»

«Ein gepanzerter Arm, mein Sohn. Ist es das, was Ihr mir klarzumachen versucht?»

«Eben dies. Was den Kanonier betrifft, so macht Euch keine weiteren Gedanken. Die Geschütze der Medici waren mir lästig, mehr nicht. Aber, wie Eure Heiligkeit wissen, lasse ich es nicht zu, daß mir etwas auf die Dauer lästig wird, und deshalb bediente ich mich des Mannes – dessen Seele, wie wir zu Gott hoffen, jetzt trotz allem im Himmel weilt –, ja, ich bediente mich seiner, um die Medici nachdrücklich darauf hinzuweisen, daß sie gut daran täten, im nächsten Jahr die Waffen zu strecken. Im Falle der Contessa d'Avalos galten ähnliche Überlegungen. Ich bedaure, wenn ich zu streng vorgegangen sein sollte, aber mein Gewissen ist rein.» Er erhob sich und blickte Sixtus IV. unbekümmert und ohne einen Funken von Schuldbewußtsein in die Augen.

Abgestoßen und zugleich fasziniert von diesem Mann, der ihm durch Verwandtschaft und das, was er als Roms Interesse ansah, so eng verbunden war, mußte der Papst erkennen, was er ihm gegenüber empfand: vor allem Angst und Abscheu. Er hatte ein Ungeheuer in seine Dienste genommen – wie schon andere vor ihm –, und nun wünschte er, er hätte es nicht getan. Er nahm sich zusammen.

«Ein gepanzerter Arm», sagte er sanft. «Nun ja. Ich sehe, mein Sohn, daß Ihr sogar jetzt Eure Rüstung tragt. Man sagt, Ihr pflegtet darin zu schlafen.» Plötzlich ließ er ein gekünsteltes Lachen hören. «Also gut. Seine Eminenz, der Kardinal Borgia, hat schon oft darauf hingewiesen, daß Ihr Euch vor einem Dolchstoß in den Rücken sicher fühlt. Offenbar gehen bei Euch Weisheit und Gewissen Hand in Hand. Wir sind mit Eurer Verteidigung von Castelmonte zufrieden und bitten Euch, dem Herzog von Urbino und dem Grafen della Rovere, Unseren gleichfalls geliebten Söhnen, Unsere Anerkennung auszusprechen. Ihr dürft Uns verlassen.»

In eleganter Reitkleidung saß Rodrigo Kardinal Borgia auf dem Balkon vor seinen Gemächern. Vor ihm standen ein Teller mit Feigen und eine Karaffe Wein. Gastfreundlich schob er beides seinem Besucher hin. Seine spanische Herkunft und seine guten Manieren halfen ihm zu verbergen, daß seine Meinung über diesen an Verachtung grenzte.

Der Graf von Imola lehnte dankend ab.

«Wir haben», sagte Kardinal Borgia, «einen recht interessanten Brief erhalten – das heißt, der Sekretär Seiner Heiligkeit hat ihn *sub rosa* an mich weitergegeben. Ich meinerseits bin gehalten, ihn der Apostolischen Kanzlei auszuhändigen, und mein guter Freund Domenico della Palla wird ihn dort kopieren, registrieren und schließlich unwiederbringlich verschwinden lassen – auf eine der verschiedenen Arten, die er sich ausgedacht hat, seit er das Kanzleramt übernahm. Ich nahm mir die Freiheit, Euch um Euren Besuch zu bitten, bevor er verschwunden ist.»

«Die Apostolische Kanzlei . . .», setzte Riario an.

«Ist ein Nagel zum Sarge eines jeden von uns, mein lieber Graf», sagte der Kardinal. «Für uns, die wir auf Information angewiesen sind, war sie zu jener Zeit, als sie nur aus ein paar Kellern voll gebündelter, staubbedeckter Dokumente bestand, wesentlich nützlicher. Damals bekam man, was man brauchte, wenigstens insgeheim und ohne jeden Aufstand. Das ist heute nicht mehr möglich. Aber darum geht es jetzt nicht. Dieser Brief – mein Sekretär zeigt ihn Euch, wenn Ihr es wünscht – kommt von einem Künstler, der um die Erlaubnis ersucht, die Vatikanischen Bibliotheken zu benutzen. Er will sich über ‹die höchste aller Künste› informieren – eine merkwürdige Formulierung. Seine Heiligkeit weiß nicht recht, wie die Antwort auf diesen Brief lauten soll, aber auch darum geht es hier nicht. Mein Interesse erwachte, als ich den Namen des Briefschreibers las.»

«Ja?» sagte Riario.

«Der Brief kommt aus Florenz und wurde von einem Mann mit dem Namen Leonardo da Vinci geschrieben.»

Er machte eine erwartungsvolle Pause, aber Riario reagierte nicht.

«Und?» sagte er nur.

Kardinal Borgia hob die Karaffe empor und hielt sie gegen das Licht.

«Ich finde, die kalte Witterung macht unsere nördlichen Weine trübe», bemerkte er. «Vielleicht habt Ihr recht, nicht davon zu trinken. Also, zur Sache. Messer Leonardo bezeichnet sich als Künstler, und tatsächlich haben wir sogar hier in Rom schon von ihm gehört. Man hat mir berichtet, er sei ein sehr gescheiter junger Mann. Weiterhin sagte man mir, seine Laufbahn habe kürzlich eine Ausdehnung erfahren, er sei jetzt als Kriegsingenieur für unseren Cousin Lorenzo de' Medici tätig.» Der Kardinal machte eine kurze Pause. «Mein lieber Graf, wenn Ihr nicht bald diesen Ausdruck vorgetäuschter Unwissenheit aus Eurem Gesicht verschwinden laßt, muß ich an Eurem Verstande zweifeln. Ihr habt Euren Gewährsmann am Hofe der Medici, so wie ich den meinen habe. Was ich Euch berichte, kann Euch nichts Neues sein.»

«Gelegentlich erreichen mich Nachrichten aus Florenz», gab Riario zu.

Der Kardinal lächelte entzückt.

«Aber gewiß! Wäre das nicht der Fall, hätte ich jetzt wohl kaum das Vergnügen Eurer Gesellschaft. Also, sprechen wir offen miteinander. Was übrigens Euren Gewährsmann in Florenz betrifft», fügte er beiläufig hinzu, «so ist er zur Zeit nicht gut auf Euch zu sprechen. Ich weiß nicht, aus welchem Grunde, aber es ist so. Vermutlich handelt es sich um Geld. Aber lassen wir das. Natürlich fragt man sich, was Messer Leonardo mit der ‹höchsten aller Künste› meint. Leuten mit klassischer Bildung kommt dabei natürlich zuerst die Bildhauerei in den Sinn, und das ist wohl auch die Absicht der Formulierung. Aber andererseits . . . Ihr habt nicht zufällig die Bekanntschaft dieses jungen Mannes gemacht?»

Plötzlich anderen Sinnes geworden, schob der Graf von Imola einen Kristallkelch über den Tisch. Borgia füllte ihn.

«Ja», sagte Riario, «zufällig habe ich ihn gesehen.»

«Aha.»

«Ich gestehe, ich wußte noch nicht, daß er als Ingenieur für Florenz arbeitet.»

«Vielleicht lebt mein Gewährsmann schon länger in Florenz als der Eure», sagte der Kardinal großmütig. «Es braucht seine Zeit, all diese –» er gestikulierte mit den Fingern in der Luft – «. . . diese Netze zu knüpfen. Ich freue mich, daß ich Euch behilflich sein konnte. Was wißt Ihr über Leonardo da Vinci?»

«Ich beobachtete ihn bei einer Studie für seine hohe Kunst, am Fuße meiner Mauer in Castelmonte», sagte Riario.

«Die Kriegskunst? Aha. Ausgezeichnet. Wir können dann also voraussetzen, daß er über einiges Feingefühl verfügt. Roms Feind hat den Wunsch, aus Roms Brunnen der Weisheit zu schöpfen. Das gefällt mir. Ich bin sehr erfreut, daß Ihr mich heute morgen besuchen konntet. Wir machen Fortschritte, lieber Graf. Übrigens, würdet Ihr ihn für gefährlich halten?»

«Möglicherweise.»

«Dann werde ich Seine Heiligkeit bitten, ihn in Rom willkommen zu heißen. Es ist in solchen Fällen immer besser, wenn man weiß, mit wem man es zu tun hat, nicht wahr?»

Riario hob seinen Kelch und trank.

«Auf jeden Fall», sagte er. «Ladet ihn einfach hierher ein, und ich werde ihn töten lassen.»

«Aber vorher werdet Ihr vielleicht mit ihm sprechen wollen?» fragte der Kardinal. «Natürlich bewundern wir alle Euren Sinn für Prioritäten, doch laßt uns die Trauben nicht ungekostet zerstampfen. Er wird hauptsächlich mit Seiner Eminenz, dem Kardinal della Palla, als dem Bibliothekar des Vatikans zu tun haben. Aber ich sehe keinen Grund, warum man sich über den jungen Mann nicht erst eine Meinung bilden sollte, ehe man sich seiner entledigt. Obwohl ich nicht daran zweifle, daß Ihr über einen gesunden Instinkt verfügt.»

«Wie Ihr wollt», sagte der Graf gleichmütig. «Im Augenblick lautet meine Meinung über den jungen Mann – wenn ich Eure Informationen über ihn zu den meinen füge –, daß er uns wahrscheinlich lästig werden wird, und das ist ein hinreichender Grund, ihn beiseite zu schaffen. Wenn ich keinen Anlaß sehe, meine Ansicht zu ändern, komme ich Eurer Eminenz gern soweit entgegen, daß ich ihn erst umbringen lasse, wenn er Rom wieder verläßt, statt gleich bei seiner Ankunft. Es sei denn, Ihr hättet einen besonderen Grund zu wünschen, daß er am Leben bleibt.»

«Nein, das habe ich nicht», sagte Kardinal Borgia. «Es widerstrebt mir nur jede Übereilung. Aber lassen wir das. Inzwischen kümmert Euch um Euren Mann in Florenz. Es ist immer ärgerlich, Nachrichten aus dritter Hand zu erhalten, und ein träger Gewährsmann ist schlimmer als nutzlos. Ich spreche aus langjähriger Erfahrung und vertraue darauf, daß Ihr mir meinen Rat nicht verübelt.»

10

In Florenz läuteten die Adventsglocken die Zeit ein, in der jedermann sich bemühte, seinen guten Willen zu zeigen. Unter dem Geläut der Glocken versammelten sich Freunde und heimliche Feinde in friedlicher Harmonie unter den leckeren Düften bratenden Fleisches. In den Kirchen erklangen Weihnachtslieder, Weinfässer wurden angezapft, und Freude herrschte bei arm und reich.

In den Innenhöfen und im großen Audienzsaal des Medici-Palastes bewegten sich gewaltige Ströme von Gästen, die immer wieder neue Strudel bildeten. Da gab es ernsthafte Gespräche und müßige Plaudereien zwischen Botschaftern, Gesandten, Nuntien, Erzbischöfen, Handwerkern, Edelleuten, armen Gelehrten, klugen Männern, tugendhaften Frauen, Huren, Spöttern, Witzbolden, Priestern, Advokaten und Narren. Sie waren einfach oder prächtig gekleidet, in Leinen, Seide, Pelz und Barchent und geschmückt mit Zinn und Gold, mit Schmuck aus venezianischem Glas oder Brillanttrauben, mit Smaragden aus Nubien und vom Indus, mit Tscherkessenzinn, Elfenbein, Opalen, Lapislazuli, Bergkristall, Bezoarsteinen, Schwefelkies und Perlen. Alte Bündnisse wurden, je nachdem wie die Klugheit es verlangte, herzlich bekräftigt oder schweigend aufgehoben, neue mit Macht und Geld geschmiedet, und Heiraten wurden verabredet. Man widmete sich den Alltagsgeschäften der italienischen Stadtstaaten, sei es in aller Öffentlichkeit oder heimlich in Winkeln, und Lorenzo de' Medici bewegte sich wie ein höflicher Schatten zwischen seinen Gästen und lauschte dem allgegenwärtigen Stimmengemurmel.

Lodovico Sforza, der Regent von Mailand, *Il Moro*, musterte seine junge Cousine mit freundlichen Blicken. Er stand in seiner ganzen Größe vor ihr. Sie hatte sich sittsam unter der Pergola niedergelassen, die den Schießplatz der Bogenschützen nach

Osten begrenzte. Es war Abend. Im Licht der Fackeln, die in geringen Abständen in Halterungen an den überdachten Wänden steckten, flimmerten immer wieder Schneeflocken auf. In einer Ecke neben dem Gartenhaus, das einer Gruppe flämischer Lautenspieler als Bühne diente, hatte man ein Zelt aus grüner und orangefarbener Seide errichtet; neben den Lautenisten ließ ein kleiner Springbrunnen einen sanften Strom kalabrischen Weins in ein mit schwimmenden Pfirsichen und künstlichen Seerosen geschmücktes Alabasterbecken fließen.

«Ich habe mir sagen lassen, Madonna, Ihr wäret schon eine richtige Florentinerin geworden», sagte der Regent.

«Wirklich, Herr? Ich weiß nur nicht, was damit gemeint ist. Soll es ein Kompliment sein?»

«Was andere darunter verstehen, weiß ich nicht. Aus eigener Anschauung würde ich sagen, es bedeutet, daß Ihr streitsüchtig und aufsässig geworden seid. Beides waren die Damen von Florenz, solange ich zurückdenken kann.»

«Und das mißbilligt Ihr, Herr», sagte Bianca.

«Das habe ich nicht gesagt, und ich bin mir nicht einmal sicher, ob ich es tue. Ich weiß unabhängiges Denken zu schätzen, auch bei Frauen. Aber in Mailand kämt Ihr damit nicht zurecht, kleine Cousine, sosehr man es hier auch bewundern mag. Bei uns sieht man es lieber, wenn sich das schöne Geschlecht zurückhält, statt sich in alle möglichen Dispute einzulassen. Auch in Savoyen», setzte er hinzu, «dürfte dergleichen nicht willkommen sein.»

Bianca errötete vor Zorn.

«In Savoyen?» sagte sie. «Ich hatte gehofft, Ihr hättet Eure Pläne für meine Zukunft inzwischen aufgegeben. Muß ich mich Euch noch einmal widersetzen?»

«Das wäre unklug.»

«Ich tue es trotzdem. Mein Großvater hätte nie zugelassen, daß man mich zum Nutzen des Hauses Sforza wie eine preisgekrönte Jungkuh in Savoyen verschachert. Ich bin eine Visconti wie Eure Mutter, Herr. Und Ihr seid mein Vormund, nicht mein Besitzer.»

Lodovico Sforza lachte anerkennend. In seinem schmucken

dunklen Gesicht leuchteten die Zähne hell auf.

«Kind, Kind», sagte er, «ich werde über Euch bestimmen, wie ich es für richtig halte. Euer Großvater ist tot, und die Viscontis sind über ganz Frankreich und Lothringen verstreut. Euer Vater vertraute Euch mir an, bevor er ermordet wurde, und er verließ sich darauf, daß ich weder zu Nutzen der Sforzas noch zu Nutzen der Viscontis, sondern einzig und allein zum Wohle Mailands handelte. Außerdem – was habt Ihr gegen den Prinzen von Savoyen? Eure Großmutter entstammt seiner Familie. Ich verstehe Euch nicht.»

«Er ist dumm, ungebildet und eitel. Ich verabscheue ihn, und das wißt Ihr! Wenn Ihr auch nur eine Spur Liebe für mich empfindet . . .»

«Daran zweifelt Ihr?»

«Herr, ich . . . ich weiß nicht recht. Vielleicht verlange ich zuviel. Was sollte Euch schon veranlassen, mir viel Zuneigung entgegenzubringen? Wir sind Cousins. Freilich, das bedeutet heutzutage wenig genug, Gott sei's geklagt. Aber ich vertraue Euch als einem Mann von Ehre. Außerdem . . .»

«Ja?» drängte ihr Vormund.

«Ich glaube, Herr, Ihr seid selbst noch nicht fest entschlossen, mich mit dem Fürsten von Savoyen zu verheiraten, sonst hättet Ihr uns bereits miteinander verlobt. Ich werde im nächsten Jahr fünfzehn.»

«Und damit alt genug, um mit einem Mann ins Bett zu gehen? Wollt Ihr das damit sagen?»

«Alt genug», sagte Bianca und sah ihn an. «Aber bis jetzt noch nicht willens. Ist Mailand denn so schwach, daß es mich gegen meinen Willen mit einem Narren verkuppeln muß?»

Der Regent lachte abermals, diesmal so laut, daß mehrere in der Nähe wandelnde Paare stehenblieben und neugierig zu ihnen herüberschauten.

«Meine liebe kleine Cousine», sagte er, «Ihr seid entzückend! Da Ihr mit Recht an meiner Güte zweifelt, appelliert Ihr an meine Ehre, mein vermeintliches Feingefühl und Mailands Stolz. Bei allen Heiligen, die Medici haben Euch eine Menge gelehrt! Fast bedaure ich es, Euch hierher geschickt zu haben. Nun, ich will

Euch nichts versprechen, und ich verlange Gehorsam – aber es mag sein, daß sich meine Pläne für Eure Zukunft noch ändern. Wenn es so ist, werde ich es Euch wissen lassen. Wenn nicht, dann darf ich Euch vielleicht daran erinnern, daß schon viele Frauen das Ehebett mit Männern teilten, die sie verabscheuten.»

«Bestimmt haben das viele Frauen getan», erwiderte Bianca. «Aber ich werde es nicht tun.»

«Ihr werdet keine Ausnahme sein», sagte Lodovico. «Und gebt acht, Cousine, daß Ihr den Bogen nicht überspannt.»

An einem reichgedeckten, auf Böcken ruhenden Tisch im großen Audienzsaal des Medici-Palastes saßen die drei Brüder Pazzi. Paolo und Ippolito hielten jeder eine Kapaunenkeule in der Hand, während Francesco aus einem silbernen Becher trank. Neben ihm stand mit verschränkten Armen der alte Jacopo Pazzi, das Oberhaupt der Familie. Scharen festlich gekleideter Gäste wirbelten um sie herum, doch gerade das Stimmengewirr sorgte dafür, daß sie sich ungestört unterhalten konnten.

«Hier kommt nichts über meine Lippen», erklärte Jacopo Pazzi. «Ich esse nicht im Hause des Feindes.»

«Dann wundert es mich, Vater», sagte Paolo, «daß Ihr gekommen seid.»

«Glaubt nicht, daß es mir Vergnügen macht. Nur würde es auffallen, wenn wir nicht hier wären. Aber das Essen, das ihr da so schamlos hinunterschlingt, bliebe mir im Halse stecken. Ich wundere mich, wie ihr es auch nur anrühren könnt.»

«Wenn ich zuließe, daß mein Haß mir den Appetit verdirbt», erwiderte Paolo, «wäre ich längst verhungert. Diese Kapaune sind hervorragend. Allerdings ein teures Vergnügen, wenn man sie gegen den Verlust aufrechnet, den Kardinal Borromeos Ländereien für unsere Bank bedeuten. Das gebe ich gern zu.»

«Du redest, als wäre das etwas, worüber man spaßen kann», sagte Jacopo. «Und es ist doch nur ein Bruchteil dessen, was die Medici, diese Emporkömmlinge, uns angetan haben.»

«Ihr habt recht, Vater, und Ihr dürft mich nicht mißverstehen. Ich bin nicht nur hier, um einen guten Eindruck zu machen, sondern um mit gewissen Leuten zu sprechen, mit denen ich mich sonst in einer dunklen Gasse treffen müßte.» Er deutete mit dem abgenagten Knochen quer durch den Raum. «Grimiani zum Beispiel.»

«Ein Hanswurst», sagte sein Vater.

«Auch da gebe ich Euch recht, Vater. Aber er spielt im Augenblick für uns den Mittelsmann – eine Aufgabe, für die ein Hanswurst ganz besonders geeignet ist. Ohne Roms Zustimmung können wir nichts unternehmen, und es kann sein, daß Roms Plazet schwer zu erlangen ist.»

«Rom wird uns unterstützen», erklärte Francesco Pazzi zuversichtlich. «Der Papst liebt die Medici ebenso wenig wie wir. Hat er nicht die Gelder des Vatikans der Bank der Medici in Rom entzogen und sie uns übertragen?»

«Woraus nicht unbedingt folgt, daß er bei einer Gewalttat beide Augen zudrückt», sagte Paolo. «Aber hoffen wir, daß du recht hast.» Er wandte sich wieder seinem Vater zu. «Und wenn, dann können wir die sieben- oder achthunderttausend Fiorini, die uns die Medici durch einen infamen Akt der Gesetzgebung gestohlen haben, leicht verschmerzen. Wir können sie dann . . . wie soll ich mich ausdrücken? Wir können sie dann als erzwungenes Darlehen betrachten, das wir nach Belieben kündigen können, und zwar mit hohen Zinsen.»

Am entgegengesetzten Ende des Saals stritt sich Leonardo da Vinci mit dem Kanonier-Hauptmann der Republik Florenz.

«Im Namen der heiligen Barbara – die meines Wissens Eure Schutzheilige ist –, könnt Ihr nicht wenigstens einen Tag lang Eure Kanonen vergessen und Euch vergnügen?» fragte Leonardo. «Hier gibt es Musik, Wein, gute Speisen, liebliche Damen, vornehm gekleidete Herren, und Ihr steht nur da und macht ein finsteres Gesicht!»

Rigo Leone stellte einen Fuß auf den Rand der großen offenen Feuerstelle und schaute sich um.

«Gegen die Speisen und den Wein ist nichts einzuwenden», sagte er, «aber die herausgeputzten Herren kommen mir reichlich weibisch vor. Laßt Euch nur ihre Düfte in die Nase wehen, guter Freund. Nein, was ich hier sehe, erinnert mich sehr an ein Hurenhaus in Rabat. Und die Musik? Nun, in den Tavernen von Pistrola ist sie besser; dort haben wir weniger von diesem scheußlichen Gedröhne. Außerdem kann ein Mann dort einen Furz fahren lassen, ohne daß ihn darum gleich irgendein verdammtes, überzüchtetes Herrchen anschaut, als bräche der Himmel ein. Ich kehre so bald wie möglich zu meinen Kanonen zurück, und ich schlage vor, Ihr kommt mit mir.»

«Nein», erklärte Leonardo lachend, «das geht nicht. Ich muß hier Springbrunnen bauen, lebende Bilder ersinnen und mich ganz allgemein nützlich machen. Im Augenblick seht Ihr mich in der Rolle eines Küchenjungen.»

«Ich habe mich schon gewundert, warum Ihr mitten in der Asche steht. Was tut Ihr da?»

«Ich entwerfe einen Drehspieß. Ich sehe nicht ein, warum sich ein Spieß nicht mechanisch drehen sollte, mittels der aufsteigenden Wärme über einem solchen Feuer. Das hätte mehrere Vorteile. Die Stärke des Luftstroms hängt von der Hitze ab, woraus sich ergibt, daß der Spieß sich um so schneller dreht, je kräftiger das Feuer brennt. Zweitens ...»

«Ich wünsche Euch viel Spaß dabei», unterbrach Rigo ihn hastig. «Und nach Weihnachten?»

«Nach Weihnachten reise ich nach Rom.»

«Nach Rom?» fragte der Kanonier bestürzt. «Weshalb, in Gottes Namen?»

«Um Bücher zu lesen.»

«Hier in Florenz gibt es Mengen von Büchern. Warum wollt Ihr Euren Kopf unbedingt in den Rachen des Löwen stecken?»

Leonardo, der gerade versucht hatte, den Kamin hinaufzublikken, ohne von der Hitze geröstet zu werden, zog den Kopf zurück und blickte seinen Freund mit unschuldiger Miene an.

«Was soll das Gerede über den Rachen des Löwen?» fragte er. «Bin *ich* etwa im Krieg mit Rom? Und selbst wenn es so wäre, weiß Rom nichts davon. Ich bin ein armer Künstler, mit einem Kopf voller Wißbegier – sonst gar nichts.»

«Mit einem Kopf voll unangebrachter Zuversicht, das käme der Sache näher», sagte Rigo.

Lodovico Sforza, der seine aufsässige Cousine wieder sich selbst überlassen hatte, saß jetzt in einem mit Cherubim geschmückten Alkoven dem Halbmohren Ferrante von Neapel gegenüber. Sie führten ein sehr sachliches Gespräch, auch wenn sie zu plaudern schienen und immer wieder den Gruß Vorübergehender erwidern mußten.

«Ich mache mir keine Sorgen», erklärte Lodovico. «Schließlich liegen Genua, Modesta und Lucca zwischen mir und Florenz, und Roms Stellungen in den Apenninen sind mehr als dürftig. Nein, Rom kann mich nicht schrecken. Es muß sich schon einen sehr langen Arm wachsen lassen, wenn es nach Mailand greifen will. Trotzdem bin ich durchaus nicht gegen eine Allianz.»

«Ich auch nicht», sagte König Ferrante, «obwohl kaum zu befürchten steht, daß unser guter Sixtus seine habgierigen Blicke auf Neapel richtet. Sagt, versucht Lorenzo, Euch zu drängen?»

Wenn dem Regenten diese überaus vertrauliche Erwähnung des Papstes überhaupt auffiel, so nahm er sie kommentarlos zur Kenntnis. Wie jedermann wußte, stellten sich Neapel, Mailand, Venedig und Florenz mit dem Vatikan auf eine Stufe, und die wohlfeilen Schmeicheleien der kleineren Staaten gab es bei ihnen nicht.

«Das nicht», sagte er. «Aber wie sehr ihm auch an uns liegen mag – er würde niemals zugeben, daß er uns braucht.»

«Aber er braucht uns. Sind wir uns darin einig?»

«Unbedingt.»

«Dann soll Lorenzo selbst den Schritt angeben», sagte Ferrante. «Mit den Medici zu verhandeln ist wie ein Versuch, eine Handvoll Nebel zu greifen. Wenn Lorenzo uns braucht, soll er es sagen.»

Lodovico knackte eine Nuß mit dem juwelenbesetzten Griff eines Dolchs und klaubte geschickt die Schale vom Kern. «Natürlich», sagte er, «hängt viel davon ab, wie die Geschichte mit Castelmonte ausgeht, meint Ihr nicht auch?»

«Allerdings. Wenn Rom Castelmonte und das obere Arnotal halten kann, befinden sich die Medici, gelinde ausgedrückt, im Nachteil. Und ich zweifle kaum daran, daß Rom dazu imstande ist. Vielleicht tun wir gut daran, das Gespräch über eine Allianz mit Florenz auf den nächsten Sommer zu vertagen. Wenn Lorenzo uns jetzt schon braucht, braucht er uns dann erst recht.»

Es war fast Mitternacht, als Giuliano de' Medici, einen Kandelaber und einen Ring mit mehreren Schlüsseln in den Händen, die Tür zur Bibliothek im Oberstock aufstieß. Er summte eine Melodie vor sich hin und achtete weder auf den Festlärm, der vom Audienzsaal und vom Garten heraufdrang, noch auf die fröhlichen Rufe draußen in den Straßen der Stadt.

Giuliano setzte den Leuchter auf den Tisch und durchquerte den Raum, um an eine Stelle zu gelangen, wo sich zwischen zwei Bücherreihen die dreifach gesicherte Eisentür einer in Bodenhöhe in die Wand eingelassenen Kassette befand. Kaum hatte er sich niedergekniet, um einen Schlüssel in das oberste Schloß zu stekken, da entdeckte er im trüben Licht eines Fensters an der gegenüberliegenden Seite des Raums die Silhouette einer reglosen Gestalt.

«Constanza?» rief er leise. «Seid Ihr das?»

«Ja, Herr, ich bin es.»

«Fast hättet Ihr mir einen Schrecken eingejagt. Ich glaubte Euch schlafend in Eurem Zimmer.» Er ließ die Schlüssel zu Boden fallen, erhob sich, wischte sich den Staub von den Knien und ging zu ihr. «Was tut Ihr hier, Madonna? Allein in einem dunklen Zimmer?»

«Ich konnte nicht schlafen, Giuliano», sagte sie, «wie schon seit vielen Nächten. Deshalb kleidete ich mich wieder an und kam hierher, um glücklicheren Menschen zuzuschauen.» Sie zeigte hinaus. In der Gasse unterhalb der Palastmauer leuchteten Laternen, und aus einem Haus an der Ecke eines kleinen Platzes drangen Klänge fröhlicher Musik herüber. «Es tut gut, festlich gestimmte Menschen zu sehen, Herr», flüsterte sie.

Er nickte und streckte ihr die Hände entgegen, ergriff die ihren und umschloß sie liebevoll. «Wir alle trauern um Carla», sagte er. «Aber Euch trifft der Verlust am schwersten, denn sie war Eure Schwester. Wenn man ein Mann ist, kann man seinen Schmerz wenigstens unter Rachegedanken ersticken. Ihr habt die schwerere Last zu tragen.»

Sie wandte sich ab und schaute wieder aus dem Fenster.

«Meine Tränen sind versiegt, Giuliano», sagte sie leise. «In den letzten Wochen habe ich fast nur geweint.» Er trat näher an sie heran, und sie lehnte den Kopf an seine Brust.

«Aber wenn Euer Schmerz auch der größere ist, empfinde ich ihn doch kaum weniger stark – aus Gründen, die nur mich angehen. Ich ritt hinter ihr her nach Florenz, Constanza, und ließ sie in unserer Kapelle aufbahren. Und während ich so dahinritt, drängte sich mir der Gedanke auf, daß mir das Leben nicht mehr lebenswert schiene, wenn Ihr da vor mir hergefahren wäret.»

Er legte den Arm fest um sie, und sie sah ihm forschend in die Augen.

«Liebt Ihr mich so sehr?»

«Ja. Ich liebe Euch schon länger, als mir bewußt ist. Ich war zu töricht und zu leichtfertig, um es zu begreifen. Aber ich liebe Euch. Als Carla starb, wurde mir klar, daß ich Euch nicht verlieren darf.»

«Ungefähr das gleiche hat Leonardo mir gerade heute morgen erklärt», sagte Constanza halb zu sich selbst. «Der Tod ist nichts als eine lange Reise, sagte er. Wir müssen zwar weinen, aber es sollte so geschehen, als müßten wir uns für lange Jahre von einem geliebten Menschen trennen und nicht für immer. Außerdem sagte er, die Trauer fände ein Ende, wenn neues Glück erwache, und mein neues Glück liege in Eurer Liebe zu mir.»

«Ein weiser Mann. Und habt Ihr seinen Worten Glauben geschenkt, Constanza?»

«Ich hätte es gern getan. Aber ich wollte es auch von Euch hören. War das unvernünftig?»

Er schüttelte den Kopf. «Nein», sagte er. «Wie könnte es anders sein. Gott weiß, wie sehr mich danach verlangt, von Euch zu hören, daß Ihr mich gleichfalls liebt.»

«Ich liebe Euch, Giuliano. Ich hätte nie gedacht, daß Ihr so sanft, so gütig sein könntet, so bemüht, mir in meinem Schmerz über Carlas Tod beizustehen. Ich habe Euch schon vorher geliebt, aber –» sie lächelte flüchtig – «auf eine andere Art. Auf eine Art, die Ihr nicht unbedingt zu kennen braucht.»

Sie standen schweigend beieinander und blickten auf die weiße

Stadt hinab und in das Schneegestöber. Ein Luftzug von der offenen Tür her ließ die Kerzenflammen flackern und die Schatten tanzen. Giuliano regte sich.

«Hier könnten wir gemeinsam die Welt vergessen», sagte er, «aber ich darf es nicht. Ich kam her, um etwas Kleingeld für eine Gauklertruppe zu holen. Lorenzo wird meinen, ich wäre verlorengegangen, und er hätte nicht so ganz unrecht damit. Aber ich muß wieder hinunter.»

Constanza löste sich aus seinen Armen, ihr Gesicht glühte. «Dann verlaßt mich», sagte sie. «Jetzt bin ich glücklich und will hier noch eine Weile sitzenbleiben.»

«Nein», sagte Giuliano. «Keine Dunkelheit mehr. Kommt mit mir.»

«Wenn Ihr es wünscht.»

«Ich wünsche es. Soll ich meinen Freund Leonardo ausfindig machen und Euch einen Rat zu diesem Thema erteilen lassen?»

Constanza lachte. «Wir brauchen ihn nicht zu belästigen», sagte sie. «Ich komme mit Euch.»

«Dann gebt mir Eure Hand», sagte Giuliano.

Der mittlere Garten, der von den Gästen, die sich vor der kalten Winterluft nicht fürchteten, als Durchgang zwischen den Gemächern des Palastes und dem Schießplatz benutzt wurde, war jetzt verlassen bis auf eine Gruppe von fünf Männern, die sich in einen dunklen Winkel zurückgezogen hatten. Jenseits der Mauer wurde mit durchdringender Stimme ein Liebeslied gesungen, und die zarten Kadenzen von Laute und Viole übertönten die gemurmelte Unterredung der Männer.

«Der Graf von Imola steht auf unserer Seite», erklärte Silvio Grimiani di Torino, Fürst von Savoyen. «Ich bekam gestern ein Schreiben von ihm.»

«Riarios Einstellung ist nicht so wichtig», sagte Ippolito Pazzi. «Mit seiner Unterstützung hatten wir ohnehin gerechnet. Aber wir müssen wissen, wie Seine Heiligkeit darüber denkt.»

«Ich kann nicht für Seine Heiligkeit sprechen», sagte Silvio. «Das kann kein Mensch. Was soll ich denn tun – ihn um eine Audienz bitten und ihn fragen, ob er uns seinen Segen erteilt, wenn wir in seinem Interesse morden?» Mit einer gezierten Handbewegung wischte er sich ein paar Schneeflocken vom Haar. «Es war schon immer Roms Art, das eine zu sagen und das andere zu meinen, und Seine Heiligkeit hat Roms Doppelzüngigkeit bis zu dem Punkt verfeinert, an dem es unmöglich ist, seine wahre Ansicht über irgend etwas zu erkennen. Schon gar nicht, wenn es sich um so etwas wie ein Massaker handelt. Ich weiß nicht einmal, was man in Rom mit diesem verdammten Künstler vorhat.»

«Mit Leonardo da Vinci?» fragte Paolo Pazzi. Er grinste im Dunkeln. «Ist er eine Laus im Pelz Roms, so wie er eine in Eurem ist, edler Fürst?»

«Hütet Eure Zunge», fauchte Silvio. «Ich habe schon bessere Leute als Euch durchbohrt, und aus geringerem Anlaß.»

«Wenn eine Kleinigkeit wie der Umstand, daß er Donna Bianca Visconti zu viel Aufmerksamkeit widmet, Euch schon so in Rage bringt», sagte Francesco Pazzi, «dann solltet Ihr unverzüglich Euer Schwert gegen Messer Leonardo ziehen und aufhören, Euren Ärger an uns auszulassen. Was meinst du, Bernardo?» Er stieß den neben ihm stehenden Mann mit dem Ellenbogen an.

«Oh, unbedingt», sagte Bernardo Bandini. «Unbedingt.» Er war ein stämmiger Mann mit rötlichem Haar, und seine Tätigkeit bestand in der Hauptsache darin, im Auftrag dieses oder jenes Gönners unbequemen Personen einen Dolch in den Rücken zu stoßen. «Auch mir mißfällt seine überhebliche Miene, Fürst Silvio, und ich wäre Euch mit Vergnügen behilflich.»

«Nicht so hastig», sagte Silvio. «Ich weiß nicht, ob Rom . . .»

«Freilich. Wenn Ihr Euch über Roms Wünsche im unklaren seid, dann ist dazu nichts weiter zu sagen.» Lachend versetzte Francesco Pazzi Bandini einen weiteren Rippenstoß. «Es ist immer weise, zuerst in Rom anzufragen, auch wenn es darum geht, das Wams zu öffnen oder sich die Nase zu putzen.»

«Wir werden sehen», sagte der Fürst von Savoyen.

Bis auf ein paar späte Gäste war der große Audienzsaal leer. Rigo Leone hatte seine Worte wahr gemacht. Er hatte sich auf sein Pferd geschwungen und war auf dem Rückweg zu seinen Kanonen und zu den derberen Vergnügungen von Pistrola. Leonardo saß mit wirrem Haar allein in einer Ecke neben der gewaltigen Feuerstelle, Kohle und Skizzenblock in den Händen. Andere gähnten in stillen Winkeln oder lagen schlafend oder betrunken unter den Tischen, bis sie dort von Dienern und Aufwärtern vertrieben wurden. Aber Leonardo war hellwach. Er zog mehrere lose Blätter unter seinem Bein hervor, unter das er sie sicherheitshalber geschoben hatte, und hielt sie Bianca Maria Visconti hin.

«Und wie lange habt Ihr hier so gearbeitet?» fragte sie. «Sechs Stunden? Oder sieben? Dabei hatte ich so auf Eure Gesellschaft gehofft.»

«Ihr seid mir jederzeit willkommen», sagte Leonardo.

«Und ich muß Euch an dieser schmutzigen Feuerstelle aufsuchen, um mit Euch zu plaudern? Wie galant Ihr doch seid! Außerdem wäre ich dann gezwungen gewesen, mir meinen Weg durch eine Herde alberner Frauenzimmer zu bahnen, wenn ich recht gesehen habe. Und dazu hatte ich keine Lust.»

«Sehr weise von Euch», sagte Leonardo. «Doch bildet Euch nicht ein, diese Herde schöner Frauenzimmer hätte mich um meinetwillen belagert.»

«Ich bin sicher, daß das nicht der Fall war.»

«Es ist einfach so, daß ein Mann, der etwas zu tun scheint – einerlei, worum es sich handelt –, auf diejenigen, die gar nichts tun, eine unwiderstehliche Anziehungskraft ausübt.»

«Gewiß. Aber da sie nun alle verschwunden sind, darf ich Euch vielleicht bitten, mich zu meinem Vormund zu begleiten?» fragte Bianca.

«Ich begleite Euch mit Freuden überallhin. Wo ist er?»

«Auf dem Bogenschießplatz. Aber ich warne Euch – er ist sehr mächtig und nicht gut auf Euch zu sprechen. Er ist der Ansicht, Ihr hättet mich in die Irre geführt, obwohl ich ihm versichert habe, daß das nicht der Fall ist. Nun, er wird Euch nicht beißen.»

«Dann werde ich mir Mühe geben, nicht aufgeregt zu sein», sagte Leonardo.

«Und wischt Euch den Ruß vom Ärmel.»

«Es ist ehrlich erworbener Ruß, und Mailand ist eine Stadt, in der an Ruß kein Mangel herrscht. *Il Moro* dürfte gegen ein wenig ehrbaren Dreck nichts einzuwenden haben.»

«Ihr dürft meinen Vormund auf keinen Fall mit diesem Namen anreden! Aber nun kommt.»

«Es wird Zeit, daß Ihr zu Bett geht, kleine Cousine», sagte Lodovico Sforza. «Habt Dank dafür, daß Ihr Messer Leonardo zu mir brachtet, aber nun zieht Euch bitte zurück.»

Wenn Bianca eine Widerrede auf der Zunge lag, so sorgte die Miene Ihres Vormunds dafür, daß sie unausgesprochen blieb. Kaum war sie gegangen, wandte er sich Leonardo zu, ohne mit Höflichkeitsfloskeln Zeit zu vergeuden.

«Castelmonte», sagte er.

«Was ist damit, Herr?»

«Ich glaube nicht, daß Florenz es nehmen kann», sagte der Regent von Mailand. «Was meint Ihr?»

«Herr», erwiderte Leonardo vorsichtig, «zur Zeit stehe ich, wie Ihr wohl wißt, in den Diensten von Lorenzo de' Medici.»

Lodovico sah ihn ein paar Sekunden prüfend an. Dann sagte er: «Ich weiß. Aber vielleicht mißverstehen wir einander. Ich erwarte keine Indiskretionen von Euch. Laßt mich von der anderen Seite her anfangen. Mailand und Neapel erwägen eine Allianz mit Florenz, und diese Allianz hat Lorenzo dringend nötig. Das wird auch Euch klar sein, ohne daß Ihr ihn erst fragen müßt. Verstoße ich mit dieser Feststellung bereits gegen Euer Ehrgefühl?»

«Nein. Mailand wäre ein wertvoller Verbündeter für Florenz.»

«Gut, ich habe mir sagen lassen, Ihr wäret Ingenieur und damit zu klarem Denken imstande. Würdet Ihr, wenn Ihr an meiner Stelle wäret, Messer Leonardo, eine derartige Allianz für vorteilhaft halten?»

«Unbedingt», erklärte Leonardo prompt.

«Ihr brauchtet Euch die Antwort nicht lange zu überlegen.»

«Ich habe mir über die Position Mailands bereits mit einiger Sorge Gedanken gemacht.»

«Beim Hades, habt Ihr das wirklich? Dann versucht, mich zu überreden. Ihr scheint mir, was Eure und Mailands Position betrifft, sicherer zu sein, als ich es bin.»

«Überredung sollte nicht erforderlich sein. Neapel lasse ich aus dem Spiel, da es für Rom einigermaßen uninteressant ist. Die

Republiken sind es, die Seine Heiligkeit sich einzuverleiben wünscht.»

Lodovico Sforza befingerte die Seide des Zeltes, in dem sie standen. Der Schießplatz der Bogenschützen lag weiß und verlassen da, die Musiker waren schon lange schlafen gegangen. Schnee wehte in die Fußstapfen auf dem Rasen und verwischte sie.

«Mailand», sagte er brüsk, «ist ein Herzogtum und keine Republik. So könnt Ihr nicht argumentieren.»

«Mailand, mit allem schuldigen Respekt, ist nur dem Namen nach ein Herzogtum. In Wirklichkeit ist es eine Republik wie Florenz, Genua oder Venedig. Das Wesen der Republik besteht darin, daß sie von denen beherrscht wird, die die nötige Kraft dazu haben, einerlei ob das Volk sie berufen hat oder ob sie selbst die Macht ergriffen. Betrachten wir Mailand einmal in diesem Lichte. Gian Galeazzo Sforza ist Herzog. Regiert er Mailand? Nein. Ihr regiert es, Herr. Und deshalb argumentiere ich richtig.»

Lodovico schürzte die Lippen. «Ich kann Euch immer noch nicht ganz folgen, auch wenn ich Euch bis hierher zustimmen sollte. Wie steht es dann mit Rom?»

«Roms Herrscher», sagte Leonardo, «gründet sein Amt nicht allein auf weltliche Macht.»

«Nein, es wurde ihm durch die Gnade und den Willen des Allmächtigen zuteil, und das ist gewiß eine stärkere Macht als, sagen wir, die meine?»

«Mich würde diese Macht erheblich mehr beeindrucken, wenn der Allmächtige dabei auf das Votum des Kardinalskollegiums verzichten könnte.»

Lodovico Sforza kniff die Augen zusammen. «Ihr seid ja ein Ketzer», sagte er vergnügt. «Fahrt fort mit Eurer Ketzerei.»

«Die Sache ist einfach genug. Der Papst, mit der geistlichen Autorität, die ihm sein Amt verleiht, nicht zufrieden, verlangt darüber hinaus nach weltlicher Macht. Und er ist auf der Suche nach Geld, der Grundlage aller weltlichen Macht. Woher soll er es nehmen? Von denen, die es, wie er weiß, besitzen, mit anderen Worten, von den Republiken. Das sind goldene Trauben, Herr, aus denen der Papst so viel Saft pressen will, wie er nur kann. Wenn die Republiken töricht genug sind, es zuzulassen.» Leonardo hob die linke Hand und bog einen Finger nach dem anderen herab. «Zuerst Florenz», sagte er. «Dann Siena, Genua. Vielleicht auch Mantua. Dann Mailand. Danach Venedig, Savoyen und die französischen Königreiche. Deshalb muß man ihm Einhalt gebieten – und zwar sofort. Und daraus folgt, Herr, daß Ihr so bald wie möglich zu einer Allianz mit Florenz kommen solltet.»

«Um Rom zu provozieren?» sagte Lodovico Sforza. «Ich weiß nicht recht.»

«Rom wird nicht warten, bis man es provoziert. Es will herrschen und teilen, wie schon seit eh und je. Schließt Euer Bündnis. Durch Abwarten habt Ihr nichts zu gewinnen.»

«Habt Dank für Euren Rat, Ingenieur. Aber ich glaube, ich werde zumindest den Ausgang von Lorenzos Bemühungen um Castelmonte abwarten. Und damit wären wir wieder am Ausgangspunkt angelangt. Eure Kanonen können es nicht schaffen.»

«Dessen würde ich mir nicht so sicher sein.»

«Bisher haben sie versagt.»

«Zugegeben. Aber ich will eine Prophezeiung wagen, damit Ihr beruhigt sein könnt, und Mailand gleichfalls. Die Kanonen von Florenz werden es im nächsten Frühjahr erobern.»

«Das wird sich zeigen», sagte Lodovico Sforza. «Das wird sich zeigen. Inzwischen gehabt Euch wohl, Messer Leonardo.» Er stapfte davon; der frisch gefallene Schnee umstob seine Stiefel, als er den Rasen überquerte.

Leonardo ließ sich auf den Stufen des verlassenen Gartenhauses nieder und zupfte gedankenverloren die Saiten einer dort liegengebliebenen Laute. Oberflächlich betrachtet, dachte er, mußte seine Prophezeiung wie Aufschneiderei anmuten, und zweifellos hatte der Regent von Mailand sie auch als solche angesehen. Was wußte er, Leonardo, ein zum Ingenieur gewordener Maler, denn schon von Geschützen? Das Berechnen von Winkeln und Flugbahnen war eine Sache, die Praxis eine ganz andere. Weshalb also war er so sicher, daß er Erfolg haben würde, wo der Kanonier-Hauptmann von Florenz versagt hatte? Und woher kam diese Sicherheit, bevor er überhaupt eine Ahnung hatte, wie er das Problem angehen sollte?

Aber er war seiner Sache sicher, wie schon oft zuvor. Im Bereich seines Verstandes schwammen Ideen wie Fische im Meer, bleich und flüchtig, nicht viel anders, als wenn er ein Gemälde ersann, dessen Wesen ihm vorschwebte, noch bevor er seine Form wahrgenommen hatte – doch wissend, daß diese Form in einer Weise, die er nicht erklären konnte, existierte. Und ähnlich wie mit der Malerei war es auch mit der Wissenschaft. Es gab die Lösung, und er brauchte sie nur zu finden.

Er legte die Laute unter den Dachvorsprung des Gartenhauses und folgte Lodovicos Spuren.

Kaum hatte er den zum Innenhof führenden Bogengang erreicht, traten ihm drei Gestalten in den Weg.

«Einen Augenblick, wenn es beliebt, guter Mann», sagte Silvio Grimiani di Torino. Er stand mit leicht gespreizten Füßen vor Leonardo. In vornehmer Zurückhaltung, vier Schritt hinter ihm, lauerte Francesco Pazzi und tat so, als unterhielte er sich angeregt mit Bernardo Bandini, der, die Hand an der Hüfte, an einem Fackelhalter lehnte. Leonardo blieb gelassen stehen.

«Oh, guten Morgen, Herr», sagte er. «Kann ich etwas für Euch tun?»

«Nein», sagte Silvio. «Das heißt, es ist nur eine Kleinigkeit. Ich habe eine Frage an Euch.»

«Das hat doch vielleicht Zeit bis morgen?» fragte Leonardo sanft.

«Ich glaube nicht. Außerdem dauert es nicht lange. Es ist sehr einfach: Ich habe bemerkt, daß Ihr entschieden zu viel Zeit in Gesellschaft von Donna Bianca Maria Visconti verbringt – eine Tatsache, die mir merkwürdig und, bei Lichte betrachtet, anstößig erscheint. Meine Frage lautet daher: Wie kommt ein Mann wie Ihr – nur ein Künstler und, soweit mir bekannt ist, der Bastard eines Notars von einer Schankmagd – wie kommt solch ein Mann auf den Gedanken, einer so weit über ihm stehenden Dame seine Gesellschaft aufzudrängen? Ich bin sicher, Ihr könnt mir eine kurze und befriedigende Erklärung liefern. Dann brauchen wir Euch nicht länger aufzuhalten.»

Leonardo runzelte leicht die Stirn. Er sah, daß Pazzi und Bandini – hinter dem Fürsten von Savoyen – ihm ihre Gesichter erwartungsvoll zugewandt hatten.

«Nun, Herr», sagte er. «Ich muß gestehen, in dem Licht, das Ihr jetzt darauf zu werfen geruht, hatte ich die Sache noch nicht betrachtet. Doch auch wenn ich es getan hätte, würde es mich wohl nicht sonderlich bekümmert haben.»

«Mich stört es», sagte Silvio.

«Das sehe ich», sagte Leonardo, und seine Stimme wurde plötzlich leise, «ich begreife nur nicht recht, warum.»

«Den Grund», erwiderte Silvio, «braucht Ihr auch nicht zu wissen. Offensichtlich habt Ihr kein Schwert, obwohl man Euch gelegentlich schon mit einem herumstolzieren sah. Daraus darf man wohl schließen, daß Ihr damit umzugehen versteht; einer meiner Freunde wird Euch gern das seine leihen. Solche Angelegenheiten lassen sich zwischen Männern von Rang leicht klären.»

«Daran zweifle ich nicht», antwortete Leonardo. «Aber ich muß Euch auf einen Denkfehler aufmerksam machen. Wir haben hier auf der einen Seite drei Herren von Rang und auf der anderen Seite mich – den Bastard einer Schankmagd, wie Ihr soeben ganz richtig bemerktet. Im allgemeinen stehe ich Euch zu Diensten. Doch was Euren Vorschlag betrifft, habe ich Besseres zu tun, als mich mit beleidigten Fürsten auseinanderzusetzen. Ich schlage deshalb vor, Herr, daß Ihr zu Eurem Wein und Eurem Spielzeug zurückkehrt und mich in Ruhe laßt, damit ich mich um meine Angelegenheiten kümmere.» Er legte eine Hand auf Silvios Schwertarm, wie um ein widerspenstiges Kind zu beruhigen, und schob ihn beiseite. Dann ging er zwischen den beiden Männern hindurch, die ein paar Schritt entfernt warteten, nickte beiden einen kurzen Gruß zu und verschwand.

Bei Tagesanbruch befand sich Leonardo bei Lorenzo de' Medici. Wie schon früher einmal saßen die beiden Männer in Lorenzos klösterlichem Refugium. Der Himmel vor dem Fenster verhieß nach dem Schneegestöber in der Nacht einen sonnigen Tag.

«Wann wollt Ihr reisen?» fragte Lorenzo.

«Gleich nach Weihnachten, wenn Ihr gestattet.»

«Also gut. Bis dahin habt Ihr vermutlich das Problem des Röstens meiner Gänse und Kapaune gelöst, wenn ich Eure Zeichnungen von Gerätschaften für meine Feuerstelle richtig verstanden habe. Also werden wir Euch entbehren können.» Er lächelte müde. «Ich brauche wohl nicht darauf hinzuweisen, daß Ihr in Rom nicht mit unserem Schutz rechnen könnt?»

«Den verlange ich nicht», sagte Leonardo. «Ich hoffe, daß man in Rom über die Art meiner Dienste für Euch noch nicht aufgeklärt ist. Ich gehe nicht als Ingenieur der Republik Florenz nach Rom, sondern als bescheidener Sucher der Wahrheit.»

«Die Wahrheit ist eine gefährliche Ware», sagte Lorenzo de' Medici. «Seht Euch vor, wenn Ihr sie in größeren Mengen antrefft.» Er trommelte mit den Fingern auf die Tischplatte. «Ich muß gestehen, mir ist nicht recht wohl bei der Sache», fuhr er fort. «Wollt Ihr mir nicht sagen, was Ihr sucht? Auch wir haben große Bibliotheken, und vielleicht läßt sich die Reise vermeiden.»

«Mit allem Respekt, Herr, das bezweifle ich. Die Archive des Heiligen Stuhls sind eine Quelle, aus der ich jetzt schöpfen muß, denn später wird man es mir sicherlich nicht mehr gestatten. Mich beschäftigt das Problem des Schießpulvers. Euer Kanonier-Hauptmann hat mir berichtet, daß jeder Hersteller es nach einem anderen Rezept mischt und daß je nach der Zusammensetzung sich seine Eigenschaften unterscheiden. Diese Unterschiede sind wichtig, sowohl für den Kanonier-Hauptmann Leone wie für mich. Da aber die Herstellung von Schießpulver eine sehr alte Kunst ist, muß ich alte Berichte studieren. Und deshalb muß ich nach Rom.»

Lorenzo erhob sich und trat ans Fenster.

«Nun gut», sagte er. «Ich habe Euch nicht zu meinem Kriegsingenieur gemacht, um Eure Urteilskraft anzuzweifeln. Von mir aus könnt Ihr reisen.»

11

Sonnenlicht durchflutete das geräumige Gemach im Oberstock des Lateranpalastes. Domenico Kardinal della Palla saß an seinem Arbeitstisch und betrachtete seinen jungen Gast mit ruhigem, forschendem Blick; er hatte die Fingerspitzen aneinandergelegt und hielt sie in Höhe seiner Lippen.

Vermutlich gab es nicht mehr als zwei Männer – von denen der eine er selbst war –, die wußten, daß der Kanzler des Heiligen Stuhls die mächtigste Persönlichkeit in Rom war. An seiner äußeren Erscheinung deutete freilich nichts darauf hin. Streng, beherrscht und von Sorgen gebeugt, sah Kardinal della Palla mit seinen fünfzig Jahren noch so aus wie der Lehrer, der er einst gewesen war.

Seine Macht war von besonderer Art – eine Macht, die es nicht gegeben hatte, bis er sie ersann. Ihre Quelle und ihr Mechanismus befanden sich unter seinen Füßen und denen seines Gastes, im unteren Stockwerk. Sie nahm, räumlich gesehen, über ein Drittel des Gebäudes ein. Ihrem Wesen nach war sie einfach und zugleich kompliziert. Ihr Grundstock war Wissen.

Della Palla war einmal ein gutaussehender Mann gewesen; geblieben waren das blonde Haar und die durchdringenden blauen Augen seiner nordischen Vorfahren. Doch im Laufe vieler unsicherer Jahre hatte der Zwang, die in seinem Gedächtnis ruhenden Geheimnisse zu verschweigen, seinen Mund zu einer schmalen Linie werden lassen, und in seine Stirn hatte sich eine senkrechte Falte gegraben, die sich immer dann vertiefte, wenn er mit aller ihm zu Gebote stehenden Aufmerksamkeit einer Botschaft lauschte, deren Sinn weniger in den Worten lag als vielmehr in unausgesprochenen Hinweisen, wie er sie einer kaum wahrnehmbaren Schwankung der Stimme, einem kurzen Zögern oder einer plötzlichen Leere in den Mienen des Vortragenden zu entnehmen wußte. Er lächelte selten und lachte nie, da es für ihn im Kirchenstaat selten einen Grund zur Belustigung und nie einen zum Lachen gab. Tag für Tag empfingen und kopierten seine zweihundert Kanzlisten Berichte über Ausschweifungen, Betrug, Verrat, Verbannung und Mord. Selbst eine Eheschließung oder die Geburt eines Sohnes war kein Anlaß zur Heiterkeit, sondern führte zu Mutmaßungen über die Folgen, die sie für diese und jene Familie haben würden. Der Weg der Wahrheit, den der Kardinal für sich gewählt hatte, war hart und dornig. Die Tage, da er ihn eingeschlagen hatte, lagen rund ein Vierteljahrhundert zurück.

Als der Spanier Alonso de Borja am 8. April 1455 zum Papst gewählt wurde und als Calixtus III. sein Amt antrat – und damit der Familie Borgia eine Macht über den Heiligen Stuhl verschaffte, die viele Päpste überdauern sollte –, bestand seine erste Amtshandlung darin, daß er seinen Neffen Rodrigo, der damals in Bologna studierte, zum Notar des Heiligen Stuhls ernannte. Der Umstand, daß der junge Mann zu jener Zeit noch nicht einmal das Studium des Kanonischen Rechts abgeschlossen hatte, schien ihm nur ein geringer Mangel, der sich überdies schnell beheben ließ. Er schickte Rodrigo Borgia einfach nach Bologna zurück, damit er dort die Doktorwürde erlangte. Niemand war überrascht, als Rodrigo ein Jahr später seine Prüfungen mit Auszeichnung bestand und seine Lehrer und Prüfer zum Zeichen seiner Anerkennung mit Baretten und Handschuhen aus dem feinsten Leder beschenkte.

Möglicherweise hatten einige unter ihnen insgeheim den Eindruck, daß die drei Stunden, die der junge Rodrigo von seinem sonst der Jagdleidenschaft gewidmeten Tageslauf dem Studium des Kanonischen Rechts gewidmet hatte, vielleicht nicht ganz ausgereicht hatten, um die Verleihung der Doktorwürde zu rechtfertigen. Einer jedoch war anderer Ansicht. Domenico della Palla schrieb einen wenn auch mit Bissigkeit und trockenem Humor gewürzten Brief an Calixtus III. und teilte Seiner Heiligkeit mit, sein Neffe habe, einmal zur Erörterung juristischer Fragen überredet, eine überraschende Einsicht in die Materie bewiesen und werde eines Tages, dies jedenfalls sei die Ansicht seines Lehrers, sein Amt in der Kanzlei des Heiligen Stuhls sowohl der Sache als auch seinem Namen nach hervorragend meistern.

Da weder Rodrigo noch sein Onkel ernsthaft daran dachten, daß er je eine so weltliche Aufgabe erfüllen sollte, erregte dieser Brief des damals sechsundzwanzigjährigen della Palla ihre Belustigung. Teils aus Ironie, teils aber auch in Anerkennung einer Meinungsäußerung, deren Aufrichtigkeit er zu schätzen wußte, ließ Calixtus den Lehrer seines Neffen nach Rom kommen und bot ihm den Posten des Sekretärs bei seinem ehemaligen Schüler an.

Mit nicht geringerer Ironie nahm della Palla das Angebot an.

Im Laufe der Jahre entwickelte sich zwischen Rodrigo Borgia, der inzwischen Kardinal war, und seinem Mentor eine sehr fruchtbare Beziehung. Anfangs hielt man es für selbstverständlich, daß Domenico della Palla sich mit dem gleichen Eifer in die Politik stürzen würde, wie die Borgias das gewohnt waren. Er tat nichts dergleichen. Mit Überraschung stellte man fest, daß er sich Gott, der Wahrheit und der Kirche verpflichtet fühlte. Der Papst, seine Familie und seine Anhänger betrachteten dies anfangs als Affront, dann als belustigende Kuriosität und schließlich, in den unruhigen Jahren der Kriege mit Aragon und den Türken, als Vorteil. Immer wieder versuchte man, ihn zu bestechen, und bot ihm sogar das Bistum Valencia an, das Calixtus selbst einst innegehabt hatte. Della Palla lehnte stets freundlich lächelnd ab.

Nur selten verließ er den Bereich des Lateranpalastes. Dabei tat er, wie es schien, kaum mehr, als die Zahl seiner Kanzlisten und Schreiber zu vermehren. Aber der Papst und seine Familie waren es zufrieden. Der Rat, den er vor der Seeschlacht bei Mytilene erteilte, verhalf Rom zum Sieg. Seine Überzeugung, daß Venedig binnen kurzem ein Handelsabkommen mit dem Ottomanischen Reich schließen und deshalb nicht gewillt sein werde, sich dem Kreuzzug gegen die Ungläubigen, zu dem der Papst aufgerufen hatte, anzuschließen, erwies sich als richtig. Und indem er dafür sorgte, daß Janos Hunyadi, dem ungarischen Condottiere, und seinem militärischen Berater, Kardinal Carvajal, unter der Hand größere Summen zuflossen, ermöglichte er den Sieg über Muhammed II. vor den Toren Belgrads. Nach und nach, während er scheinbar nur in den staubigen Gängen des Lateranpalastes auf und ab wandelte, schuf sich der Sekretär des Kardinals Borgia mit Hilfe seiner emsig schreibenden Kanzlisten ein eigenes Reich.

Obwohl es nur in langen Reihen eigens zu diesem Zweck entworfener, mit einer Unmenge von Dokumenten gefüllter Kabinette bestand, gingen Ausdehnung und Macht dieses Reiches schließlich über die Vorstellungskraft derer hinaus, die sich geweigert hatten, seine Existenz anzuerkennen.

Wie er vorausgesehen hatte, wurde er unentbehrlich. Und mehr noch: er blieb neutral. Nach dem Tode Calixtus' III. beschlossen die Borgias, den Humanisten und Verfasser satirischer Theaterstücke Enea Silvio Piccolomini zum Papst wählen zu lassen. Und so geschah es. Pius II., wie er sich nannte, erschien an einem regnerischen Herbstmorgen des Jahres 1459 im Lateranpalast, ließ sich die überquellenden Kellerräume zeigen und zog sich eilends und voller Ehrfurcht vor den Beweisen solchen Bienenfleißes wieder zurück. Zwei Monate später ernannte er Domenico della Palla aus Gründen, die ihm wohl selbst nur halb bewußt waren, zum Kardinal von Santa Lucia da Vignola. Sein Nachfolger, Paul II., der befürchtet hatte, der neue Kardinal werde gegen sein Pontifikat stimmen, weil auch er offenkundig ein Kandidat der Borgias war, stellte zu seiner Überraschung fest, daß della Palla dem Vorgang der Papstwahl kaum Beachtung schenkte. Dafür belohnte Paul II. den Kardinal mit dem Amt, das dieser seit Jahren anstrebte – dem des Kanzlers des Heiligen Stuhls.

Rodrigo Borgia, der Papstmacher, war wohl der einzige Mann in Rom, der das Papierimperium im Lateranpalast nicht fürchtete. Er besuchte seinen früheren Lehrer und Sekretär häufig, beglückwünschte ihn ohne jede Schmeichelei, trank Wein, machte gutmütige Scherze über della Pallas Wasserkaraffe und versuchte, sich mit dem Kanzler anzufreunden. Das gelang ihm sowenig wie allen anderen, aber sie standen miteinander auf gutem Fuße. Wie immer hatte della Palla seinerzeit nur der Wahrheit die Ehre gegeben, als er Calixtus III., Rodrigos Onkel, auf dessen Intelligenz hinwies. Diese Intelligenz half dem Kardinal Borgia, seinen Weg zu machen. Außerdem hörte er sich, was nur wenige taten, an, was der Kanzler des Heiligen Stuhls zu sagen hatte, und handelte danach.

So standen die Dinge, als Francesco della Rovere unter dem

Namen Sixtus IV. Papst wurde und damit scheinbar die mächtigste Persönlichkeit in Rom. Zwei Männer – und nur sie allein – hätten ihm sagen können (was sie natürlich nicht taten), daß Roms wahre Macht andernorts lag – nämlich an der Piazza di San Giovanni in Laterano, im Lateranpalast.

An diesem Januarmorgen des Jahres 1478 nun saß Domenico della Palla an seinem Arbeitstisch und war sich wie stets der Tatsache bewußt, daß unter ihm eine Armee fleißiger Skribenten damit beschäftigt war, den Gang der Ereignisse in der Welt in allen Einzelheiten festzuhalten und so sein Imperium zu vergrößern. Er betrachtete den jungen Florentiner, der mit einem in Leder gebundenen Skizzenbuch unter dem Arm vor seinem Tisch stand. Vor dem Kardinal lag ein Brief. Da er den Inhalt auswendig kannte, brauchte er ihn nicht mehr zu Rate zu ziehen, sondern konnte seine ganze Aufmerksamkeit auf seinen Besucher richten.

«Messer Leonardo da Vinci?» sagte er.

«Der bin ich», erwiderte der Besucher. «Eurer Eminenz zu Diensten.»

«Bitte, nehmt Platz, mein Sohn. Und nun erzählt mir, wenn Ihr möchtet, in welcher besonderen Weise Ihr von uns Hilfe erhofft.»

Leonardo ließ sich auf dem Lehnstuhl nieder, auf den der Kardinal gewiesen hatte. «Ich hoffe, Euer Eminenz, in den Archiven des Heiligen Stuhls einige gelehrte Ausführungen über die Herstellung von Schießpulver zu finden.»

Della Palla legte die Fingerspitzen nachdenklich an die Unterlippe. Er war es gewohnt, sich Überraschung nicht anmerken zu lassen.

«Schießpulver», sagte er. «Ja. Ein merkwürdiges Interesse, wenn ich so sagen darf, bei einem Künstler. Gestattet mir, Euch zu sagen, daß ich Euer Porträt der Donna Ginevra Benci sehr bewundere. Euer Name ist mir also nicht unbekannt.» Leonardo verneigte sich höflich. «Also Schießpulver», fuhr der Kardinal etwas lebhafter fort. «Euer Schreiben ist, wie ich vermute, nicht ganz frei von Ironie, wenn Ihr offenbar das Kriegführen als die höchste aller Künste bezeichnet. Eine seltsame Einstellung. Und wie kommt Ihr auf den Gedanken, die Kirche könnte über Unterlagen verfügen, die Euch von Nutzen wären?»

«Ich gestehe, daß ich es nur vermute», sagte Leonardo. «Ich kenne bereits die Abhandlung des Albertus Magnus, Konrad Kyesers *Bellifortis* und natürlich die *Epistola de secretis artis et naturae operibus* des Roger Bacon, die allesamt im Besitz Eurer Bibliotheken sind. Ich hoffte, das Original des *Liber ignium* des Marcus Graecus hier zu finden, obwohl sich meines Wissens das einzige Exemplar in Nürnberg befindet. Doch mag es auch noch andere Quellen geben.»

«Eure Gelehrsamkeit ist erstaunlich», sagte der Kardinal, «und es war sehr freundlich von Euch, mir klarzumachen, daß Ihr meine Zeit nicht vergeuden wollt. Und Eure natürlich auch nicht. Darf ich mir die Frage erlauben, welcher Natur Euer Interesse am Schießpulver ist?»

«Es ist philosophischer Natur», erwiderte Leonardo.

«Eine vorsichtige Antwort. Ich will sie fürs erste gelten lassen, auch wenn mancher sich nicht damit zufriedengäbe. Nun, Messer Leonardo, ich werde selbst nachschauen, ob wir etwas haben, das Euch weiterhelfen könnte. Philosophischer Natur? Das gefällt mir. Und in welcher Hinsicht?»

«Um es deutlicher auszudrücken, Euer Eminenz, mich beschäftigt die schwierige Frage, wie die Kraft im Verlaufe seiner Herstellung in das Schießpulver gelangt. Holzkohle, Schwefel und Salpeter besitzen, für sich allein genommen, keinerlei Explosivkraft. Wie kommt dann eine Mischung aus diesen drei Stoffen zu ihrer Kraft?»

Die Miene des Kardinals blieb so undurchsichtig wie stets, doch die Antwort hatte ihm gefallen.

«Eine ausgezeichnete Frage», sagte er. «Ich werde darüber nachdenken, während ich mich mit Eurem Anliegen beschäftige. Übrigens habe ich selbst auch ein Anliegen vorzutragen – oder vielmehr, ich soll Euch einen Wunsch meines Kollegen, des Kardinals Borgia, übermitteln. Da ich ohnehin bis morgen brauchen werde, um nach Eurem . . . philosophischen Material zu suchen, möchte ich Euch bitten, wie es mir aufgetragen wurde, daß Ihr inzwischen im päpstlichen Palast um eine Audienz beim Grafen Girolamo Riario von Imola nachsucht. Habt Ihr irgendwelche Einwände dagegen?»

«Nicht im geringsten. Sagte ich nicht, daß ich Eurer Eminenz zu Diensten bin?»

«Dann wäre der heutige Nachmittag der geeignete Zeitpunkt. Seid Ihr dem Grafen schon einmal begegnet?»

«Ich hatte noch nicht das Vergnügen, aber natürlich habe ich von ihm gehört. Wer hätte das nicht?»

Kardinal della Palla betrachtete eindringlich das Gesicht des Künstlers. «Messer Leonardo», sagte er schließlich, «vielleicht lernen wir einander durch Gottes Gnade mit der Zeit besser kennen. Ich hoffe es jedenfalls. Und wenn es so kommen sollte, dann hoffe ich außerdem, daß wir nach und nach lernen, aufrichtig zueinander zu sein. In diesem Sinne sollte ich Euch, glaube ich, sagen, daß der Graf von Imola *Euch* schon einmal gesehen hat.»

«Tatsächlich?» sagte Leonardo. «Ich danke Euch, Eminenz. Ich werde darüber nachdenken, wo das gewesen sein könnte.»

«Ja», sagte Kardinal della Palla trocken, «angesichts Eures philosophischen Interesses am Schießpulver dürfte es sich empfehlen, sehr gründlich darüber nachzudenken. Ich erwarte Euch morgen um die gleiche Zeit.»

Während Leonardo am Tiberufer unterhalb der Engelsburg, des ursprünglichen Grabmals für Kaiser Hadrian, entlangging, eilten seine Gedanken nicht voraus zu dem Mann, den er aufzusuchen im Begriff war, sondern verweilten bei dem Kardinal, mit dem er sich am Morgen unterhalten hatte. Da das Gespräch im Grunde kaum mehr gewesen war als eine jener höfischen Fechtpartien, die Leonardo schätzte und oft genug genoß, wußte er nicht recht, wie er die sonderbare geistige Erregung deuten sollte, die er bei dem Gespräch mit della Palla empfunden hatte – und noch jetzt empfand. Gewiß, der Kardinal war ein gelehrter Mann, schon sein Amt war ein Beweis dafür. Mit dem scharfen Verstand des Kardinals verglichen war der des ehrwürdigen Doktor Cino di Lapo Mazzone kaum mehr als der eines summenden, lästigen Insekts. Aber Kardinal della Palla besaß mehr als Gelehrsamkeit und sogar mehr als Weisheit – eine Eigenschaft, so selten, daß man womöglich in seinem ganzen Leben nur ein oder zwei Menschen begegnete, die sie besaßen. Vielleicht, dachte Leonardo, spielte ihm auch nur seine Phantasie einen Streich. Oder gab es im Denken des Kardinals della Palla wirklich etwas, etwas kaum Erkennbares, das dem seinen verwandt war? Er wußte, wenn es wirklich so war, dann hatte er bisher noch nicht darauf reagiert.

Er schlenderte weiter und ließ den wirbelnden Fluß hinter sich. Zu seiner Linken erhoben sich die Mauern der Leostadt. Er bog ab.

An seinem Ziel angekommen, im Palast der Borgias, mußte er fast eine Stunde in einem Salon warten, dessen Fenster auf den Hof von San Damaso hinausgingen. Dann mußte er einem gleichmütigen Schweizer Söldner seinen Degen abgeben und wurde in ein kleines Gemach geführt, dessen Fenster von schweren Draperien fast vollständig abgedunkelt waren. In einer Ecke, auf einem eichenen Kirchenstuhl, saß Graf Girolamo Riario.

Voller Abscheu erinnerte sich Leonardo an das, was er über diesen Mann wußte – und was er selbst von dem Hügel der Kanoniere im Arnotal aus gesehen hatte. Ihn schauderte. Der Graf dagegen gab sich gelöst und liebenswürdig. Er hatte seine mit buntscheckigen Strümpfen bedeckten Beine übereinandergeschlagen und hielt auf dem erhobenen Knie eine kleine graue Katze, die er weiter streichelte, während er den Künstler begrüßte.

«Willkommen», sagte er. «Willkommen in Rom, wohin früher oder später alle Wege führen.»

Leonardo verneigte sich.

«Und meinen Dank dafür», fuhr der Graf fort, «daß Ihr mir einen Teil Eurer Zeit hier widmet, die gewiß sehr kostbar ist. Mein Freund, Kardinal Borgia, hat mir berichtet, daß Ihr in einer akademischen Mission von großer Bedeutung hier weilt, und ich möchte Euch nicht lange davon abhalten. Seid so freundlich und tretet in die Mitte des Gemachs, damit ich Euch deutlicher sehe. Ja, ich wußte doch, daß mein Gedächtnis mich nicht täuscht. Im vergangenen November . . . war es im November? Ja. Ihr habt Euch am Fuße meiner Mauer aufgehalten, nicht wahr?»

«Ja», erwiderte Leonardo errötend.

«Aber, lieber Freund, das hat doch nichts zu bedeuten. Ich wünschte Euch nur noch einmal zu sehen, um mich zu vergewissern. Und ich möchte mich für die etwas übereilte Begrüßung an jenem Abend entschuldigen. Ich wußte nicht, wer Ihr wart, und meine Leute schossen ein paar Armbrustbolzen auf Euch ab – die aber, wie ich sehe, keinen Schaden angerichtet haben. Hätte ich damals gewußt, was ich heute über Euch weiß, wäre ich weniger unhöflich gewesen. Ich meine natürlich Euren Rang als Künstler. Sagt», fuhr Riario im Plauderton fort, «was wolltet Ihr dort? Ich nehme an, es ging um künstlerische Probleme?»

«Richtig», sagte Leonardo. «Ich beschäftige mich zur Zeit mit einer allegorischen Schlachtenszene für das Kloster Santa Cecilia und wollte deshalb einige praktische Studien betreiben.»

«Wie bewundernswert!» rief der Graf. «Was für ein Eifer! Was für eine Hingabe an die Kunst! Daß jemand, um zur Vollkommenheit zu gelangen, Leib und Leben riskiert, verdient das allerhöchste Lob. Wenn ich mich recht erinnere, habt Ihr sogar das Gestein meiner ein wenig angeschlagenen Mauer befühlt.»

«Ich ahnte nicht, daß Ihr mich so genau beobachtetet, Herr.»

Riario hob die Hand von der Katze auf seinem Knie und machte eine abwehrende Bewegung. «Nur einen kleinen Augenblick lang», sagte er. «Außerdem ist das alles lange her. Eine Schlachtenszene also – Ihr müßt mir erlauben, sie zu betrachten, sobald sie vollendet ist. Auch wenn ich kein Künstler bin. Und Ihr betreibt bei allem, was Ihr so malt, praktische Studien dieser Art?»

«Unbedingt. Wenn man etwas in seinem wahren Charakter darstellen will, ist es unerläßlich, daß man es ganz und gar begreift. Nur dann kommt hinter der äußeren Erscheinung die Wirklichkeit zum Vorschein.»

Der Graf nickte.

«Nehmen wir», fuhr Leonardo fort, «Euch selbst als Beispiel. Ihr tragt sogar jetzt Euren Brustharnisch. Ihr sitzt in der Ecke eines Zimmers mit geschlossenen Vorhängen. Jemand, der Euch so sieht, könnte auf den Gedanken kommen, Ihr wäret zurückhaltend, in Euch gekehrt, Ihr suchtet Schutz wie jene Krebse, die in leeren Schneckenhäusern leben. Aber ich sehe das anders.»

«Das ist bloße Vermutung», sagte Riario stirnrunzelnd.

«Die Vermutung des Künstlers.»

«Und was glaubt Ihr zu sehen?»

Statt einer Antwort trat Leonardo an eines der Fenster und zog die Vorhänge zurück. Helles Tageslicht flutete in den kleinen Raum. Dann öffnete er seinen Skizzenblock und trat wieder in die Mitte des Gemachs. Neugierig, wider Willen, erhob sich Riario von seinem Stuhl und setzte die Katze auf den Boden. Als Leonardo nun rasch zu zeichnen begann, kam er herbei, trat hinter ihn und schaute ihm über die Schulter.

«Wenn ich Euch malen sollte», sagte Leonardo, während sich seine Hand auf dem Blatt hin und her bewegte, «dann würde ich Euch so darstellen. Nicht in einem engen Gehäuse, nicht in der Ecke eines abgedunkelten Raums. Sondern so – und so . . .»

Während Leonardos Zeichenkohle über das Papier flog, sah Riario staunend, wie er da zum Vorschein kam: auf der Kuppe eines Hügels, von Raum und Luft umgeben, und nicht in seiner Rüstung, sondern in locker fließenden Gewändern, als forderte er die Winde auf, ihn zu liebkosen. Einen Augenblick lang war er verblüfft, und in diesem Augenblick fühlte er sich durch etwas, das fast Dankbarkeit war, zu dem Künstler hingezogen – zu einem Mann, der wie durch Zauberkraft etwas von seinem innersten Wesen entdeckt hatte, das er doch so entschieden beiseite geschoben hatte.

Der Augenblick ging vorbei, er steckte die Finger in den Kragen, seine Hände zuckten. Freiheit, so schrie sein Verstand ihm zu, bedeutete Verwundbarkeit. Hatte er sich nicht schon vor langer Zeit entschlossen, Freiheit gegen Sicherheit einzutauschen? Wie kam dieser Florentiner, Roms Feind und der seine, dazu, diesen Tauschhandel seiner Kindheit zu durchschauen und ihn damit zu verhöhnen? Er sah, daß man ihm eine Falle gestellt hatte und daß er beinahe hineingestürzt war.

Er streckte die Hand aus und riß das oberste Blatt mit der noch unfertigen Zeichnung vom Skizzenblock ab. Schon wollte er es in seinem blinden Zorn zerknüllen, da sah er ein kurzes spöttisches Aufblitzen in den Augen des Künstlers und beherrschte sich. Er ging zu seinem Stuhl zurück und hielt die Skizze so, als wollte er sie genau betrachten, doch seine Augen und Verstand weigerten sich, zur Kenntnis zu nehmen, was er sah. Als er sich schließlich niedergelassen hatte, war er wieder imstande, ruhig zu sprechen.

«Eine interessante Demonstration», sagte er. «Ich behalte die

Zeichnung, wenn Ihr gestattet. Sie beweist das Talent, das Ihr, wie jedermann weiß, besitzt. Nun, ich danke Euch noch einmal, daß Ihr gekommen seid, Messer Leonardo, und will Euch nun nicht länger aufhalten. Ich wünsche Euch Erfolg bei Euren Studien in Rom.»

«Ich bin glücklich, Euch berichten zu können», sagte Kardinal della Palla am nächsten Morgen im Lateranpalast, «daß ich die Antwort auf Eure Frage gefunden habe. Sie fand sich in einer Abhandlung, die Fra Sfabalmaccio di Pisa im Jahre 1428 verfaßte und in der er die Kraft des Schießpulvers eindeutig der Anhäufung von *vis naturae* oder natürlicher Energie zuschreibt. Seiner Abhandlung sind dreiundzwanzig verschiedene Rezepte für die Herstellung von Pulver beigefügt. Ich lasse die wichtigsten Abschnitte von meinen Schreibern für Euch kopieren, Ihr bekommt sie, sobald sie fertig sind. Wirklich, ein interessantes Problem! Ich bin Euch dankbar, daß Ihr mich darauf aufmerksam gemacht habt.»

Leonardo, der sich beim Eintreten des Kardinals von seinem Platz an einem kleinen Tisch erhoben hatte, setzte sich wieder.

«Ich danke Euer Eminenz», sagte er. «Ich weiß es zu würdigen, daß Ihr meinetwegen diese Mühe auf Euch genommen habt. Darf ich das Manuskript selbst einmal sehen?»

Der Kardinal begab sich zu seinem Arbeitstisch.

«Dagegen bestehen natürlich keine Einwände», sagte er, scheinbar ein wenig überrascht. «Aber weshalb?»

«Weil ich mich gern selbst überzeugen möchte», erwiderte Leonardo, «wie weit die Ausführungen des gelehrten Fraters über das Schießpulver reichen. Ist er verläßlich?»

Kardinal della Palla hob eine Braue.

«Ich verstehe nicht recht, was Ihr damit meint, Messer Leonardo. Seine Abhandlung trägt das Imprimatur der Kirche, und das besagt, daß er auf seinem Gebiet eine anerkannte Autorität ist. Damit beantwortet sich Eure Frage von selbst.»

«Dennoch», beharrte Leonardo, «wäre mir sehr daran gelegen, seine Ansichten zu lesen.»

«Gewiß, wenn Ihr es wünscht.»

Der Kardinal erhob sich und verließ den Raum. Ein paar Minuten später kehrte er mit einem Pergamentbündel zurück, das mit einem Band zusammengebunden war. Er legte es vor Leonardo auf den Tisch.

«Ich lasse Euch ungefähr eine Stunde allein, damit Ihr es lesen könnt», sagte der Kardinal. «Ihr könnt, wenn es Euch gefällt, gern hier bleiben. Ich habe ohnehin mit meinem Kaplan zu reden. Wird eine Stunde ausreichen?»

«Das dürfte mehr als genug sein, Eminenz.»

«Seid so freundlich, die Blätter in der richtigen Reihenfolge zu belassen. Ich bin etwas pedantisch in solchen Dingen», sagte der Kardinal. Dann nickte er Leonardo zu und zog sich zurück.

Es war fast Mittag, als er zurückkehrte. Leonardo, in die letzte Seite des Manuskripts vertieft, bemerkte ihn nicht, bis der Kardinal leise hüstelte. Dann strich er das vor ihm liegende Pergament sorgfältig glatt und erhob sich.

«Nun?» erkundigte sich della Palla.

«Ich bin Euch zu allergrößtem Dank verpflichtet, Eminenz», sagte Leonardo. «Dennoch muß ich Euch sagen, daß die Schlüsse, zu denen Fra Sfabalmaccio gelangt, unzulänglich sind. Anders ausgedrückt – sie sind kaum das Pergament wert, auf das sie geschrieben sind.»

«Ich fürchte, ich verstehe wieder nicht recht, was Ihr sagen wollt.»

«Ich habe mich so unumwunden ausgedrückt, weil Ihr bei unserem gestrigen Treffen meintet, wir sollten lernen, aufrichtig zueinander zu sein.»

«Das sagte ich. Aber Aufrichtigkeit ist eine Sache für sich. Ich habe Euch nicht ermuntert, Sakrilegien zu äußern.»

«Ich möchte nicht unehrerbietig erscheinen», sagte Leonardo, «aber vielleicht darf ich ein Beispiel für die mangelnden Kenntnisse Eures Fraters anführen. Nirgendwo ist die Rede davon, daß das Schießpulver – nach dem einen oder anderen seiner Rezepte hergestellt – je nach seinen Ingredienzien Unterschiede in der Kraft aufweist. Ich kann Euch versichern, daß das durchaus der Fall ist. Deshalb muß ich annehmen, daß Fra Sfabalmaccio ebenso unwissend war, wie er geschwätzig ist. Aber zum Glück», fuhr Leonardo freundlich fort, «arbeite ich ja selbst an einer Studie über

Schießpulver und werde daher in der Lage sein, Euch, wenn ich fertig bin, die wahren Tatsachen mitzuteilen. Dann könnt Ihr Eure Unterlagen berichtigen.»

Während dieser selbstbewußten Rede hatte sich Kardinal della Palla wieder an seinen Arbeitstisch begeben. Er hantierte dort mit mehreren Gegenständen, bevor er sich niederließ.

«Ich weiß nicht recht, wo ich beginnen soll», sagte er schließlich. «Die Kirche hat durchaus das Gefühl, im Besitz der wahren Tatsachen zu sein.»

«Aber angenommen», sagte Leonardo ruhig, «die Kirche befindet sich im Irrtum?»

«Seid vorsichtig.»

«Wovor? Ich fürchte, nun verstehe ich nicht recht, was Ihr meint», sagte Leonardo kühn. «Warum sollte sich die Kirche in einer praktischen Angelegenheit von erheblicher Bedeutung auf die Ansichten eines wortgewandten, unwissenden Autors verlassen, der nur unsinniges Zeug über die *vis naturae* daherredet – einen Begriff, der, wie Ihr doch einsehen müßt, Eminenz, völlig bedeutungslos ist –, wenn ihr bessere Kenntnisse zu Gebote stehen?»

«*Eure* Kenntnisse?» fragte der Kardinal scharf.

«Gewiß, meine Kenntnisse.»

«Nehmt Euch in acht, mein Sohn.»

«Glaubt die Kirche etwa, sie könne Tatsachen beeinflussen, indem sie sie abstreitet oder indem sie sich unvernünftige Ansichten über sie zu eigen macht? Es geht hier schließlich nicht um die gelehrte Deutung irgendeines Problems. Natur ist und bleibt Natur und läßt sich nicht verleugnen. Und wenn Seine Heiligkeit wie einst Josua verkündete, die Sonne solle stillestehen in ihrem Lauf – glaubt Ihr, sie würde seinem Befehl Folge leisten?»

Der Kardinal hob die Hand. «Bitte, kein Wort weiter, nicht einmal im Sinne philosophischen Argumentierens – es könnte Folgen haben, vor denen auch ich Euch nicht bewahren könnte. Eure Sicht der Dinge, Messer Leonardo, ist ketzerisch. Ketzerisch und damit überaus gefährlich. Kein Wort mehr, ich bitte Euch.»

Über den ganzen Raum hinweg tauschten die beiden Männer einen festen, unnachgiebigen Blick.

«Eure Eminenz», sagte Leonardo, «die Zeit des höflichen Degenkreuzens ist vorüber, seit ich Euch gestern verließ. Wir haben einander herausgefordert, und wir wußten beide, daß wir es taten. Ihr glaubt sowenig wie ich an das Werk Eures Fra Sfabalmaccio. Ihr habt mir diese Abhandlung herausgesucht, um mich auf die Probe zu stellen, und ich habe darauf geantwortet, wie ich antworten mußte. Das Imprimatur der Kirche verleiht ihr nicht mehr Autorität als das Krächzen der Krähen in einem Baum im Frühling – auch das ist Euch sehr wohl bewußt. Und was die Gefahr betrifft, Eminenz, so habt Ihr mich auf etwas hingewiesen, was ich bereits wußte, nämlich daß ich mich schon damit, daß ich meinen Fuß auf römischen Boden setzte, in Lebensgefahr begab. Wenn meiner Seele Gefahr droht, so bitte ich Gott den Allmächtigen, daß er sie retten möge. Denn was ist Gott, Eminenz, wenn nicht die Wahrheit?»

Kardinal della Palla streckte die Hand aus, um das Pergamentbündel entgegenzunehmen. Leonardo händigte es dem Kanzler des Heiligen Stuhls aus.

«Dann geht mit Gott, mein Sohn», sagte der Kardinal.

«Mein lieber Kanzler», sagte Kardinal Borgia nach einem späten Abendessen in seinen Gemächern, «Riario hat mir berichtet, dieser Mann stehe als Kriegsingenieur in den Diensten der Medici. War Euch das bekannt?»

«Ja, es ist mir bekannt», erwiderte della Palla.

Kardinal Borgia schob sich eine Traube in den Mund. «Der Graf schlägt vor, Leonardo da Vinci ermorden zu lassen, bevor er Rom verläßt – so könnten wir uns allen viel Ärger ersparen, meint er. Ich weiß nicht recht, ob es ein guter Gedanke ist.»

«Im Gegensatz zu Euch», antwortete della Palla, «mangelt es dem Grafen von Imola an Geduld. Da ich weiß, von welch niedriger Warte aus er argumentiert, überrascht mich sein Vorschlag nicht im geringsten. Gewiß, es würde uns vielleicht Ärger ersparen. Aber Rom bleibt, Rom wird dauern, auch wenn Ihr und ich längst tot sind. Und deshalb halte ich Übereilung für unangebracht. Außerdem scheint mir nach der kurzen Unterredung, die ich mit Messer Leonardo hatte, daß er zwar etwas unverschämt ist, aber mehr über das Thema Schießpulver zu sagen weiß als die von uns gutgeheißenen Autoritäten auf diesem Gebiet. Eine Kleinigkeit, gewiß, aber auf lange Sicht könnte sie einmal von einer gewissen Bedeutung sein, meint Ihr nicht auch?»

«Ich verstehe. Eure Zurückhaltung ist wie immer beispielhaft. Ihr würdet also empfehlen, ihn zu schützen?»

«Nein.»

«Nein? Ich muß gestehen, ich bin überrascht.»

«Er steht in Gottes Hand», erklärte della Palla. «Und ich glaube nicht, daß wir ihm besseren Schutz zu bieten vermögen.»

Auf dem Weg zu dem Vorstadtwirtshaus, wo er sein Pferd untergestellt hatte, kam Leonardo durch eine enge Gasse in Trastevere. Die Nachtluft war feucht und kalt, eine dünne Eisschicht machte die Pflastersteine glatt, aber weder Dunkelheit noch Witterung hatten seine Stimmung zu dämpfen vermocht. Wenn er auch nur wenig Neues über Schießpulver erfahren hatte, so fühlte er sich doch nach der Begegnung mit Kardinal della Palla beschwingt und freudig erregt. Kein freundschaftliches Wort war zwischen ihnen gefallen, und er wußte, daß der Kardinal bei näherem Nachdenken seine unverhüllten Angriffe auf die Autorität der Kirche für bedrohlich halten konnte. Doch es war seltsam, irgendwie schien dies von untergeordneter Bedeutung. Was zählte, war, daß sie einander erkannt hatten – nicht nur über die Kluft von fünfundzwanzig oder mehr Jahren hinweg, die sie im Alter trennte, sondern auch über die noch größere Kluft, die zwischen dem Kardinal als einem Mann der Kirche und ihm, dem unabhängigen, freien Künstler, bestand. Die Bekanntschaft mit einem Geist, der dem seinen so verwandt war, beflügelte ihn. Doch dann bemerkte er ein Stück weiter die Straße hinab einige Schatten, die sich bewegten, und blieb stehen.

Er löste seinen Umhang, dann ging er weiter. Er sah jetzt, daß die abschüssige Gasse auf einen kleinen Platz mündete. Als er ihn fast erreicht hatte, drang ihm das Geräusch gleitenden Stahls ins Ohr. Der Platz war menschenleer. Die Rinnsteine, von überfrorenem Schnee gefleckt, schimmerten im Flackerlicht verlöschender Fackeln und im blassen Schein des Viertelmondes.

Von den drei Männern, die ihm in den Weg traten, erkannte Leonardo nur den einen. In wattiertem Rock und in Samthosen kam Francesco Pazzi mit gezogenem Schwert auf ihn zu. Seine Komplizen hielten sich rechts und links von ihm, so daß sie die Stelle blockierten, an der die Gasse auf den Platz mündete. Der Hinterhalt war gut gewählt: Das Opfer konnte nicht einfach kehrtmachen und fliehen, da die Gasse vereist war und steil bergauf führte. Sie waren sich ihres Erfolgs sicher. Leonardo lächelte.

«Das habt Ihr gut gemacht, Freunde», sagte er leise.

Francesco Pazzi gab keine Antwort, sondern stürzte sich auf ihn, das Gesicht beim Zustoßen vor Anstrengung zur Grimasse verzerrt. Feinheiten und Eleganz waren hier nicht erforderlich, und er verzichtete auf sie. Zu dritt einen Mann zu ermorden war, wie er glaubte, eine Kleinigkeit, die dadurch noch erleichtert wurde, daß sein Opfer noch nicht einmal seine Waffe gezogen hatte.

Leonardo wich einen Schritt zurück, und eine Handbreit vor seinem Wams zuckte die blitzende Spitze von Francescos Schwert. Bevor Francesco sein Gleichgewicht wiedergewonnen hatte, riß sich Leonardo mit der linken Hand den Umhang von der Schulter und schwang ihn so, daß Francescos Kopf und Schwertarm sich in den Falten verfingen und er fürs erste nichts mehr sehen konnte. Er taumelte zur Seite, und über dem heftigen, aber erfolglosen Bemühen, sich aus dem nassen, an ihm klebenden Wollstoff zu befreien, verlor er auf dem tückischen Pflaster den Halt.

Leonardo ließ sich auf ein Knie sinken und zog seinen Degen. Mit einer Rolle entzog er sich der Reichweite von Francescos blind dreinschlagender Klinge. Der Mann zur Rechten von Francesco sprang vor, um dem Gefährten beizustehen. Leonardos Waffe fuhr von unten herauf mitten in den ungeschützten Leib des Mannes. Mit pfeifendem Atem sank er zu Boden und nahm dabei die Degenspitze mit, die ihn durchbohrt hatte, so daß Leonardo kostbare Sekunden damit verlor, die Waffe aus dem sich windenden Körper zu ziehen.

Dies machte sich der dritte Mörder zunutze. Er trat vor den wild um sich schlagenden Francesco und hieb rasch und ungeschickt auf Leonardos Kopf ein. Sein Ziel verfehlte er zwar, aber die Schneide drang in Schulternähe tief in Leonardos rechten Arm. Der Künstler setzte seine akrobatische Seitwärtsrolle fort und zog seinen Degen aus dem auf dem Pflaster liegenden Mann. Ein Strom warmen Bluts färbte Leonardos Ärmel dunkel. Der dritte Angreifer sah es. Er glaubte sein Opfer entwaffnet und hilflos und setzte triumphierend zum Todesstoß an.

Leonardo warf seinen Degen von der rechten in die linke Hand und riß ihn wie ein Rasiermesser durch die Achillessehnen seines Angreifers, der dadurch auf der Stelle gelähmt war. Noch während er fiel, drehte Leonardo seine Waffe um und hieb ihm den Knauf mit schrecklicher, geradezu anatomischer Genauigkeit gegen die Schläfe. Das leise Geräusch splitternder Knochen war zu hören, dann lag der Mörder starren Blicks neben seinem Freund.

Leonardo kam auf die Füße und preßte die Kante seiner schwertführenden Linken auf seinen zerfetzten, blutüberströmten Ärmel. Er wußte, daß eine Ader getroffen war. Francesco Pazzi kniete noch immer auf dem Pflaster und verfluchte erbittert die Stoffmassen, die ihn behinderten. Leonardo setzte ihm den Fuß auf die Brust und warf ihn um. Als Francesco sein Gesicht endlich freibekam, begrüßte ihn eine kaum fingerbreit von seiner Nase entfernte Degenspitze. Beängstigende dunkle Tropfen rannen über die Klinge und fielen herab, einer nach dem anderen.

«Geht, Francesco», sagte Leonardo zuvorkommend. «Die Straßen Roms sind des Nachts schon gefährlich genug, und sogar der Bastard einer Schankmagd kann tödliche Streiche austeilen, wenn er herausgefordert wird. Gebt auf Euch acht und überlegt es Euch lieber zweimal, ehe Ihr mir wieder lästig werdet. Gute Nacht.»

12

«Messere», sagte der Wundarzt der Medici, während er sich über die eben gesäuberte Wunde beugte und sie genau betrachtete, «heilen wird es von selbst, aber das geht besser und schneller vonstatten, wenn ich die Wundränder zusammennähe.»

«Dann tut es in Gottes Namen», sagte Leonardo. «Aber tretet beiseite und laßt Donna Bianca sehen, womit wir es hier zu tun haben. Seid so freundlich.»

«Die Donna hat hier nichts zu suchen», erwiderte der Wundarzt, ein eigenwilliger, fähiger Mann, der sich durch Rang und Namen nicht einschüchtern ließ. «Madonna, würdet Ihr Euch bitte in Euer Gemach zurückziehen?»

«Nein, ich habe nicht die Absicht», sagte Bianca.

«Da habt Ihr es», sagte Leonardo. «Nur wenigen Menschen bietet sich je die Gelegenheit, zu sehen, was unter der Haut liegt – außer auf dem Schlachtfeld. Ich bitte Euch, erlaubt ihr, hierzubleiben und zu lernen.»

Der Arzt blickte verzweifelt gen Himmel und trat beiseite. Leonardo, auf einem Diwan in seinem Zimmer im Palast der Medici hingestreckt, ließ Bianca seinen Arm betrachten.

«Eine tiefe Wunde», sagte sie. «Und was ist das, was da im Fleisch liegt und aussieht wie die Enden einer durchschnittenen Schnur?»

«Das sind Gefäße», sagte Leonardo. «Durch sie strömt das Blut. Wie Ihr seht, haben sie sich bereits geschlossen – das ist Teil des Heilungsprozesses.»

«Es muß schrecklich weh getan haben.»

«Ich war, als es passierte, kaum in der Lage, es zu spüren», sagte Leonardo. «Und das ist glücklicherweise oft der Fall. Habt Ihr genug gesehen?»

«Ja, besten Dank.»

«Und Ihr fühlt Euch nicht einer Ohnmacht nahe?»

«Nein», sagte Bianca. «Sollte ich?»

«Vielen Leuten geht es so. Ich habe allerdings noch nicht herausgefunden, weshalb es so ist. Messere, entschuldigt die Verzögerung. Ihr könnt mit dem Nähen beginnen.»

«Gewöhnlich rate ich meinen Patienten, vorher ein paar Gläser Wein zu trinken», sagte der Wundarzt. «Wollt Ihr das nicht auch tun?»

«Nein, vielen Dank. Ich vertraue Eurer leichten Hand, und Donna Bianca wird mich ablenken.» Der Wundarzt suchte in seiner Tasche nach Instrumenten, und Leonardo wandte sich wieder Bianca zu. «Wie steht es mit Eurem Unterricht?»

«Schlecht. Es ist so gekommen, wie Ihr vorhergesagt habt. Meine Lehrer langweilen mich, am meisten Fra Sigismondo. Man kann nicht mit ihnen argumentieren. Sobald man meint, man habe einen Anlaß dazu, werden sie wütend und suchen Zuflucht bei Büchern und leeren Redensarten. Ich verabscheue sie.»

Leonardo lachte. Einen Augenblick später biß er die Zähne zusammen, denn der Wundarzt hatte mit seiner Arbeit begonnen. «Ich sagte Euch doch, Ihr müßt höflich und geduldig mit ihnen sein», fuhr er fort. «Gelehrte Narren reagieren immer auf diese Weise – sie können nicht anders. Ich habe diese Haltung auch in Rom vorgefunden, wenn auch nicht bei allen. Möglicherweise bin ich einem Weisen begegnet, und das ist, wie auch Ihr noch herausfinden werdet, eine Reise über fünfhundert oder tausend Meilen wert.» Er stöhnte gegen seinen Willen auf.

«Ich glaube, Ihr solltet doch ein Glas Wein trinken», sagte Bianca und sah ihn an. «Wenn Ihr glaubt, Ihr könntet mich mit dieser Vorstellung beeindrucken, dann irrt Ihr.»

«Das ist nicht sehr freundlich von Euch», sagte Leonardo, «und ungerecht obendrein. Sagt, habt Ihr in letzter Zeit an unserem Freund Giuliano eine Veränderung bemerkt?»

«Wenn Ihr damit meint, daß er herumläuft, ohne nach rechts oder links zu schauen», sagte Bianca, «dann habe ich es natürlich bemerkt. Und ich versichere Euch, die Erklärung dafür ist einfach genug. Er ist bis über beide Ohren in Constanza verliebt, und sie benimmt sich nicht viel anders als er. Ich finde es reizend, obwohl ich sagen muß, daß die beiden dadurch für andere ziemlich langweilig geworden sind. Constanza ging heute morgen keine drei Schritt entfernt an mir vorbei und bemerkte mich nicht einmal. Die Armen. Ich fürchte, es steht ihnen eine bittere Enttäuschung bevor. Aber ich werde mich hüten, es ihnen zu sagen.»

«So?»

«Ja. Lorenzo wird nie zulassen, daß sie heiraten.»

«Darf ich mich, mit allem schuldigen Respekt, erkundigen, woher Ihr das wißt?»

«Ich habe zugehört», sagte Bianca schroff. «Seit ich Euch kenne, habe ich einige Übung im Zuhören erlangt. Soweit ich verstanden habe, möchte Lorenzo, daß sie einen anderen heiratet. Ich finde das abscheulich, aber es läßt sich nichts daran ändern. Es sei denn . . .»

«Fahrt fort.»

«Nichts. Ich glaube nicht, daß man irgend etwas dagegen tun kann.»

Bianca verstummte und schwieg, bis der Wundarzt fertig war. Er hatte eine doppelte Naht gelegt, danach alle Blutreste vom Arm abgetupft und schließlich die Wunde verbunden. Als Leonardo ihm dankte, verbeugte er sich und verließ den Raum. Leonardo betastete den Verband vorsichtig und hob den Arm, um seine Beweglichkeit zu prüfen.

«Der Mann versteht sein Handwerk», sagte er. «Und nun laßt uns überlegen. Ich glaube, wir sollten die Hoffnung nicht so rasch aufgeben, Bianca. Ihr wolltet doch einen Vorschlag machen, wie man Giuliano und Constanza helfen könnte, nicht wahr?»

«Ich habe eine Idee», gab Bianca zu, «aber ich weiß nicht recht, ob ich Euch davon erzählen soll.»

«Ihr solltet», sagte Leonardo. «In Fragen der hohen Politik wie dieser ist ein Gespräch immer von Nutzen. Zwei Köpfe sind besser als einer. Vielleicht nicht immer, wenn man es genau bedenkt, aber in diesem Fall . . .»

Bianca lächelte. «Nun gut», sagte sie, «ich will Euch sagen, was ich mir überlegt habe.»

Lorenzo hatte Giuliano und Constanza durch einen Pagen zu sich bitten lassen. Der Beherrscher von Florenz erwartete sie an der

Tür zur Bibliothek und forderte sie mit ausgestrecktem Arm zum Eintreten auf. Giuliano fand ihn verdächtig liebenswürdig.

«Guten Morgen, Madonna, guten Morgen, Bruder. Dank, daß ihr gekommen seid.» Lorenzos Stimme klang seidenweich, und Giuliano hob warnend den Finger.

«Gib acht, Constanza», sagte er. «Mein Bruder bedient sich heute morgen seiner diplomatischen Stimme, und das bedeutet, daß er etwas von uns will.»

«Warten wir es ab, Giuliano.» Sie betrat als erste den stillen Raum und ließ sich am Tisch nieder. «Ich muß gestehen, Magnifico», fuhr sie fort, «daß ich schon seit einiger Zeit hoffte, Ihr würdet mit uns beiden sprechen wollen. Habe ich recht, Herr, wenn ich vermute, daß wir zusammengekommen sind, um über unsere Hochzeit zu sprechen?»

«In gewisser Weise schon», sagte Lorenzo.

Giuliano sagte nichts, sondern blickte forschend in Lorenzos Gesicht, und was er dort sah, gefiel ihm nicht.

«Seid Ihr zu dem Entschluß gekommen», fuhr Constanza fort, «uns die zwei Jahre des Wartens zu ersparen?»

«Madonna», sagte Lorenzo, «Ihr wißt, wie ernst ich das Versprechen nehme, das ich Eurem Vater gab, Euer Vormund zu sein und in allem Eure Interessen zu schützen. Außerdem wißt Ihr, daß Euer Vater mir vor seinem Tode sämtliche Rechte übertrug, die ein Vormund nach Florentiner Recht und Brauch haben muß.»

«Das alles ist mir bekannt, Herr», sagte Constanza.

«Dennoch muß ich, wenn ich an Euch denke, Madonna, auch an Florenz denken.»

Böses ahnend, warf Constanza Giuliano einen Blick zu, aber dieser schwieg auch weiterhin.

«Wie uns alle, hat es auch mich tief betrübt», fuhr Lorenzo fort, «daß Eure Schwester von dem Bastard des Papstes gefangengenommen und so hinterhältig ermordet wurde. Das wißt Ihr. Heute muß ich Euch nun daran erinnern, daß Eure Schwester dem ältesten Sohn des Herzogs von Ferrara versprochen war. Kurz nach Weihnachten erhielt ich ein Schreiben des Herzogs. Er wünscht, daß Ihr Carlas Platz einnehmt. Ich habe Euch zu mir bitten lassen, um Euch davon zu unterrichten.»

Constanzas Hände umklammerten die Stuhllehnen, aber ihre Stimme war leise und beherrscht.

«Das ist es also.»

«Ich will Euch nicht verschweigen, daß Eure Hochzeit mit dem jungen Grafen . . . der Republik gewisse Vorteile bringt. Aber sie ist auch zu Eurem Besten. Ihr werdet dadurch eines Tages Herzogin von Ferrara. Nach reiflicher Erwägung des Für und Wider habe ich meinen Kurier zum Herzog von Ferrara gesandt und ihn wissen lassen, daß ich im Prinzip mit dieser Verbindung unserer Häuser einverstanden bin – wenn auch noch vieles zu klären ist. Natürlich weiß ich, daß das im Augenblick nicht Euren Wünschen entspricht, Madonna, und auch deinen nicht, Bruder. Aber im Laufe der Zeit werdet Ihr erkennen, daß es ein weiser Schritt ist.»

Lorenzo erhob sich, wie um anzudeuten, daß die Unterredung beendet sei. Und Giuliano erhob sich ebenfalls. Von ihrem Platz aus blickte Constanza, die Augen voller Tränen, zu den beiden auf.

«Was für Menschen sind die Medici nur!» flüsterte sie. «Habe ich dabei denn nicht mitzureden? Bin ich eine Ware, die erst dem einen angeboten wird und dann einem anderen, der mehr bietet? Unter Eurem Schutz, Ihr Herren, fand meine Schwester Carla den Tod. Aber was kümmert Euch das! Ihr habt ja noch eine andere d'Avalos. Sie ist mit einem Medici verlobt? Nun, was wiegt das schon! Die Medici verzichten gern auf sie, wenn es nur der Republik der Medici zum Vorteil gereicht!» Sie erhob sich und ging zur Tür. «Ihr geht so großzügig mit meinem Körper um, Ihr Herren, daß ich mir vorkomme wie eine Dirne. Bitte, entschuldigt mich.» Und damit drehte sie sich um und entschwand.

Lorenzo ging zur Tür und schloß sie schweigend.

«Donna Constanza hält mit ihrer Meinung nicht zurück», sagte er dann. «Ich hatte es allerdings auch nicht anders erwartet.»

Giuliano nickte.

«Du dagegen hast bisher nicht sehr viel gesagt», fuhr Lorenzo fort.

«Stimmt.»

«Bekomme ich von dir keine Einwände zu hören?»

«Würden Einwände von mir etwas ändern?» fragte Giuliano.

«Vermutlich nicht. Aber ich hatte zumindest mit der einen oder anderen Frage gerechnet.»

«Es gibt keine Fragen, auf die ich nicht schon die Antworten kenne», erwiderte Giuliano bitter. «Ich kenne sie, weil ich dich kenne. Ferrara liegt mehr an der Mitgift der d'Avalos als an Constanza. Wie hoch war sie – hunderttausend Fiorini? Ich hab's vergessen. Und vielleicht kommt ja jetzt, nach Carlas Tod, auch ihr Anteil noch hinzu, nicht wahr? Jedenfalls ist Constanzas Mitgift der entscheidende Punkt!» Plötzlich packte ihn die Wut. «Und was bringen dir diese Fiorini ein, Lorenzo? Einmal natürlich die Abhängigkeit Ferraras, das ist klar. Deine Leute in Ferraras Gilden, Banken und Gerichten? Das wäre denkbar. Handelskonzessionen? Sicher. Herrschaft über seine Truppen?»

«Eine sehr wichtige Sache», sagte Lorenzo gelassen und nickte mit dem Kopf. «Sagte ich nicht, daß ich an Florenz denken muß? Binnen weniger Jahre wird Florenz um seine Existenz kämpfen müssen, Giuliano. Das weißt du. Und ich kann da nicht müßig zuschauen, selbst wenn ich es noch so gern täte. Wir brauchen Verbündete. Mit Neapel, Mailand und Genua kann ich auf andere Weise verhandeln. Mit Venedig kommt es vielleicht nie zu Verhandlungen. Aber mit Ferrara muß ich feilschen, und zufällig kann ich Constanza d'Avalos anbieten oder, wie du richtig bemerktest, ihre Mitgift. Komm, Giuliano, du bist kein Kind mehr. Zürnst du mir?»

Giuliano schwieg eine Weile.

«Habe ich dergleichen gesagt?» fragte er schließlich.

«Nein, das hast du nicht. Aber ich kenne dich, so wie du mich kennst. Es ist zum Beispiel ganz und gar nicht deine Art, Ausflüchte zu machen.»

«Und wenn ich dir zürnte – was ich nicht zugebe –, was, meinst du, wäre dann der Anlaß dazu?»

Lorenzo betrachtete ihn. «Ich bin nicht ganz blind, Bruder. Mir ist aufgefallen, daß dir sehr viel an dieser jungen Frau liegt und daß du sie nicht verlieren möchtest. Ich denke jetzt nicht an Ehekontrakte, sondern an deine Gefühle.»

«Sehr aufmerksam von dir», sagte Giuliano kurz. Er stand wieder auf und ging zur Tür. «Allerdings möchte ich dich daran erinnern, daß ich bis jetzt weder gegen die Interessen von Florenz noch gegen die deinen Einspruch erhoben habe. Bis später, Lorenzo.»

Er fand Constanza im mittleren Garten. Sie trug ihren weiten Umhang aus blauem Samt. Als er zu ihr trat, wandte sie den Kopf ab. Er legte die Hand auf ihren Arm.

«Nun?» fragte sie. «Weshalb hast du nichts gesagt?»

«Ich hatte nichts zu sagen. Ich kenne meinen Bruder besser als du, Constanza. Wie viele Tage und Nächte mag er damit verbracht haben, in Gedanken unseren Ehekontrakt aufzulösen? Hätte er früher mit mir gesprochen, dann hätte ich ihn vielleicht von seinen Plänen abbringen können. Aber Lorenzo fragt nur selten jemanden um Rat. Welche Aussichten hätte ich also gehabt, seine Meinung mit ein paar wohlgesetzten Worten zu ändern?»

«Willst du denn überhaupt keinen Einspruch erheben, Giuliano?»

«Einspruch? Er hatte Ferrara bereits geantwortet. Mir wäre nur der schwache Einspruch gegen eine beschlossene Sache geblieben. Aber ich bin nicht schwach, und du bist es auch nicht.»

«Ferrara!» Sie spie den Namen aus wie ein Schimpfwort. «Ich denke nicht daran, dieses fette kleine Prinzlein zu heiraten!»

«Und ich werde auch nicht zulassen, daß du es tust, Liebste. Haben wir etwa zueinander gefunden, nur um uns durch die Politik eines Herzogs wieder trennen zu lassen? Aber mit zornigen Worten ist nichts getan. Was wir brauchen, sind Mittel und Wege, meinen Bruder zu überzeugen oder ihm zu trotzen. Beides wird nicht einfach sein. Es braucht, wie ich annehme, Zeit – so wie er sich Zeit genommen hat.» Er hielt ihren Arm, sanft, aber beharrlich, und schließlich wandte sie ihm das Gesicht zu.

«Du hast das Blut und den Verstand der Medici, Giuliano», sagte sie. «Sag mir, was wir tun sollen, und ich werde es tun. Ich vertraue dir – ich habe gelernt, daß ich dir vertrauen kann.»

Ihre Stimme klang fest und sicher, und als Giuliano sie ansah, schnürte es ihm fast die Kehle zu. Ein wunderbarer Anblick, dachte er. Schwarzes, glattes, glänzendes Haar, von einem Strang kleiner Perlen zusammengehalten, die Haut glatt und von der

Farbe dunkler Oliven, und die Augen schwarz und mit langen Wimpern. Ein edles Gesicht, das tiefe Gefühle und einen starken Willen verriet. Er wußte, daß er den nächsten Schritt tun mußte, aber ihm fehlten plötzlich die Worte.

«Es ist bitter kalt heute morgen», sagte er. «Findest du nicht auch? Und im Sonnenschein küßt es sich nie so gut wie beim Licht des Mondes. Laß dich dennoch küssen, Constanza.»

«Warum nicht? Ich wüßte keine bessere Art, einander zu sagen, daß man sich liebt. Es tut mir leid, daß ich ärgerliche Worte gegen dich gebrauchte, Giuliano. Ich wollte, der Mond schiene jetzt», sagte sie. «Und wir wären an einem warmen und verschwiegenen Ort beisammen.»

Er löste sich von ihr und lächelte.

«Vielleicht in einem Bett?» sagte er.

«Das könnte ein geeigneter Platz sein», erwiderte sie und schaute ihn dabei unverwandt an.

Unwillkürlich fuhr er zurück. In seinen Gedanken regte sich ein freudiger Argwohn. Er zog sie zu einer steinernen Bank und ließ sich mit ihr darauf nieder.

«Ich . . .», setzte er an.

«Ja?»

«Um es grob herauszusagen, Liebste . . .»

«Ja? Ich hätte nicht gedacht, daß dir in einem solchen Augenblick die Worte fehlen könnten, Giuliano», sagte sie mit ernster Stimme. «Ich habe gehört, daß gewöhnlich eher das Gegenteil der Fall ist.»

«Ich habe mit Leonardo gesprochen», sagte er.

«So?»

«Siehst du, und er hat vorgeschlagen . . .»

«Also noch ein guter Rat von Leonardo. Und?»

«Ich hatte mir das alles ganz anders vorgestellt», sagte Giuliano mit einer etwas kläglichen Stimme. «Es stimmt schon, daß ich früher in Situationen wie dieser einige Geschicklichkeit bewies – jetzt hat sie mich im Stich gelassen. Schließlich», setzte er hastig hinzu, «habe ich noch nie jemanden so geliebt wie dich, das weißt du. Und . . .»

«Giuliano», sagte Constanza, «wenn ich mir das noch lange

anhören muß, erfriere ich. Falls dir die passenden Worte fehlen, dann laß mich sprechen. Wenn wir ein Kind haben, sind Lorenzos Pläne durchkreuzt. Verstehst du? Es ist doch ganz einfach.»

«Ich glaube, du hast auch mit Leonardo gesprochen, Constanza», sagte Giuliano.

«Mit Leonardo? Nein, bestimmt nicht. Das wäre doch sehr ungehörig», sagte Constanza empört. Dann lachte sie. «Oh, wenn du dich jetzt nur sehen könntest, Giuliano! Gestehe, du findest, ich hätte zu rasch nachgegeben, nicht wahr? Ich möchte nicht, daß du glaubst, ich ginge mit meiner Tugend leichtfertig um. Aber es läßt sich nicht ändern. Natürlich», fügte sie nachdenklich hinzu, «ist mir klar, daß man nicht immer beim ersten Versuch Erfolg hat. Vielleicht nicht einmal beim zwanzigsten. Oder bin ich da falsch informiert?»

«Mit wem hast du geredet?» fragte Giuliano, hochrot im Gesicht.

«Mit Bianca Visconti natürlich. Wir besprechen alles miteinander. Wußtest du das nicht?»

«Dieses kleine Biest! Also gut. Damit steht es dann also drei zu eins gegen mich . . .»

«Gegen dich? Das ist nicht sehr galant von dir!»

«Dann also für mich, wie du willst.» Er hielt sie liebevoll im Arm und lachte mit ihr. «Aber wie dem auch sei», sagte er, «Lorenzo wird nicht gerade glücklich sein!»

«Dann soll er unglücklich sein. Wenn er politische Spielchen treiben kann, dann können wir es auch. Übrigens», setzte Constanza abschließend hinzu, «hätte ich mir bis zu diesem Augenblick nie träumen lassen, daß man auch auf so erfreuliche Weise Politik machen kann.»

13

«Und wie steht es mit Euren Nachforschungen?» fragte Lorenzo de' Medici.

«Sehr gut», erwiderte Leonardo.

«Ihr habt also gefunden, wonach Ihr suchtet?»

«Das nicht, jedenfalls nicht in Rom. Aber der Ritt dorthin und wieder zurück hat mir einen klaren Kopf verschafft.»

«Das muß ich bei Gelegenheit auch einmal ausprobieren», sagte Lorenzo spöttisch und kniff sich in den Nasenrücken. «Und nun? Giuliano hat mir berichtet, daß die Mauer von Castelmonte jetzt in besserem Zustand ist als im letzten Herbst. Wie soll es weitergehen?»

«Auf die übliche Weise, Herr, indem wir den Schritt von der Theorie zur Praxis tun. Ich muß Euren Schießplatz noch einmal benutzen. Gebt Ihr mir die Erlaubnis?»

«Gewiß. Allerdings hatte ich gehofft, Ihr wäret inzwischen mit Euren Versuchen fertig.»

«Keineswegs. Ich habe viel Arbeit vor mir und wenig Zeit dafür», sagte Leonardo. «Außerdem habe ich noch eine Bitte.»

«Nun?»

«Ihr habt auf dem Dach des Ostflügels zwei kleine Kanonen stehen. Darf ich sie mir ausleihen?»

Lorenzo rutschte ungeduldig auf seinem Lehnstuhl hin und her. «Wozu?» fragte er. «Sie sind nicht mehr als ein Spielzeug, nur dazu gedacht, bei feierlichen Verkündigungen oder freudigen Ereignissen abgefeuert zu werden. Ich sehe nicht recht, was sie Euch nützen könnten.»

«Ihre gegenwärtige Funktion ist mir bekannt», sagte Leonardo. «Aber ich habe sie mir genauer angesehen. Sie sind ein Geschenk des großen Mailänder Büchsenmeisters Bertolo Bracci an Euren Vater und tragen seinen Namenszug. Sie mögen ein Spielzeug sein, Herr, aber Ser Bertolo war zu seiner Zeit der berühmteste Mann in seinem Handwerk, und die Kanonen sind hervorragend gearbeitet. Die Bohrungen stimmen auf Haaresbreite. Und das ist für mich das Entscheidende. Daß die Lafetten mit Silber beschlagen und die Rohre für meinen Geschmack ein bißchen zu üppig verziert sind, ist unwichtig.»

«Gut, holt Euch Euer Spielzeug. Ich vermute, Ihr wollt mit ihnen noch mehr Experimente anstellen?»

«Das will ich. Ich muß zum Beispiel über das Schießpulver noch wesentlich mehr in Erfahrung bringen, als ich bisher weiß – in den Archiven in Rom fand ich nur wenig darüber, und so muß ich es selber erforschen. Dann sind da noch weitere Dinge. Ich will es Euch nicht verhehlen: Ich stehe mit meinen Überlegungen kurz davor, eine neue Idee von größtem Interesse und weitreichenden Folgen zu entwickeln.»

«Das sind große Worte», sagte Lorenzo de' Medici unzufrieden. «Ich will Euch nicht mit Hohn und Spott antworten, aber wenn mich etwas interessiert, dann ist es Castelmonte, nichts sonst. Ich hoffe, daß Ihr bei Euren Versuchen daran denkt. Und nun berichtet mir, wie Ihr zu Eurer Verwundung gekommen seid.»

«Das war wahrscheinlich eine private Sache», antwortete Leonardo. «Ein kleiner Zusammenstoß mit einigen Freunden des Fürsten von Savoyen, der offenbar – aus Gründen, die ich nicht kenne – etwas gegen mich hat.» Und er schilderte den Vorfall.

Lorenzo de' Medici hörte ihm aufmerksam zu. «Vielleicht habt Ihr recht», sagte er, als Leonardo geendet hatte. «Aber vielleicht steckt auch mehr dahinter, als Ihr annehmt.»

«Hoffentlich nicht.»

«Das ist auch meine Hoffnung. Jedenfalls danke ich Euch für Euren genauen Bericht. Für jemanden, der regiert, sind auch die scheinbar kleinen und unwichtigen Nachrichten von großem Wert. Es gibt nicht viel Gemeinsames zwischen uns, Leonardo, aber manchmal habe ich das Gefühl, daß wir uns in dieser Hinsicht ähneln. Ihr seid ein Mann, der sich mit Dingen beschäftigt, die andere für belanglos halten, und der aus den Schalen der Umstände die Kerne der Erkenntnis herausholt. Bei mir ist es nicht viel anders, nur die Motive sind anderer Natur. Vielleicht sind wir einander gar nicht so unähnlich, wie es auf den ersten Blick scheinen mag.»

«Vielleicht», sagte Leonardo.

«Nun gut. Benutzt meinem Schießplatz, und leiht Euch meine Spielzeugkanonen aus, wenn Ihr wollt. Aber bringt bei Euren Versuchen möglichst keinen meiner Höflinge um – sollte allerdings dem Fürsten von Savoyen ein Mißgeschick zustoßen, ließe ich mich vielleicht überreden, ein Auge zuzudrücken. Doch erinnert Euch bei Euren Experimenten vor allem immer daran, daß es mir um die Eroberung von Castelmonte geht. Ich habe Euch in meine Dienste genommen, damit Ihr mir helft, dieses Ziel zu erreichen. Ist Euch das klar?»

«Darin sind wir uns völlig einig», erwiderte Leonardo. «Und deshalb habe ich noch eine Bitte. Ich brauche den Rat und die Unterstützung Eures Kanonier-Hauptmanns Roderigo Leone.»

«Meines Kanonier-Hauptmanns? Er ist mit seinen Geschützen beschäftigt.»

«Bitte, laßt ihn kommen.»

«Dann hoffe ich nur, Ihr wißt genau, was Ihr vorhabt», sagte Lorenzo de' Medici finster. «Sollten meine Geschütze, wenn es Frühling wird, nicht einsatzbereit sein, weil Ihr Hauptmann Leone um müßiger Experimente willen von seiner Arbeit abgehalten habt, dann wird es Euch schlecht ergehen. Ihr könnt Euch zurückziehen, Messer Leonardo.»

In Florenz angekommen, machte Rigo Leone dem Haushofmeister der Medici seine Aufwartung und begab sich dann unverzüglich zum Schießplatz. Von dem großen Rasen war der Schnee abgetaut, und Leonardo hockte vor einem Gebilde, das dem Gestell ähnelte, mit dem er zuvor den Flug der Pfeile studiert hatte, nur daß es kräftiger und stabiler gebaut und daß alle Gelenke mit Bronzeband versteift waren.

Er blieb im Torbogen stehen und nahm die veränderte Umgebung in Augenschein. Im Gartenhaus waren Pulverfässer gestapelt, und das frühere Ziel war durch einen vorn offenen, mit Sandsäcken gefüllten Holzkasten ersetzt worden. Leonardo war gerade damit beschäftigt, das Rohr einer auf dem Gestell befestigten kleinen Kanone zu richten, deren Mündung auf das ferne Ziel zeigte. Ein brennendes Stück Lunte hing neben dem Bodenstück der Kanone. Ohne Rigos Anwesenheit zu bemerken, griff Leonardo danach, richtete sich auf, prüfte noch einmal die Ausrichtung des Rohrs und hielt die qualmende Lunte genau darüber.

Bestürzt über so viel Unvernunft, brüllte Rigo los und lief zu ihm hin. «Was zum Teufel denkt Ihr Euch eigentlich?» rief er empört, als er bei ihm angelangt war.

«Rigo! Seid mir willkommen!» Leonardo faßte die brennende Lunte mit der Rechten, die er immer noch mit Vorsicht gebrauchen mußte, und streckte dem Kanonier die Linke entgegen. «Dieser verdammte Arm! Schon zwei Tage quäle ich mich hier herum. Ich freue mich, Euch zu sehen, lieber Freund!»

«Zum Teufel mit Euren Artigkeiten!» sagte Rigo und ergriff Leonardos Hand. «Was mich viel mehr interessiert – was tut Ihr hier mit diesem albernen Erbsenschießer?»

«Es geht mir darum, seine Treffsicherheit zu untersuchen, wie ich es im vorigen Jahr mit meiner mechanischen Armbrust tat. Es ist ein prächtiges Stück Handwerksarbeit, finde ich. Aber da sie aus der Werkstatt von Bertolo Bracci kommt, überrascht mich das nicht. Seht Euch das an!»

«Mir das ansehen?» fuhr Rigo auf. «Und wenn es eine von Vulkan und vom heiligen Michael gemeinsam gegossene Kanone wäre – sie ist nicht erprobt, und nur ein Narr oder ein Gelehrter kann auf die Idee kommen, sie abzufeuern.»

«Das stimmt nicht», sagte Leonardo. «Braccis Beschußzeichen sind in die Pfanne eingeritzt. Seht selbst.»

«Hört lieber auf, mit dieser vermaledeiten Lunte herumzufuchteln», beharrte Rigo, nicht im mindesten beeindruckt. «Wenn Ihr Euren Kopf verlieren wollt – ich möchte meinen noch eine Weile behalten.» Er wischte ein paar Pulverreste von dem Bodenstück und trachtete es dann. «Na schön», gab er widerwillig zu, «sie ist gezeichnet, aber das hat wenig zu bedeuten. Wie oft habt Ihr sie schon abgefeuert?»

«Dreimal. Sie schießt wunderbar. Tretet beiseite und seht selbst.»

Noch bevor Rigo eine weitere Bemerkung machen konnte,

hatte Leonardo die Lunte an das auf dem Bodenstück liegende Pulver gehalten. Da das Zündloch eine sehr geringe Tiefe hatte, lag nur ein ganz kurzer Augenblick zwischen dem ersten Aufsprühen und der ohrenbetäubenden Explosion. Das Gestell kippte um. Eine Wolke beißenden Rauchs hüllte die Kanone ein. Als sie sich verzogen hatte, sahen die Männer, daß das Rohr einen spannenlangen Längsriß aufwies. Die Kugel hatte ein Stück aus der oberen Kante der Mauer herausgeschlagen.

«Wirklich wunderbar!» höhnte Rigo. «Ganz wunderbar! Wo hat es Euch erwischt?»

«Nirgends», erwiderte Leonardo.

«Ein Jammer. Vielleicht hätte ein Bronzesplitter, an der richtigen Stelle in Euren Schädel getrieben, dafür gesorgt, daß ein bißchen Wissenschaft heraus- und ein bißchen gesunder Menschenverstand hineingelangt. Soviel zu den Beschußzeichen. Und nun zeigt mir Euer Pulver.»

«Es liegt neben Euch.»

Rigo rollte das Fäßchen mit seiner Stiefelspitze weiter, bis die eingebrannten Lettern zum Vorschein kamen. «Grubenpulver!»

«Ich weiß.»

«Was hat das in einer Kanone zu suchen? Habe ich Euch nicht genau erklärt, daß es verschiedene Arten von Pulver gibt? Dieses Zeug explodiert sehr schnell und taugt nur zum Sprengen von Felsgestein.»

«Es war nur ein Versuch», antwortete Leonardo, «wenn auch vielleicht mit unglücklichem Ausgang. Ich wußte – sowohl aus dem, was Ihr mir gesagt habt, als auch aus dem, was ich gelesen habe –, daß es Pulver von unterschiedlicher Stärke gibt. Folglich mußte auch die Wirkung auf das Geschoß verschieden sein. Aber ich gestehe, der Gedanke, daß die Kraft einer Pulversorte ausreichen könnte, den Lauf einer Kanone zu sprengen, war mir nicht gekommen.»

«Ich sehe schon, Ihr braucht mich doch, sonst kostet Euch Eure Gelehrsamkeit noch den Kopf. Es sei denn, Ihr habt jetzt keine Kanone mehr, mit der Ihr spielen könnt.»

«Doch, die habe ich. Die zweite steht im Gartenhaus. Seid so freundlich, sie herzubringen.»

Rigo holte die kleine Kanone, er trug sie mit einer Hand. Sie war nicht länger als sein Arm. «Machen wir doch ein Ende mit diesem Kinderkram», sagte er vertraulich. «Mir ist klar, daß Ihr die Prinzipien der Schießkunst studieren wollt, und das ist ein dankenswertes Unterfangen. In Pontassieve steht ein Geschütz, das sich für Euer Vorhaben hervorragend eignet. Ghiberti hat es gegossen, und es ist ungefähr vier Ellen lang . . .»

«Nein», sagte Leonardo.

«Und warum nicht? Was könnt Ihr denn an diesem Spielzeug hier lernen? Die Ghiberti ist immerhin eine richtige Kanone. Sie schießt eine Kugel über eine Entfernung von zweitausend Schritt und mehr, und so akkurat, wie Ihr es Euch nur wünschen könnt. Ich habe schon daran gedacht, sie zur Unterstützung meiner zwei Bombarden im Frühjahr heranschaffen zu lassen . . .»

«Nein», sagte Leonardo wieder. «Spart Euch die Mühe. Wir werden im Frühjahr auf Eure Bombarden verzichten.»

Der Kanonier-Hauptmann legte das Spielzeug auf das umgekippte Gestell.

«Ich glaube, ich höre nicht recht», sagte er. «Würdet Ihr das bitte noch einmal sagen?»

«Ihr habt ganz richtig gehört. Eure Bombarden eignen sich nun einmal nicht für diese Aufgabe. Ich werde Euch ihre Nachteile aufzählen. Erstens sind sie zu schwer.»

«Sie müssen schwer sein.»

«Das bezweifle ich nicht. Aber weil sie so schwer sind, kann man sie nicht von der Stelle bewegen.»

«Sie sollen ja auch nicht bewegt werden. Wie sollte ich sie jemals auf ihr Ziel richten, wenn ich sie alle Stunde bewegen müßte?»

«Richtig. Und weil sie schwer sind, versinken sie im Morast – ein Umstand, der Euch noch in bester Erinnerung sein dürfte. Zweitens sind sie zu groß und lassen sich nicht verstecken.»

«Und warum in des Teufels Namen sollte ich sie verstecken wollen?» fragte Rigo. «Glaubt Ihr etwa, der Feind hätte die Absicht, mitten in der Nacht mit ihnen davonzufliegen? Eure Argumente sind geradezu lächerlich.»

Leonardo stieß ihm mit dem Finger vor die Brust. «Gebraucht Euren Verstand», sagte er. «Das ist nämlich noch nicht alles.

Drittens sind sie zu kostspielig, und viertens zu wenig treffsicher . . .»

«Das stimmt nicht.»

«So wenig treffsicher», fuhr Leonardo ruhig fort, «daß es zum Himmel schreit. Fünftens und insgesamt sind sie wirkungslos. Ihr habt die Mauern von Castelmonte bis jetzt nicht gebrochen, und Ihr werdet sie auch im Frühjahr nicht brechen. Also kommt, Rigo. Ich weiß, wie sehr Euch Eure Geschütze am Herzen liegen, aber Ihr könnt doch nicht abstreiten, daß es so ist, wie ich sagte.»

«An Euren Worten mag schon etwas Wahres sein», sagte Rigo. «Aber die Nachteile, die Ihr aufzählt, gehören zum täglichen Brot des Artilleristen.»

«Nicht alle», sagte Leonardo. «Nicht alle.»

Fünf Tage später saß Leonardo neben Lorenzo de' Medici in der Bibliothek und meldete seine Wünsche an. Der Beherrscher von Florenz hörte ungeduldig zu und nickte seinem Schreiber bei jedem Wunsch, den Leonardo vorbrachte, bejahend zu.

«Sechs Geschütze», sagte Leonardo. «Die genauen Angaben stehen hier.»

«Gebt sie Messer Arnolfo, wenn wir fertig sind», sagte Lorenzo. «Das sind Einzelheiten.»

«Zweihundert Kugeln, gegossen und poliert.»

«In Ordnung.»

«Vierzig Faß Pulver, dessen Herstellung von mir selbst überwacht wird, aus der Faktorei von Nencio Migliorini.»

«Ser Nencio wird sich nicht gern überwachen lassen. Aber fahrt fort.»

«Verschiedene andere mechanische Gegenstände aus Metall, die hier in der Stadt angefertigt werden können und vermutlich rund zweihundert Fiorini kosten werden. Hier ist die Liste.»

«Gebt sie Messer Arnolfo. Sonst noch etwas?»

«Das Wichtigste, Herr. Ich brauche fünfzig Mann nach Hauptmann Leones Wahl, und zwar spätestens am ersten März und für die Dauer von zwei Monaten.»

Lorenzo hob die Brauen. «Kanoniere?»

«Die besten Eurer Kanoniere.»

«Begreift Ihr nicht, daß ich Castelmonte nehmen muß, sobald der Boden fest genug ist, um die Belagerungsgeschütze zu tragen?»

«Ich weiß, was ich von Euch verlange», sagte Leonardo. «Aber ich muß sie haben. Zur Zeit liegen in Pistrola einhundertundfünfzig Mann im Quartier, darunter viele erfahrene.»

«Erfahrene Handwerker, aber nicht erfahrene Kanoniere.»

«Unter denen, die wir zurücklassen, werden auch noch Kanoniere sein, wenn wir uns natürlich auch die Besten aussuchen», sagte Leonardo. «Ich kann nur die allerbesten Kanoniere brauchen. Die weniger fähigen können dann, wenn es soweit ist, Eure Belagerungsgeschütze von Pistrola herbeischaffen und in Stellung bringen.»

Lorenzo stieß leise den Atem aus. «Auf Eure Verantwortung», sagte er. «Ich will Euch nichts in den Weg legen. Meine Aufgabe besteht darin, Männer auszuwählen, nicht darin, sie zu behindern, nachdem ich sie einmal ausgewählt habe. Und ich beurteile sie – wie ich Euch bereits sagte – nach dem, was sie für mich leisten. Ihr kennt die Waagschale, in der Eure Leistung gewogen wird, Messer Leonardo. Ihr sollt Eure fünfzig Männer haben, auch wenn Ihr damit meiner Artillerie die letzten Blutstropfen abzapft.»

14

«Leonardo da Vinci, Maler, an Seine Eminenz Domenico della Palla, Kanzler des Heiligen Stuhls zu Rom: Gruß zuvor.» Der Kardinal schaute von dem Brief auf, warf einen Blick auf Rodrigo Kardinal Borgia und räusperte sich. Dann fuhr er fort:

«Eminenz, eingedenk Eurer Liebenswürdigkeit bei unserem letzten Zusammentreffen und meines Versprechens, Eurer Eminenz jene Resultate mitzuteilen, zu denen ich bei meinem Studium der Zusammensetzung und Wirkung von Schießpulver gelangen mochte, und eingedenk auch des Umstands, daß es mir, nachdem ich erklärt habe, unsere Heilige Mutter, die Kirche, handle töricht, wenn sie sich in dieser Sache auf das Werk des Fra Sfabalmaccio di Pisa verlasse, übel anstünde, mit der Einlösung meines Versprechens auch nur um ein weniges zu zögern, unterbreite ich Euer Eminenz hiermit die Schlüsse, zu denen ich bisher gelangt bin.

i. Die Kraft des Schießpulvers schwankt je nach seiner Zusammensetzung aus den drei Bestandteilen Schwefel, Holzkohle und Salpeter.

ii. Am kraftvollsten brennt ein Pulver, das aus 1 Teil Schwefelblume, 2 Teilen Weiden-Holzkohle und 6 Teilen gereinigtem Salpeter besteht; dieses Pulver ist, weil es zu rasch brennt, für den Gebrauch in Kanonen und Bombarden nicht geeignet.

iii. Je geringer der Salpeteranteil . . .»

«Genug!» sagte Rodrigo Kardinal Borgia. «Eine unverschämte Ketzerei. Mein lieber Kanzler, wenn Ihr nicht mehr vorzubringen habt, dann bin ich doch dafür, diesen jungen Mann der Milde Girolamo Riarios zu überlassen.»

«Er geht mit dem geschriebenen wie mit dem gesprochenen Wort etwas sorglos um», gab Kardinal della Palla zu und legte den Brief auf den Tisch. «Aber Ketzerei kann ich darin nicht sehen.

Schließlich hat er uns von diesen Dingen in Kenntnis gesetzt und damit bewiesen, daß er ein guter Sohn der Kirche ist.»

«Gegen die Mitteilung habe ich nichts einzuwenden, wohl aber gegen seine Einstellung und Denkungsart», sagte Kardinal Borgia. «Laßt mich noch einmal zusammenfassen. Ich habe hier –» er hielt ein Stück Papier hoch – «ein Schreiben von einem Gewährsmann Riarios in Florenz. Er bestätigt, daß Leonardo da Vinci als Kriegsingenieur in Diensten Lorenzo de' Medicis steht, was uns ja bereits bekannt war; darüber hinaus behauptet er jedoch, Leonardo beschäftige sich jetzt mit Unternehmungen, die der Sache Roms höchst gefährlich werden könnten. Ich gebe zu, diese Unternehmungen werden nicht näher beschrieben – offenbar hat der Verfasser des Briefes selbst nicht verstanden, um was es geht. Aber wenn wir uns seinen Ausführungen anschließen, dann hat Riario sicherlich recht, auf die ... Beseitigung Leonardo da Vincis zu drängen. Da ich von Eurem Interesse an dem jungen Mann weiß, hielt ich es für richtig, Euren Rat einzuholen.»

«Wie freundlich von Euch», murmelte della Palla.

«Zu seiner Verteidigung lest Ihr mir nun einen Brief von ihm vor, aus dem, wie Ihr glaubt, sein möglicher künftiger Wert für uns hervorgeht. Das mag durchaus sein. Aber der gleiche Brief zeigt eine Mißachtung gegebener Autoritäten, die ihn, wenn man sie noch ermutigt, eines Tages auf den Scheiterhaufen bringen wird. Euer Argument, er beweise damit seinen guten Willen gegenüber der Kirche, ändert nicht das mindeste daran, daß er gegenwärtig für Rom eine Gefahr bedeutet. Ich meine, wir sollten Riario seinen Willen lassen; damit ersparen wir der Kirche die Mühe und die Kosten, ihn in ein paar Jahren verbrennen zu lassen. Ihr versteht mich?»

«Noch kann er von der Ketzerei errettet werden», sagte Kardinal della Palla.

«Durch Euch?»

«Oder durch Gott den Allmächtigen.»

«Und auf diese geringe Möglichkeit hin wollt Ihr nach Florenz reisen und ihm ins Gewissen reden?»

«Sofern Ihr keine Einwände habt.»

«Mein lieber Kanzler, von Einwänden kann nicht die Rede sein. Ich habe nur darauf hingewiesen, daß dieser Brief nicht wirklich zu seinen Gunsten spricht.»

«Und vermutlich würdet Ihr mich für sehr einfältig halten, wenn ich darauf hinwiese, daß Ihr nicht recht daran tätet, auf so sorglose Art über ein Menschenleben zu entscheiden.»

«Nur um Euch die Erwiderung darauf nicht schuldig zu bleiben», sagte Borgia mit dünnem Lächeln, «darf ich vielleicht daran erinnern, daß ich nicht vorhabe, etwas gegen ihn zu unternehmen. Für mich ist die Frage nur, ob ich Girolamo Riario daran hindern soll, die Sache in die Hand zu nehmen.»

«Ein müßiger Gedanke», sagte della Palla. «Zumal es ganz so aussieht, als habe der Graf bereits versucht, ihn ermorden zu lassen.»

«Da habt Ihr festeren Boden unter den Füßen.»

«Das dachte ich mir.»

«Obwohl zwei Männer, die man am Abend von Messer Leonardos Abreise aus Rom tot im Rinnstein fand, kaum geeignet sind, einen solchen Verdacht zu beweisen.»

«Ich suche nicht nach Beweisen», sagte Kardinal della Palla höflich. «Ich setze voraus, daß Ihr unterrichtet seid.»

Kardinal Borgia blickte aus dem Fenster auf die umherschwirrenden Tauben.

«Eine merkwürdige Geschichte», sagte er. «Da haben wir einen Künstler, der, soviel wir wissen, im Umgang mit der blanken Waffe ungeübt ist, und dieser Mann tötet zwei höchst erfahrene Angreifer und setzt einen dritten außer Gefecht – und das ganz allein? Ich kann es nicht glauben.»

«Meint Ihr damit, Ihr könnt nicht glauben, daß es geschehen ist?»

«Ich weiß, daß es geschehen ist, obwohl der Mann, der am Leben blieb, Rom verlassen hat, ohne die Geschichte zu erzählen. Ich muß annehmen, daß Messer Leonardo Hilfe hatte. Aber Eures Wissens kam er doch allein nach Rom, nicht wahr?»

«Ganz allein.»

«Dann», sagte Kardinal Borgia, «haben wir Agenten der Medici in der Stadt, an die er sich um Hilfe gewandt hat.»

«Möglich. Ja, wahrscheinlich.»

«Ich meine natürlich, Agenten, die ich nicht kenne. Natürlich lasse ich einen solchen Vorfall nicht ununtersucht, und so habe ich alle mir bekannten Anhänger der Medici überprüfen lassen. Nun ja. Der Gedanke beunruhigt mich, und deshalb, mein lieber Kanzler, tätet Ihr mir sogar einen Gefallen, wenn Ihr Eure Absicht wahrmachen und mit Leonardo da Vinci sprechen würdet. Wer hat ihm geholfen? Und worin genau besteht diese Beschäftigung, die Graf Girolamos Gewährsmann so beunruhigt? Euer Besuch in Florenz könnte sich durchaus lohnen.»

«Ich werde tun, was ich kann», sagte Kardinal della Palla.

«Ausgezeichnet. Ich stelle mit Freuden fest, daß wir uns wieder einmal verstehen. In der Zwischenzeit werde ich versuchen, Girolamo Riario im Zaum zu halten.»

An einem warmen, regnerischen Morgen brach Kardinal della Palla auf – mit kleinem Gefolge: seinem Beichtiger, seinem Sekretär und acht Gewappneten.

Als er Mitte Februar in Florenz eintraf, wurde er mit kühler Höflichkeit empfangen, was ihn jedoch wenig bekümmerte, zumal er auch nicht damit gerechnet hatte, in der Republik als *persona grata* zu gelten. Und da der offizielle Anlaß seines Besuches der vergebliche Versuch war, die Florentiner zur Anerkennung Francesco Salviatis als Erzbischof von Pisa zu überreden – eine Aufgabe, an der vor ihm schon andere Abgesandte des Papstes gescheitert waren –, überraschte es ihn sogar, daß sich die Bürger von Florenz darauf beschränkten, ihm feindselige Blicke zuzuwerfen, wenn er durch ihre Straßen schritt.

Er verwendete nur sehr wenig Zeit auf seine Überredungsversuche bei Lorenzo de' Medici und ließ das Thema der Klagen des Erzbischofs so schnell fallen, daß Lorenzo sich unwillkürlich fragte, ob Rom etwa in dieser Angelegenheit schon alle Hoffnung aufgegeben habe. Wesentlich mehr Zeit verbrachte er, allerdings ungesehen, auf dem Schießplatz. Leonardo und Rigo hatten inzwischen ihre Experimente auf die Wiese jenseits des Baches verlegt. Der Kardinal beobachtete sie von einem Bogengang an der Rückseite des Palastes aus und dachte sich sein Teil. Zu noch tieferem Nachdenken veranlaßte ihn die häufige Anwesenheit Bianca Maria Viscontis und ihre Angewohnheit, abends Arm in Arm mit Leonardo von der Wiese zurückzukehren.

Wie kirchlicher Brauch und Höflichkeit es verlangten, gehörte Fra Sigismondo Carregi zu den ersten, die der Kardinal in ihren Gemächern aufsuchte. Schon auf wenige ermunternde Worte hin äußerte Fra Sigismondo sich derart aufgebracht und ausfällig über Leonardos freigeistige Art und über den verderblichen Einfluß, den er – nach Fra Sigismondos Ansicht – auf Bianca Visconti ausübte, daß der Kardinal ihm freundlich riet, sich seinen ganzen Kummer von der Seele zu reden.

«Es ist fast unmöglich, sie zu unterrichten, Eminenz», beklagte sich Fra Sigismondo bitter.

«Das ist in der Tat betrüblich. Und Ihr seid überzeugt, daß dies auf den Einfluß von Messer Leonardo zurückzuführen ist?»

«Daran kann kein Zweifel bestehen, Eminenz. Sie widersetzt sich jeder Autorität unter dem Vorwand, er habe sie gelehrt, selbständig zu denken.»

«Und tut sie es?»

«Wie meinen Eure Eminenz?»

«Ich fragte, ob sie selbständig denkt», wiederholte der Kardinal in mildem Ton.

«Wie könnte das sein? Sie ist noch ein Kind.»

«Ich verstehe. Wie alt ist sie?»

«Vierzehn Jahre, Eminenz.»

«Und verfügt Messer Leonardo über große Verstandeskräfte?»

«Ganz und gar nicht», antwortete Fra Sigismondo. «Seine philosophischen Leistungen sind nicht der Rede wert, wie mein Kollege, Doktor Cino di Lapo Mazzone, Eurer Eminenz sicherlich gern bestätigen wird. Er spielt sich nur auf und versucht, seine Umgebung damit zu beeindrucken. Aber er hat nicht mehr Verstand als ein Schmetterling.»

«Höchst bedauerlich», sagte Kardinal della Palla. «Fra Sigismondo, würdet Ihr mir den Gefallen tun, die wichtigsten Eurer Beschwerden gegen Leonardo da Vinci zu Papier zu bringen, damit ich nach meiner Rückkehr nach Rom in Ruhe darüber nachdenken kann?»

«Mit dem größten Vergnügen, Eure Eminenz.»

Der Kardinal segnete ihn, und als er ihn verließ, strahlte Fra Sigismondo vor Zufriedenheit.

Am Nachmittag des 22. Februar, eines Sonntags, machte er sich auf die Suche nach Leonardo da Vinci. Er fand ihn in einer riesigen und sehr unordentlichen Bodenkammer unter den Dachbalken im Ostflügel des Palastes. Der nicht weiter eingerichtete Raum war hell und staubig, und er war übersät mit Holzleisten, farbverschmierten Stühlen, Lappen und Tongefäßen, die mit Farben und Terpentin gefüllt waren. Auf einer Staffelei sah man das halbfertige Gemälde einer Madonna mit einer gestreiften Katze. Leonardo selbst stand mit dem Pinsel in der Hand vor einem zinnfarbenen Himmel am Fenster.

«Oh, Eure Eminenz!» rief er, als della Palla eintrat. «Das ist ein Besuch, der meinem Herzen wohltut! Ich habe Euch, während ich meiner Arbeit nachging, schon gelegentlich gesehen, aber ich hatte kaum zu hoffen gewagt, daß Ihr die Zeit finden würdet, mit mir zu sprechen.»

«Ich bin eigens von Rom gekommen, um mit Euch zu sprechen», sagte der Kardinal. «Darf ich mich setzen?»

«Aber gewiß doch – wenn ich nur einen Platz finde, wo Ihr Euer Gewand nicht beschmutzt.»

«Mein Gewand ist unwichtig.» Damit setzte sich Kardinal della Palla auf den erstbesten Stuhl und deutete mit einem Kopfnicken auf die Staffelei. «Ein interessantes Bild», sagte er.

«Es ist noch längst nicht fertig. Und keine Auftragsarbeit», sagte Leonardo. «Aber an einem Sonntag wäre die Beschäftigung mit Kriegswerkzeugen kaum schicklich, und so kann ich meinem eigenen Vergnügen nachgehen.»

«Ihr handelt im rechten Geiste. Wollt Ihr Euch nicht auch setzen, mein Sohn? Ich habe verschiedenes mit Euch zu bereden.»

«Gern.» Leonardo ließ sich auf einer Packkiste nieder und kreuzte die Beine. «Worüber wollt Ihr mit mir sprechen, Eminenz?»

«Ich kam her, um Euch zu fragen, ob Ihr nicht das Bedürfnis habt, mir etwas zu beichten», erklärte der Kardinal überraschend.

Leonardo lächelte. «Eminenz», sagte er, «ich gehe nur selten in die Kirche, und es ist lange her, seit ich das letzte Mal das Bedürfnis hatte, etwas zu beichten.»

«Wirklich?»

«Und außerdem sind meine Sünden so besonderer Art, daß sie in keinem Kalender zu finden sind. Aber da ich ein Sünder bin wie alle Menschen, bringe ich meine Sünden vor Gott – er würde sie gewiß nicht falsch verstehen.»

«Die Sünde des Hochmuts ist nicht leicht falsch zu verstehen und steht in jedem Kalender», sagte Kardinal della Palla ein wenig gereizt. «Sprecht nicht so leichtfertig!»

«Ich gestehe, daß ich mich der Sünde des Hochmuts häufig schuldig mache, Eure Eminenz», sagte Leonardo. «Aber ein Blick zu den Sternen genügt, mich von allem Hochmut zu heilen. Wenn es mir an Demut fehlt, dann packt Gott mich beim Genick und lenkt meinen Blick himmelwärts – und das ist Belehrung und Vergebung zugleich.»

«Ich verstehe. Ihr seid sehr widerborstig, mein Sohn. Und wie steht es mit Mord?»

«Mord?»

«Habt Ihr nicht zwei Männer getötet, ehe Ihr aus Rom abgereist seid?»

«Sie wollten mich töten, Eure Eminenz. Ich habe Gott dafür um Vergebung gebeten, aber es war kein Mord.»

«Ihr habt sie getötet?»

«Das habe ich.»

«Und wurdet von ihnen verwundet?»

«Es geht mir schon besser.»

«Ich fragte nicht aus Mitgefühl. Wurdet Ihr verwundet, bevor die beiden tot waren?»

«Ja. Man hatte ihnen offenbar nicht gesagt, daß ich mit beiden Händen gleich gut zu kämpfen verstehe.»

«Soviel zum Thema Mord», sagte della Palla. Mit gerafftem Gewand drehte er sich auf seinem Stuhl um. «Das Gemälde dort», fuhr er fort.

«Ja?»

«Eine Madonna?»

«Ja, Eminenz.»

«Aber ohne den Jesusknaben.»

«Ich habe vor, die Katze später durch den Jesusknaben zu ersetzen. Falsche Anfänge sind ein Teil von . . . ich weiß nicht recht, wie ich mich ausdrücken soll, Eminenz. Es ist schwer zu erklären. Die Katze kam eher zufällig auf das Bild.»

Ein seltsames Lächeln glitt über das Gesicht des Kardinals, doch als er weitersprach, war seine Stimme nicht weniger streng als zuvor.

«Es taugt ohnehin nicht zu einem Madonnenbild», sagte er. «Ich rate Euch, laßt die Katze, wo sie ist. Denn hier haben wir, wenn ich mich nicht sehr irre, eine weitere Eurer uneingestandenen Sünden.»

«Und welche Sünde sollte das sein?»

«Sinnliche Begierde. Kein Mensch wird durch den Anblick dieses Gemäldes in den Zustand der Gnade versetzt. Ich möchte sogar das Gegenteil annehmen. Euer Modell scheint, wenn ich es so unverblümt sagen darf, geradezu zur Wollust aufzufordern. Wer hat Euch übrigens dazu gesessen?»

«Ich hatte kein Modell, Eminenz.»

«Ihr weicht mir schon wieder aus. Es ist eindeutig das Gesicht von Bianca Maria Visconti.»

«Das mag sein.»

«Es ist so. Muß ich jedes Geständnis aus Euch herauswringen wie Wasser aus einem Lappen? Sind Eure Gefühle diesem Kind gegenüber fleischlicher Natur, mein Sohn?»

«Und wenn sie es wären», antwortete Leonardo vorsichtig, «wäre das eine Sünde? Ich bezweifle es. Wenn ich mich fleischlichen Gelüsten hingäbe, lägen die Dinge vielleicht anders. Aber meine Gedanken schaden niemandem und gehen deshalb nur mich und Gott an.»

Der Kardinal drehte sich wieder zu ihm um.

«Mir scheint», sagte er, «zwischen Euch und Gott geht reichlich viel vor, Messer Leonardo.»

«Auch das ist durchaus möglich.»

«Unter Übergehung der Kirche. Die Gottes Braut ist und Vermittlerin zwischen ihm und den Menschen, wenn ich Euch an diese Tatsache erinnern darf.»

«Eine Tatsache? Das ist keine Tatsache. Unter Tatsachen verstehe ich etwas anderes», sagte Leonardo.

«Eure Verachtung für die Kirche kennt keine Grenzen.»

Leonardo erhob sich und tat in einem Augenblick leidenschaftlicher Erregung einen Schritt auf den Kardinal zu.

«Da irrt Ihr, Herr», rief er hitzig. «Ihr irrt Euch sehr, und mich wundert nur, daß Ihr es noch nicht erkannt habt. Die Kirche steht in meinem Denken an erster Stelle, so töricht, gierig und korrupt sie mir manchmal auch vorkommt. Weshalb mache ich mir denn die Mühe, Dinge richtigzustellen, wenn nicht aus Liebe? Wenn die Kirche wirklich bereit ist, ihr eigenes Imprimatur als einzige Garantie für die Wahrheit zu betrachten, kann nur Liebe mich veranlassen, darüber nachzudenken.»

«Womit wir wieder bei Fra Sfabalmaccio angelangt wären», sagte der Kardinal.

«Wir werden noch öfter auf ihn zurückkommen müssen. Von Zeit zu Zeit, Eminenz, habe ich eine Vision, die mich beunruhigt. Es ist eine Zukunftsvision, das Bild eines Tages, den wir beide nicht mehr erleben werden, der aber gleichwohl kommen muß. Ich sehe einen Papst in Rom, der vor all seinen Kindern erklärt, wenn Gott gewollt hätte, daß der Mensch fliege, hätte er ihm Flügel gegeben – und daß es deshalb dem Menschen unmöglich sei, sich in die Lüfte zu erheben. Und während er da steht und seine Behauptungen aufstellt, schwebt am Himmel über ihm ein dreister, ketzerischer Mann mit Flügeln und straft seine Worte Lügen. An diesem Tag, Eminenz, wird die Welt erkennen, daß die Kirche so töricht ist, wie sie mir heute schon erscheint. Ich werde alles tun, daß es nicht dazu kommt, und wenn ich sie beuteln müßte, wie ein Terrier eine Ratte beutelt. Ich werde sie zwingen, die Wahrheit anzuerkennen, wenn sie vor ihr liegt.»

«Setzt Euch», sagte der Kardinal sanft. «Wenn ich mich nicht täusche, mein Sohn, bringt Ihr mir einige Wertschätzung entgegen?»

«Das tue ich.»

«Dann hört mir bitte in diesem Sinne zu. Was geschieht mit denjenigen, die sich unterfangen, die Kirche mit Gewalt von dem, was sie für die Wahrheit halten, zu überzeugen?»

«Sie werden verbrannt», erwiderte Leonardo prompt. «*Ecclesia non novit sanguinem* – die Kirche vergießt, heuchlerisch wie sie ist, kein Blut. Wer ihr mißfällt, wird verbrannt. Wenn Ihr nur gekommen seid, um mir mit dem Scheiterhaufen zu drohen ...»

«Deshalb bin ich nicht gekommen. Ich kam, um Euch zu fragen, ob Ihr mich nach Rom begleiten wollt», sagte Kardinal della Palla. «Dort weiß man Eure Talente zu würdigen. Ihr könntet Ruhm und Ansehen gewinnen, und was das Wichtigste ist – Eure Leidenschaft für das, was Ihr Tatsachen nennt, könnte in die richtigen Bahnen geleitet werden. Wodurch Euer Leib vor den Flammen und Eure Seele vor der Verdammnis gerettet wäre.»

Leonardo lachte. «Worin besteht der Unterschied zwischen dem Tod durch die Kirche und dem Tod auf dem Schlachtfeld?» fragte er. «Jeder Mensch kann nur einmal sterben.»

«Aber in Rom hättet Ihr mehr Aussicht, dem Tod zu entgehen.»

«Wenn Ihr damit sagen wollt, daß Rom sich im Frühjahr mit Florenz im Krieg befinden und daß Rom die sichere Seite sein wird», sagte Leonardo, «dann danke ich Eurer Eminenz, muß das Angebot aber leider ablehnen. Florenz hat, um nur einen Grund dafür anzuführen, immerhin mich.»

«Ihr schätzt Euch sehr hoch ein.»

«Das tun alle denkenden Menschen.»

«Ich warne Euch noch einmal. Ihr wandelt auf Messers Schneide.»

«Daran läßt sich nichts ändern», erwiderte Leonardo. «Alle Pfade in dieser Welt sind gefährlich. Wenn ich Lorenzo de' Medici erzürne, läßt er mich vielleicht morgen umbringen. In Rom würde ich vielleicht im nächsten Jahr umgebracht. Vor ein paar Tagen hätte mir eine berstende Kanone beinahe den Garaus gemacht. Deshalb vertraue ich auf Gott.»

Der Kardinal erhob sich mit einem Seufzer. «So sei es denn», sagte er. «Noch sind wir nicht Freunde, aber wir sind auch nicht Feinde. Ich wünsche Euch alles Gute.» Fast abrupt wandte er sich ab und verließ die Kammer. Als er den langen Gang entlangschritt, der zu der steilen Bodentreppe führte, wurde er sich plötzlich seines Alters bewußt – er wußte nicht, warum.

Schon fast an der Treppe angekommen, blieb er plötzlich stehen. Ihm war eingefallen, daß er nicht um seinen Segen gebeten worden war und ihn auch nicht von sich aus erteilt hatte, und das überraschte ihn. Sein erster Impuls war, weiterzugehen. Ein Künstler von dieser Wesensart und mit solchen Ansichten würde kaum nach etwas verlangen, das er nach den Maßstäben der Logik nur als höfliche oder bedeutungslose Geste empfinden würde. Dennoch wußte della Palla, daß das Segnen zu seinen Pflichten gehörte, daß er die Aufgabe hatte, dazustehen wie ein Baum inmitten einer weiten Ebene, damit der Blitz der göttlichen Gnade durch ihn einschlagen konnte, ob er nun erwünscht war oder nicht und einerlei ob der Angesprochene die Worte mit Bedeutung erfüllte oder nicht.

Außerdem war er dem Mann in der Kammer dort hinten noch etwas anderes schuldig geblieben. Er hatte es unterlassen, Leonardo vor der Gefahr zu warnen, die ihm drohte, der Gefahr eines gewaltsamen Todes durch den Grafen Girolamo Riario oder einen seiner Handlanger. Daß Leonardo einmal bereits einem Mordanschlag entgangen war, änderte nichts an der Sache. Wenn man in Rom der Ansicht war, ein toter Leonardo könne ihm Ungelegenheiten ersparen, so folgte daraus noch lange nicht, daß Kardinal della Palla sich dieser Ansicht anzuschließen hatte.

Leise kehrte er zu der Bodenkammer zurück. Was er dort sah, ließ ihn verblüfft auf der Schwelle stehenbleiben.

Leonardo da Vinci hatte, leise vor sich hinsummend, die Arbeit an seiner weltlichen Madonna wiederaufgenommen. Mit der Rechten malte er mit Ölfarbe ein durch einen Torbogen gesehenes Stück blauen Himmels. Das wäre nicht weiter bemerkenswert gewesen, hätte er nicht gleichzeitig die Linke dazu benutzt, die Umrisse der Katze zu löschen und dafür die Gestalt des Jesusknaben zu skizzieren.

Sein Blick wanderte mühelos zwischen Pinsel und Zeichenkohle hin und her, und bei jedem Wechsel der Blickrichtung neigte er den Kopf leicht zur Seite. Die Palette, von der er die Himmelsfarben wählte, hatte er an einen Haken der Staffelei gehängt, und hin und wieder unterbrach er das Zeichnen einen Augenblick, um einen bestimmten Blauton auszuwählen. Zumeist aber bewegten sich beide Hände gleichzeitig, mit verschiedenen Aufgaben beschäftigt und in verschiedene Richtungen – jede Bewegung begann nahe der Bildmitte und führte zum rechten oder linken Rand hin.

Dann hörte er auf zu summen und wandte sich um.

«Eure Eminenz», sagte er zu dem näher kommenden Kardinal. «Ich hatte Euch nicht gehört.»

Verwirrt fragte der Kardinal: «Arbeitet Ihr immer auf diese Weise?»

«Erst neuerdings – und nur, wenn ich allein bin», erwiderte Leonardo. «Ich tat es schon als Kind, wenn mir danach zumute war, aber mein Lehrer, Meister Verrocchio, bezeichnete es als Taschenspielertrick und meinte, es könne seine anderen Schüler irritieren; deshalb ließ ich es.»

«Aber liegt es in Eurer Natur – dieses Arbeiten mit beiden Händen zu gleicher Zeit?»

«Ja. Ich glaube, Gott hat mir diese Fähigkeit bei meiner Geburt verliehen, obwohl ich nicht weiß, welche Absicht er damit verfolgte.» Er legte den Pinsel beiseite, ergriff seinen Skizzenblock, legte ihn auf einen Stuhlsitz und hockte sich davor nieder. Dann schlug er ihn auf und schrieb mit der linken Hand auf das oberste Blatt; die Lettern verliefen, wie im Spiegel gesehen, von rechts nach links. Dann wechselte er rasch die Hand und schrieb mit der Rechten eine zweite Zeile unter die erste, jetzt in normaler Schrift. Endlich nahm er ein zweites Stück Zeichenkohle in die Linke und schrieb zwei Zeilen gleichzeitig, die einander entgegengesetzt verliefen.

«Wirklich erstaunlich», sagte Kardinal della Palla. «Ein Wunder.» Er griff nach dem Skizzenblock und betrachtete die Seite. «Und Ihr habt zwischen dem Arbeiten mit der rechten und der linken Hand keinerlei Unterschied feststellen können?»

«Doch, es gibt einen Unterschied», erwiderte Leonardo. «Aber er ist sehr schwer zu erklären. Mit der Rechten leiste ich am meisten, wenn ich sorgfältig und bewußt an Aufgaben arbeite, die ich mir vorher gründlich überlegt habe. Wenn mir unvermutet eine Idee kommt – die erste flüchtige Ahnung eines Bildes oder ein noch nicht geformtes wissenschaftliches Prinzip –, dann bringe ich sie mit der Linken zu Papier. Mit ihr fahre ich sogar besser, wenn ich sie nicht zu genau beachte, sondern mehr sich selbst überlasse. Wenn ich mit beiden Händen gleichzeitig arbeite, wie Ihr es gerade gesehen habt, dann konzentriere ich meine Gedanken auf die rechte Hand.» Er streckte die Finger aus. «Man könnte vielleicht sagen, daß meine beiden Hände zwei verschiedene Persönlichkeiten sind», meinte er nachdenklich. «Aber darf ich fragen, Eminenz, weshalb Ihr zurückgekehrt seid?»

Kardinal della Palla legte den Skizzenblock nieder.

«Aus einem Grund, der mir jetzt weniger wichtig erscheint als noch vor wenigen Minuten», sagte er. «Ich kam zurück, um Euch zu warnen. Der Graf von Imola trachtet Euch nach dem Leben.»

«Girolamo Riario», sagte Leonardo, noch immer nachdenklich. «Ein unglücklicher Mann, und ein böser. Es kommt mir immer so vor, als lebte er in einem Sarg, den er sich selbst geschaffen hat. Der Gedanke, daß er mir übel will, wird mich kaum um den Schlaf bringen. Dennoch danke ich Euch für die Warnung.»

«Gern geschehen», sagte der Kardinal. «Schlaft in Frieden. Ich sehe, Gott hat Euch aus Gründen, die nur ihm erfindlich sind, mit besonderen Gaben ausgestattet und wird Euch deshalb schützen.»

15

Rigo Leone besserte auf der Wiese hinter dem Palast mit Leisten und Knochenleim die rechteckige hölzerne Zielscheibe aus. Dabei merkte er, daß seine Füße in den Stiefeln vor Kälte fast starr waren. Er fluchte. Leonardo, der sich an der Kohlenpfanne, auf der sie den Leim erhitzten, die Hände wärmte, schaute gerade rechtzeitig auf, um einen Blick aufzufangen, der einen empfindlicheren Mann aus dem Gleichgewicht gebracht hätte.

«Leidet und schweigt», forderte er ihn lächelnd auf. «Diesen Rat habe ich auch Matteo Barletta erteilt, als er Opfer für die Wissenschaft zu bringen hatte.»

«Ich wollte, er wäre jetzt hier», sagte Rigo. «Diese Spielerei ging ja noch an, solange wir innerhalb der Mauern und vor dem Wind geschützt waren. Hier draußen liegen die Dinge anders. Ich bin jederzeit bereit, meine Arbeit Eurem Bogenschützen zu überlassen.»

«Es würde ihm nicht viel daran liegen. Er hält sehr wenig von Geschützen und Kanonieren. Nur Mut, Hauptmann! Noch sechs Schüsse, dann haben wir es für heute geschafft.»

«Das macht zusammen bis jetzt zweihundertfünfzig», seufzte Rigo. «Und weshalb?» Er hob die Hand von dem letzten Holzstückchen, das er aufgeklebt hatte, und brachte den Leimtopf zum Feuer zurück. «Langsam habe ich den Eindruck, ich bin nicht der rechte Mann für Eure Art Wissenschaft, die im Grunde nichts anderes als Geheimniskrämerei unter anderem Namen ist.»

«Diesen Gedanken schlagt Euch nur aus dem Kopf. An unserer Arbeit ist keine Spur von Geheimniskrämerei. Wissenschaft ist die Erforschung des Möglichen, und was möglich ist, kann jeder Mensch sehen. Was haltet Ihr jetzt von unserer Spielzeugkanone?»

«Sie ist ganz brauchbar. Aber was bringt uns das ein?»

«Sie weicht eine Spur nach links ab, scheint mir», sagte Leonardo.

«Das tut sie. Jedes Geschütz hat seine Eigenheiten.»

«Ob sie vielleicht mit der einen Pulversorte stärker nach links abweicht als mit einer anderen?»

«Wie ich Euch vorausgesagt habe. Ich denke, wir sind uns inzwischen einig, daß es zwischen den Pulversorten Unterschiede gibt.»

Leonardo wies auf die Zielscheibe, die überall mit Holzstückchen geflickt war.

«Aber», fuhr er fort, «wenn man sich einmal für eine bestimmte Pulversorte und Kugelgröße entschieden hat, ist die Streuung zwischen einem Schuß und dem nächsten sehr gering.»

«Daß es eine brauchbare Waffe ist», sagte Rigo, «habe ich bereits zugegeben. Ich weiß ein gutes Geschütz durchaus zu würdigen. Von seiner geringen Reichweite abgesehen, kann es sich neben meinen beiden Hübschen in Pistrola sehen lassen.»

«Gut. Nun erklärt mir noch einmal, was Ihr im Frühjahr mit Euren Bombarden anstellen würdet, wenn Ihr sie benutzen dürftet.»

Rigo seufzte. «Nach allem, was ich bisher hier gesehen habe, bin ich nicht sicher, ob ich sie nicht doch benutzen werde. Also gut. Ich lasse sie auf den verdammten Hügelkamm schleppen, postiere sie aber diesmal an einer anderen Stelle. Ich bin nicht so dumm, auf ein frisch ausgebessertes Mauerstück zu schießen. Dann frage ich Agnolo, wie weit wir von dem Teil der Mauer entfernt sind, den wir uns zum Ziel gewählt haben . . .»

«Kann er Entfernungen gut schätzen?»

«Besser als ich selbst.»

«Gut. Weiter.»

«Nun, und dann geht alles seinen Gang. Ich richte meine Geschütze ein, feuere fünfzehn oder zwanzig Schüsse ab und ändere dabei immer wieder ein wenig die Schußrichtung, bis die Kugeln aus beiden Geschützen dieselbe Stelle treffen. Dann geht es weiter wie im vergangenen Herbst – und, wenn Gott will, mit mehr Erfolg.»

Leonardo rührte mit einem Holzstück nachdenklich im Leimtopf.

«Nehmen wir einmal an», sagte er, «Ihr könntet voraussagen, wo Eure Kugeln einschlagen, bevor Ihr überhaupt einen Schuß abgegeben habt. Was dann?»

«Damit wäre nichts gewonnen», meinte Rigo und kratzte sich am Kinn. «Interessant wäre es schon. Natürlich ist es angenehmer, wenn man seine Geschütze nicht stundenlang herumwuchten muß, bis sie genau aufs Ziel ausgerichtet sind. Aber ich sehe nicht recht ein, wohin uns das bringen sollte. Wie viele Kugeln habe ich im letzten Herbst abgeschossen? Zweitausend oder mehr. Da sind fünf, zehn oder zwanzig Kugeln zum Einschießen ein geringer Preis, wenn man genügend Zeit dazu hat.»

«Und wenn man die Zeit nicht hat?»

«Zeit haben wir immer. Zeit ist der wichtigste Faktor beim Belagern einer Festung. Zeit und Geduld.» Rigo blickte über Leonardos Schulter hinweg und nickte. «Dort drüben am Ufer steht Euer Liebchen», sagte er.

Leonardo wandte sich um, erkannte Bianca Maria Visconti und hob grüßend die Hand. «Seid bitte ein wenig zurückhaltender in Eurer Ausdrucksweise, Hauptmann.»

«Gewiß», sagte Rigo. «Sicher irre ich mich, und sie kommt nicht, um Eure Gesellschaft zu genießen, sondern nur, um ein bißchen zu frieren und zuzuschauen, wie wir auf ein Stück Holz schießen. Ruft sie doch herbei.»

«Ich denke nicht daran», erklärte Leonardo. «Wenn sie kommen will, kommt sie von selbst. Ich bin nicht ihr Herr und Gebieter.»

«Von mir aus kann sie wegbleiben. Der Umgang mit Geschützen ist nun einmal nicht Weibersache, und ich muß immerfort achtgeben, daß ich in ihrer Gegenwart nicht irgendeinen milden und wohlangebrachten Fluch loslasse», sagte Rigo.

Offenbar hatte Donna Bianca jedoch nicht die Absicht, den Bach zu überqueren. Vielmehr winkte sie gebieterisch und ging am anderen Ufer auf die kleine Brücke zu. Nach einigem Überlegen und mit gerunzelter Stirn, weil er auf Rigos Gesicht einen leicht belustigten Ausdruck bemerkt hatte, ging Leonardo ihr entgegen.

«Was führt Euch her, Madonna?» fragte er.

Bianca trat mit einem Fuß auf die Brückenplanken und lehnte sich an das Geländer. «Ihr braucht mich nicht so böse anzusehen», sagte sie und streckte ihm ein kleines, in ein Seidentuch eingeschlagenes Bündel entgegen. «Ich bringe Euch nur etwas zu essen. Im übrigen wollte ich nicht stören.»

«Habt Dank und entschuldigt meine Unhöflichkeit», sagte Leonardo und nahm ihr das Bündel ab. «Wollt Ihr nicht mitkommen und mit uns essen?»

«Nein. Hauptmann Leone traktiert mich doch nur mit wütenden Blicken. Ich hoffe, mit einem Stück Torte – es sind zwei in dem Päckchen – läßt er sich bestechen, in Zukunft etwas freundlicher zu sein. Vielleicht schaut er bei meinem nächsten Besuch schon etwas weniger wild drein. Einerlei – die Sonne geht bald unter und es ist sehr kalt, also antwortet mir. Ja oder nein?»

Leonardo sah sie verblüfft an.

«Ja oder nein?» fragte sie ihn abermals. Dabei sah sie ihm unverwandt in die Augen und zitterte ein wenig.

«Und woher wißt Ihr, daß ich Euch liebe, Bianca?»

«Oh, das weiß ich schon länger als Ihr selbst», entgegnete sie gelassen. «Schließlich brauche ich nicht erst zu überlegen, zu erwägen und zu folgern. Gelegentlich tut Ihr mir wirklich leid, Leonardo. Und nun antwortet mir. Heute abend?»

«Ja», sagte Leonardo.

Lächelnd legte sie die Hand einen flüchtigen Augenblick lang auf seinen Arm. Dann machte sie kehrt und ging davon. Leonardo kehrte zu der wärmenden Kohlenpfanne zurück. Unterwegs öffnete er das Bündel.

«Seht her», sagte er zu dem Hauptmann. «Das ist der Lohn, wenn man jungen Leuten, vor allem jungen Damen, Unterricht erteilt.»

«Das tut Ihr, wenn Ihr mit ihr zusammen seid? Ihr unterrichtet sie?» fragte der Hauptmann ungläubig. Und als Leonardo tat, als wollte er seine Hand und damit sein Angebot zurückziehen, setzte er eilig hinzu: «Nicht, daß es mir auch nur im Traum einfiele, an Euren Worten zu zweifeln. Und was die junge Dame betrifft – möge mir der Himmel vergeben, wenn ich je einen unfreundlichen

Gedanken gegen sie gehegt habe. Sie ist ein kluges Kind.»

«Und herzensgut», sagte Leonardo mit einem Blick auf die am anderen Bachufer entschwindende Gestalt.

Bianca ging langsam den Weg entlang, der von der kleinen Brücke zur Palastpforte führte, und hielt dabei den Pelzkragen ihres Umhangs fest geschlossen. Nach der Vesperandacht sollte Doktor Mazzone ihr eine Stunde Unterricht in Logik erteilen. Diese Stunde gehörte zu den unerfreulichsten der ganzen Woche, und an diesem Abend kam ihr schon der Gedanke daran ganz besonders unerfreulich vor. Vielleicht konnte sie, wenn sie nur recht langsam ging, sowohl den Gottesdienst wie den Unterricht versäumen.

Es dämmerte bereits, als sie die flachen, brüchigen Stufen erreicht hatte, die zwischen winterlich kahlen Hecken und immergrünen Sträuchern von der Wiese zur Palastpforte hinaufführten. An jeder Biegung verbreiterte sich der ihr vertraute Aufgang zu einem kleinen Rund, auf dem, von einer Balustrade umgeben, der Sockel einer Steinfigur stand. Sie war ein einsames Kind, von ihrem Cousin und Vormund Lodovico Sforza der Obhut der Medici übergeben; ihr Latein hatte sie nicht aus den Büchern ihrer neuen Lehrer gelernt, sondern von den Inschriften dieser Statuen. Zwar waren die meisten namenlos, doch sie hatte allen Namen gegeben und grüßte sie nun schweigend wie alte Bekannte. Außerdem dachte sie an die Nacht, auf die sie sich immer mehr freute.

Plötzlich trat ihr, hinter der Statue des Diokletian hervorkommend, der Fürst von Savoyen in den Weg.

«Das ist doch wohl nicht die rechte Stunde für einen Spaziergang auf feuchten Wiesen, Bianca», sagte er. «Eure Art, ständig hinter Messer Leonardo da Vinci und diesem Kanonier herzuspionieren, gefällt mir ganz und gar nicht. Ihr tut es entschieden zu oft.»

Seine übellaunige Bosheit ärgerte sie.

«Ich spioniere niemandem nach», antwortete sie unbedacht.

«So? Vielleicht nicht. Dann seid Ihr reichlich vertraut mit ihm, und das mißbillige ich sogar noch mehr.»

«Wie gut, daß ich auf Eure Billigung nicht angewiesen bin», sagte Bianca. «Und nun laßt mich bitte vorbei.»

«Lorenzo würde es ebensowenig billigen, wenn er es wüßte.»

«Ihr scheint Lorenzo besser zu kennen, als man annehmen sollte», sagte Bianca. «Laßt mich bitte vorbei. Wie ich meine Abende verbringe, geht Euch nichts an.»

«Da irrt Ihr», erwiderte Silvio. «Es geht mich durchaus an. Die Aufmerksamkeiten, die Ihr diesem verschwitzten Handwerker erweist, fallen auf und machen mich zum Gespött des ganzen Hofes. Wir sind zwar noch nicht verlobt, Madonna, aber wir werden es bald sein. Lodovico Sforza wünscht es, und der Hof weiß es.» Er packte ihre beiden Arme so fest, daß er ihr wehtat. «An fünf von sechs Tagen heftet Ihr Euch an die Fersen dieses Leonardo da Vinci. Und das schon so lange, daß mir die Galle hochkommt. Fra Sigismondo, der Euch eigentlich Anstand lehren sollte, mag das gutheißen. Ich tue es nicht. Habt Ihr mich verstanden?»

«Ihr sprecht, Herr», erwiderte Bianca kühl, «als könntet Ihr nach Belieben über mich verfügen. Das könnt Ihr nicht.»

«Es scheint so. Aber dieser Maler kann es, nicht wahr?»

«Er kann nichts dergleichen. Und er würde auch nicht im Traum auf solche Gedanken kommen. Er denkt eben anders als Ihr. Er ist mein Lehrer.» Sie versuchte nicht, sich aus seinem Griff zu lösen.

«Gewiß», pflichtete ihr Silvio Grimiani bei. «Und der ganze Hof fragt sich, was er Euch wohl lehren mag. Ein unterhaltsames Spiel, aber auf meine Kosten. Gut, Madonna, wenn Ihr lernen wollt, dann kann ich Euch bessere Lehrer empfehlen. Mich selbst zum Beispiel. In ein, zwei Jahren, Bianca, tragt Ihr den Sattel Savoyens, und ich bin ein Reiter, der Euch viele Tricks lehren kann. Also lernt, mir zu gefallen – das ist das Wichtigste. Wenn Ihr Eure Sache gut macht, werde ich mich erkenntlich zeigen.»

«Wahrhaftig», sagte Bianca und bewegte sich auch jetzt noch nicht, «welch edle Art, mir den Hof zu machen! Zuerst bin ich eine Spionin, und dann ein Mittelding zwischen einer Stute in Eurem Stall und einer gewöhnlichen Dirne. Solche Ansichten über Liebe und Ehe hat man wahrscheinlich in den Schweineställen Savoyens. Grund genug für mich, ihnen nicht zu nahe zu kommen. Laßt mich los.»

«Ich finde Euch unvergleichlich schön, Madonna, aber sehr respektlos. Ihr seid noch nicht entlassen.»

«Fürst», erwiderte Bianca mit honigsüßer Stimme, «ich hatte außer Leonardo noch andere Lehrer. Meine Cousins, die Sforzas, waren als Jungen ziemlich wild; inzwischen sind sie – im Gegensatz zu Euch – erwachsene Männer. Aus meinen Balgereien mit ihnen habe ich früh gelernt, daß man einen lästigen Mann am schnellsten los wird, wenn man ihm einen Tritt zwischen die Beine versetzt. Also laßt mich los, sonst werdet Ihr die nächste Stunde wie ein ganz alter Mann umherspazieren müssen.»

Silvio ließ sie auf der Stelle los.

«Was sind das für Reden?» fragte er böse.

«Das ist Liebeswerben auf Savoyer Art», erwiderte Bianca prompt. «Wenn Ihr sagen dürft, daß Ihr mit mir umgehen wollt wie ein Hengst mit der Stute, dann darf ich Euch auch treten, wohin es mir beliebt. Lebt wohl, Fürst.»

Sie ließ ihn stehen und ging davon – ihrer scheinbaren Gelassenheit zum Trotz ein wenig schneller, als sie eigentlich wollte –, bis sie die Pforte oben an der Treppe erreicht hatte. Als sie sich innerhalb der Palastmauern in Sicherheit befand und die Pforte hinter sich geschlossen hatte, lehnte sie sich dagegen und versuchte, Ordnung in ihre Gedanken zu bringen. Die Grobheiten des Fürsten von Savoyen, der einmal ihr Ehemann werden sollte, beschäftigten sie dabei in überraschend geringem Maße. Ein anderer finsterer Verdacht gegen ihn war in ihr aufgestiegen – Männer, die sich von Hast oder Leidenschaft fortreißen lassen, verrieten oft mehr, als sie eigentlich wollten.

«Komme ich dir anders vor, Leonardo?» fragte sie und rieb im Dunkeln ihr Knie an seinem.

«Nein. Glaubtest du, daß es so sein würde?»

«Ja», antwortete sie. «Und da alles andere so ist, wie ich erwartet hatte . . .»

«Das freut mich.»

«Im übrigen bist *du* anders.»

«Ich? Wieso?»

«Das ist schwer zu erklären. Ein Beispiel: Du hast nicht versucht, mit mir zu streiten, seit ich zu dir ins Zimmer kam», sagte Bianca lachend.

«Vielleicht nehme ich zu an Weisheit», sagte Leonardo. Er löste die Hand von ihrer Brust und fand eine Haarlocke. «Jeder Mann muß wissen, wann die Zeit zum Streiten vorüber ist.»

«Der Gedanke, daß du nie mehr mit mir streiten würdest, wäre mir unerträglich.»

«Jetzt – da du entdeckt hast, wie du mich davon abhalten kannst.»

«Das habe ich immer gewußt», erklärte Bianca.

Kurz vor Tagesanbruch entschloß sie sich, ihm von ihrem Verdacht gegen Silvio zu erzählen. Mit untergeschlagenen Beinen auf dem Bett hockend, sagte sie unvermittelt: «Ich glaube, der Fürst von Savoyen spioniert dir nach.»

Leonardo erwachte aus seinen Träumen. «Wie kommst du darauf?» fragte er und stützte sich auf den einen Ellenbogen.

«Er hat mir gestern abend an der Treppe aufgelauert, oben, verstehst du, zwischen all den Statuen.»

Leonardo nickte.

«Er packte mich, als ich vorbeikam, und er war sehr zornig», fuhr Bianca fort.

«Weshalb war er zornig?»

«Wegen gar nichts. Wegen irgendwelchen Unsinns, der hier nicht zur Sache gehört», sagte sie hastig. «Unter anderem warf er mir vor, ich spionierte dir nach. Zuerst gab ich nicht viel auf seine Worte, aber später habe ich mir überlegt, warum er wohl diesen Ausdruck gebrauchte. Ich habe doch ganz offenkundig nie dergleichen getan. Verstehst du? Aber er hat mich seit langem beobachtet – zumindest behauptet er das. Er wußte, wie oft ich unten auf der Wiese war.»

«Vermutlich ärgert er sich darüber, daß du an unserer niederen Gesellschaft Gefallen findest», sagte Leonardo.

«Ja, so ist es.»

«Nun, ich für mein Teil weiß das Mißvergnügen, das ich dem Fürsten von Savoyen bereitete, mit Würde zu tragen», sagte Leonardo ernst. «Er hat sich schon um Weihnachten herum in diesem Sinne geäußert. Aber wir können schließlich nicht alle unser Leben so einrichten, wie es dem guten Silvio gefällt. Erzähl weiter.»

«Vielleicht bilde ich mir nur etwas ein», sagte Bianca, «aber ich fand es doch ein bißchen sonderbar, daß er Abend für Abend dort im Gebüsch – oder wo auch immer – gehockt haben soll, nur um festzustellen, wie oft ich dir und Hauptmann Leone lästig falle. Vielleicht hat ihn seine Eifersucht warm gehalten – das wäre ihm zuzutrauen. Aber ich halte es für wahrscheinlicher, daß er dich beobachtet hat, um zu sehen, was du mit der kleinen Kanone machtest.»

«Das ist möglich. Aber in wessen Diensten könnte er stehen?»

«Er war schon immer gut Freund mit der Familie Pazzi. Er würde gern einen Anteil an ihrer Bank haben. Und die Pazzi arbeiten für Rom, seit sie Lorenzo vor ein paar Jahren einen Hauptteil seines Geschäftes weggeschnappt haben. Deshalb glaube ich ...»

«Einen Augenblick», unterbrach Leonardo. «Wie kommt es, daß du über die Angelegenheiten der Medici so gut Bescheid weißt?»

«Oh, das ist leicht zu erklären. Lorenzo hat mich immer gern um sich gehabt, seit ich nach Florenz kam. Ich weiß noch, daß er wochenlang wütend war. Natürlich hat er mir nicht gesagt, warum – aber das war nicht schwer herauszufinden. Ich habe Donna Francesca gefragt, und sie glaubte, ich verstünde doch nicht, was sie mir erklärte.»

«Beachtlich», sagte Leonardo. «Zumal, wenn man bedenkt, daß du damals noch nicht elf Jahre alt warst. Solange du die Ohren spitzt, werden die Finanzen von Florenz nicht gerade sehr wohl gehütete Geheimnisse sein.»

Er sprach leichthin, erwog dabei aber eingehend die Tatsachen. Vieles von dem, was sie vermutete, war möglich und sogar wahrscheinlich. Das bewiesen schon seine Erlebnisse in Rom. Zwar hatte er Lorenzo de' Medici gegenüber gesagt, seine Auseinandersetzung mit Francesco Pazzi habe persönliche Gründe, aber Lorenzo hatte es sowenig geglaubt wie er selbst. Doch dem Vorfall eine andere Deutung zu geben war eher Lorenzos Sache als die seine, und so waren sie beide darüber hinweggegangen. Er zweifelte nicht im mindesten daran, daß Kardinal della Palla recht hatte und daß letzten Endes Girolamo Riario hinter dem Anschlag auf sein Leben steckte. Aber den Prinzen von Savoyen allen Ernstes für einen Parteigänger des Grafen zu halten, war schon schwieriger. Und dennoch mochte es durchaus so sein – Bianca hatte ein feines Gespür für solche Dinge. Geld schmierte viele Angeln, und ein Anteil am Bankhaus der Pazzi . . . Ihm wurde bewußt, daß Bianca wieder zu ihm sprach.

«Und behandle mich nicht so von oben herab», fauchte sie und sah ihn wütend an.

«Das wollte ich nicht – ich wollte dich nicht kränken.»

«Wenn du meinst, ich wäre noch ein Kind – es gibt Leute, die anderer Ansicht sind», erklärte Bianca. «Silvio Grimiani zum Beispiel», fügte sie etwas kläglich hinzu.

«Und welche Meinung ist dir lieber?»

«Aha, du denkst wohl, nun könntest du wieder mit deinen kalten logischen Argumenten über mich herfallen und mich zerschmettern, weil du im Debattieren besser bist als ich. Aber selbst das würde nicht das mindeste beweisen», sagte Bianca. «Bringst du mir eigentlich irgendwelche tieferen Gefühle entgegen? Vermutlich nicht, und das ist mir auch ziemlich gleichgültig.»

«Von tieferen Gefühlen habe ich nichts gesagt», erklärte Leonardo.

«Das stimmt. Und vermutlich wirst du einen langen weißen Bart haben, bevor es einmal dazu kommt», sagte sie und zerrte dabei heftig an der Decke.

Leonardo mußte lachen. «Und du bist dann eine ehrbare Matrone, die ihre besten Jahre längst hinter sich hat, nicht wahr?» sagte er. «Hör zu, Bianca . . .» Auf die Wand fiel das erste Tageslicht.

«Sag es nicht!»

«Du bist –»

«Wenn du mir jetzt sagen willst, um wieviel ich in dieser Nacht älter geworden bin», erklärte sie etwas ruhiger, «dann schreie ich. Und noch etwas. Wie du weißt, kann ich gut zuhören – soll ich dir erzählen, was für ein Gerücht über dich im Umlauf ist? Es heißt, du hättest im allgemeinen junge Männer lieber als Frauen. Was hast du dazu zu sagen?» Sie spürte, wie er sich anspannte bei diesen Worten.

«Das Gerücht habe ich auch schon gehört», sagte er bedächtig.
«So? Und mehr hast du dazu nicht zu sagen?»
«Nicht mehr, als du schon weißt. All das ist am Hof der Medici wie an anderen Höfen nicht mehr als ein Anlaß, sich aufzuspielen und dumme Reden zu führen. Liebe ist nur ein Spielzeug für reiche Müßiggänger, für einfältige Narren, denen es an einer Beschäftigung mangelt, die ihrem Leben sonst einen Sinn geben könnte. Du weißt, daß es so ist. Schick mir eine hübsche Frau oder einen hübschen Jungen, beide gleichermaßen einfältig, und ich werfe beide hinaus. Meinst du etwa, in der Nacht käme niemand und kratzte an meiner Tür? Und da allgemein bekannt ist, daß ich keine Geliebte habe, heißt es natürlich, ich pflegte Umgang mit Lustknaben. Und dieses Gerücht geht vor allem von jenen Damen aus, die gern selbst in meinem Bett lägen.»
«Deine Einbildung ist erstaunlich!» sagte Bianca.
«Ob ich eingebildet bin oder nicht, tut nichts zur Sache. Kannst du irgend etwas von dem, was ich sagte, bestreiten?»
«Nein. Aber du fängst wieder an, mit mir zu debattieren. Noch vor ein paar Minuten war es viel schöner.»
Leonardo setzte sich auf.
«Madonna», sagte er, «hier handelt es sich weder um eine Debatte noch um Streit. Wenn die Liebe nichts weiter ist als ein müßiger Zeitvertreib für die Reichen und Lasterhaften, dann ist sie weder meine Zeit wert noch deine. Ich denke nicht daran, solche Spiele mit dir zu spielen. Du behauptest, ich behandelte dich wie ein Kind; vielleicht tue ich vorläufig gut daran, es dabei zu belassen. Verstehst du mich?»
Bianca musterte ihn eindringlich mit aufgestütztem Kinn.
«Vielleicht verstehe ich dich», sagte sie. «Gib mir deine Hand.»
Er tat es, und beide blieben eine Weile still nebeneinander liegen.
«Aber wissen möchte ich es doch», sagte Bianca.
«Was?»
«Ob du nie aufmachst, wenn sie nachts an deiner Tür kratzen.»
«Nie», sagte Leonardo mit gespielter Entrüstung.
«Dann müssen deine Nächte reichlich öde sein.» Ihre Augen funkelten vergnügt. «Wie verbringst du sie?»

«Ich lese oder beobachte die Sterne. Was sollte ich sonst tun?»

«Giuliano kommt heute von Mailand zurück», sagte Bianca. «Vielleicht kann mir Constanza morgen eine andere Antwort geben. Aber fürs erste genügt mir diese.»

Constanza huschte wie ein Schatten den stillen, vom Mond beleuchteten Gang entlang. An der Tür zu Giulianos Gemächern blieb sie stehen und blickte sich verstohlen um. Im Palast schien alles zu schlafen. Sie hob den Riegel und öffnete die Tür nur so weit, daß sie eintreten konnte.

«Giuliano?» flüsterte sie. «Giuliano? Wo bist du?»

Stille. «Giuliano?» rief sie ganz leise noch einmal. Sie ging über den Marmorfußboden des Ankleidezimmers und gelangte an die Schwelle des dahinterliegenden Schlafgemachs. Dort stand in sanftem Kerzenschein das große Himmelbett. Die Hand an den rauhen Steinpfosten der Türöffnung gestützt, betrachtete sie die große karminrote Fläche. Mehr als genügend Platz für uns beide, dachte sie, und sie mußte lächeln, und ihr Herz beruhigte sich. Sie empfand plötzlich die Wärme tausend und aber tausend künftiger Morgen, an denen sie und Giuliano gemeinsam aus dem Schlaf erwachen würden, mit neuem Leben erfüllt nach einer Nacht geschenkter und empfangener Liebe.

Sie setzte sich auf die Bettkante und strich mit den Händen über die weiche Samtdecke. Sie wird uns warmhalten in kalten Nächten, wenn wir vom Hof reden und von unseren Kindern, dachte sie, und wir werden Besuche planen bei meiner Tante in Modena und meinen Freunden in Ravenna, wir werden über die neuen Kleider reden, die ich dann trage, und über tausend andere Dinge.

Die dicken Kerzen brannten stetig, und ein ovaler Spiegel an der Wand gegenüber warf ihren Schein zurück. Vor diesem Spiegel werde ich mich ankleiden, dachte sie, Giuliano wird mir dabei zusehen, und ich weiß es und sehe ihm zu. Sie erhob sich, trat vor den Spiegel und musterte ihr Gesicht mit einem leisen prüfenden Lächeln.

Es ist das erste Mal, sagte sie lautlos zu ihrem Spiegelbild. Das erste Mal, und ich will keinen Augenblick davon je vergessen. Es heißt, es tue weh. Aber der Schmerz geht vorüber, und dann kommt bald das Glück. Ob ich mich später noch daran erinnern werde, wie ich jetzt hier zittere?

Ihre Schenkel spannten sich und ließen sie ahnen, was sie bis jetzt noch kaum verstand. Ihr wurde warm ums Herz. Sie hob die Hände und umfaßte ihre Brüste, und das Gesicht, das ihr aus dem dunklen Spiegel entgegenblickte, schien einen Augenblick lang zu verschwimmen.

Dann hörte sie, wie die Tür zum äußeren Zimmer leise geöffnet wurde, und wandte sich um. Giuliano kam durch den Türbogen ins Schlafgemach. Die Zugluft ließ die Kerzenflammen flackern und Schatten über die Wandbespannung tanzen. In seinen Armen murmelte sie: «Wo warst du so lange, Geliebter? Ich überlegte schon, ob du es dir am Ende vielleicht anders überlegt hast.»

«Nein, Constanza. Ich war nur an meiner Kassette in der Bibliothek. Ich wollte das hier holen.» Er öffnete die rechte Hand und zeigte ihr einen Ring – einen schweren Goldreif, gekrönt von einem herrlichen ovalen Rubin, der von einem Kranz Brillanten umgeben war. «Irgendwann werden wir vor dem Altar stehen, Geliebte», sagte er, «aber heute nacht ist unsere Hochzeit. Und dies soll dein Ehering sein, auch wenn es niemand außer uns beiden wissen darf. Ich habe ihn aus Mailand mitgebracht.»

«Du warst zu lange dort, Giuliano. Ich hatte Sehnsucht nach dir.»

«Und ich nach dir. Ich vermute, Lorenzo hat mich dorthin geschickt, weil er hoffte, meine Leidenschaft würde erkalten. Wenn es so ist, dann hat er sich getäuscht. Keine Stunde ist vergangen, ohne daß ich an dich und diesen Augenblick gedacht hätte.»

«Wie ich an dich. Aber ich schäme mich – ich habe keinen Ring für dich.»

«Das macht nichts. Du hast dir einen vorsorglichen Ehemann eingefangen. Ich habe auch für mich einen Ring ausgesucht – schau her.» In der anderen Hand hielt er zwei kleine goldene Schlangen, die sich in vollkommener Symmetrie umeinander wanden und deren Augen aus Rubinen bestanden – passend zu ihrem Ring. «Die Embleme der Weisheit», sagte er. «Aber Weisheit des Herzens, nicht des Verstandes.»

Constanza lachte glücklich und schob ihm den Ring auf den Finger. Dann beugte sie sich über seine Hand und spürte seine Lippen auf ihrem Haar.

«Laß uns zu Bett gehen, Giuliano», sagte sie, «denn dazu sind wir hier. Ich weiß, ich bin schamlos – aber das ist mir gleich.»

Wortlos führte er sie zum Bett. Sie beobachtete sein Gesicht, während er sie ganz ruhig entkleidete, bis sie nackt vor ihm stand, so zart und weiß wie verschattetes Elfenbein. Als er beiseite trat, um die Kerzen zu löschen, berührte sie seinen Arm.

«Laß sie brennen», bat sie. «Sagte ich nicht, daß ich schamlos bin? Ich möchte dich sehen. Ich muß lernen, und im Dunkeln lerne ich weniger.» Sie begann sein Wams aufzuschnüren, und ihre Hände waren ebenso ruhig, wie es die seinen gewesen waren. Er schaute sie an und spürte, wie die Begierde in ihm aufstieg. Die ungekünstelte Anmut ihres Körpers erregte ihn, und er vergrub seine Finger in den langen Strähnen ihres aufgelösten Haars. «Ja», stöhnte sie, «daran muß ich mich erinnern, jedesmal, wenn ich dich sehe. Was für ein Mann du bist und was ich empfinde, wenn ich sehe, wie dich nach mir verlangt.» Sie stand ganz dicht vor ihm und ließ ihre Finger langsam über seine Brust gleiten. «Du weißt, ich habe noch nie einen Mann berührt. Du mußt mich alles lehren, Giuliano, weil ich noch Jungfrau bin und unberührt. Ich bete zu Gott, daß ich dir gefalle.»

Er nahm ihr Gesicht zwischen seine Hände und küßte sie. «Ich brauche dich nichts zu lehren, Constanza, meine Braut», sagte er. «Was eine liebende Frau wissen muß, das weißt du. Dieses Wissen ist in dir, genau wie die Liebe. Und wie du Gott bittest, daß du mir gefällst, so bitte ich ihn, daß ich dir gefalle, auch wenn ich dir vielleicht Schmerzen bereiten muß.»

«Das weiß ich, und sie sind mir willkommen. Lehre mich.»

Lange Zeit ließ sie sich treiben und erbebte nur hin und wieder unter der Berührung seiner Hand oder seines Mundes. Und als sie bereit war, und als endlich der Schmerz kam, wölbte sich ihr Körper ihm entgegen, und ein leiser Aufschrei verwandelte den schneidenden Schmerz in das verheißene Glück. Ohne sich voneinander zu lösen, lagen sie eine Weile still da und atmeten im gleichen Takt, und ihre Brüste hoben und senkten sich langsam im

Nachhall der Liebe. Dann flüsterte sie in sein Ohr.

«Wie lange dauert es, bis wir es wieder tun können, Giuliano?» fragte sie. «Kann es bald sein, oder brauchen unsere Körper jetzt Ruhe?»

Überrascht hob er den Kopf. «So gibt es also doch noch etwas, das ich dich lehren kann», sagte er. «Wußtest du das nicht? Daß wir es noch diese Nacht wieder tun können – sogar gleich, wenn du nicht zu müde bist?»

Sie biß ihn sanft in die Lippen. «Nein, das wußte ich nicht», erwiderte sie. «Siehst du? Ich bin zwar keine Jungfrau mehr, aber wie es scheint, auch noch keine richtige Frau. Lehrst du mich noch mehr, mein Gemahl?»

16

. . . erhielt von Maestro Gian Giacomo Portinari aus Arezzo sechs Geschütze, die für die neue Artillerie bestimmt und sehr schön sind, jede 280 Pfund schwer und mit Eisenringen verstärkt. Nicht vergessen, Maestro Gian Giacomo danach zu fragen, wie er das Metall nach dem Guß abkühlt . . . Und von Ser Nencio 300 Pfund Pulver, unserer Absprache gemäß hergestellt und gekörnt . . . Die Bolzen, mit denen die Räder an der Lafette befestigt werden, müssen aus Bronze oder einer der beim Schiffbau verwendeten Legierungen bestehen, da Eisen rostet und dazu neigt, unter Druck zu brechen . . .

Darauf hinweisen, daß der Rückstoß des Geschützes der Kraft entsprechen muß, die das Geschoß vorn heraustreibt, und daß der Rückstoß – im Gegensatz zu der bei unseren Kanonieren üblichen Praxis – nicht gehemmt werden darf. Ist es möglich, ein Gefährt anzutreiben, wenn es hinten Feuer oder Steine ausstößt?

. . . ich muß die Schrauben doch selbst anfertigen. Scarpellino ist ein guter Handwerker, versteht aber nicht, worauf es ankommt . . . und die Teile des Geschützes, die sie halten sollen, müssen gleichfalls aus Bronze hergestellt werden . . .

«*Quid vobis videtur?*» fragte Papst Sixtus IV. «Die Frage ist von einiger Wichtigkeit, deshalb bediene ich mich hier der Sprache des Konsistoriums. Wir müssen zu einer Entscheidung gelangen, und zwar schnell.»

«Ich sehe keinen Anlaß zur Eile, Eure Heiligkeit», sagte Kardinal della Palla. «Immerhin geht es um das Leben eines Menschen.»

«Die Ansichten Eurer Eminenz sind Uns bekannt», sagte der Papst. «Aber schließlich sind sie nur ein Faktor unter vielen. Wir müssen Euch bitten, Eure Gedanken ganz auf die militärische Realität zu richten – denn das tun Eure Kollegen sicherlich auch.»

«Ich habe gelernt, die Realitäten zu sehen», erwiderte della

Palla. «In dieser Beziehung brauchen Eure Heiligkeit nichts zu befürchten. Und mir ist es auch lieber, wenn hier über den Fall verhandelt wird, als anderswo. Aber das ändert nichts an meiner Frage: Weshalb muß jetzt eine Entscheidung fallen? Ich möchte nur den Grund wissen.»

«Der Grund ist militärischer Natur», sagte Girolamo Riario zu seiner Linken.

Kardinal della Palla richtete seine sanften blauen Augen auf den Generalkapitän und ließ sie einen Augenblick auf seinem Gesicht ruhen.

«Sonst nichts?» fragte er.

«Wie Seine Heiligkeit bereits darlegte», warf Kardinal Borgia ein, «geht es hier ausschließlich um Kriegsangelegenheiten.»

Nun richtete sich della Pallas Blick auf ihn.

«Also gut», sagte er. «Gestattet Ihr die Frage, welche Haltung Ihr in dieser Sache einnehmt?»

«Ich beziehe keinen Standpunkt», erklärte Kardinal Borgia gelassen. «Das solltet Ihr mittlerweile eigentlich wissen, lieber Kanzler.»

«Was also soll mit Leonardo da Vinci geschehen?» fragte der Papst, ohne sich unmittelbar an einen der Anwesenden zu wenden. «Er hat die Einladung des Kardinals della Palla, nach Rom zu kommen und Uns seine Talente zu Füßen zu legen, kurz und bündig ausgeschlagen. Das läßt darauf schließen, daß er tatsächlich für die Medici arbeitet – wie es der Graf von Imola behauptet und wie es Kardinal Borgia bestätigt. Und was noch schwerer wiegt – er ist ein Vertreter florentinischer Denkungsart in ihrer schlimmsten und verwerflichsten Ausprägung – neuplatonisch, humanistisch und ketzerisch. Stimmt jemand hierin nicht mit Uns überein?»

«Ich teile die Ansicht Eurer Heiligkeit», erklärte della Palla. «Allerdings meinte ich, mit allem Respekt, daß wir uns hier nur mit militärischen Angelegenheiten befassen wollen. In diesem Fall spielt seine Denkweise keine Rolle.»

«Sie spielt insofern eine Rolle, als sie gegen Rom gerichtet ist», sagte der Papst. «Riario?»

«Vor Castelmonte wird er ein Dorn in unserem Fleisch sein»,

sagte Riario. «Bringen wir ihn um, dann ist die Sache erledigt.»

«Borgia?»

«Es spricht einiges für den Standpunkt des Generalkapitäns», erwiderte Kardinal Borgia. «Aber ich möchte auch hören, was der Kanzler des Heiligen Stuhls zu sagen hat. Im Angesicht Gottes ist jedes Menschenleben kostbar, und die letzte Entscheidung liegt immer bei Gott.»

«Im Kriege tötet man seine Feinde», sagte Riario ungeduldig, «und wer da zu lange zaudert, ist ein Narr. Rom befindet sich im Krieg, und Leonardo da Vinci ist ein Feind Roms. Diese Folgerung spricht für sich.»

Sixtus betastete sein Ohrläppchen.

«Ergreift Partei für ihn», forderte er della Palla auf.

Der Kardinal lehnte sich in seinem Sessel zurück. «Leonardo da Vinci», begann er, «dürfte kaum imstande sein, Castelmonte allein zu erobern. Wir haben gehört, daß er sich mit der Schießkunst beschäftigt. Er tut es in der Tat. Er ist in aller Offenheit hier erschienen, um Schriften über Schießpulver zu studieren, und hat uns – ebenso offen, wenn auch nicht sehr taktvoll – einige seiner Erkenntnisse auf diesem Gebiet mitgeteilt. Zumindest darin hat er bewiesen, daß er ein guter Sohn der Kirche ist. Ich sehe hier keine Gefahr. Außerdem habe ich ihn selbst bei seinen Untersuchungen beobachtet. Die Waffe, die er dabei benutzt, ist nicht länger als mein Arm – es ist ein reines Zierstück, das hauptsächlich zum Salutschießen verwendet wird. Ich versichere Euch, daß er damit an den Mauern von Castelmonte nicht das mindeste ausrichten könnte, und sehe darum auch hier keine Gefahr. Leonardo da Vinci ist Künstler, Philosoph, ein reichlich eingebildeter junger Mann – und ein Schmetterling.»

«Wer behauptet das?» fragte Borgia.

«Daß er ein Schmetterling ist?» antwortete della Palla unschuldig. «Das ist die Ansicht von Leuten in seiner Umgebung, vor allem die eines gewissen Fra Sigismondo Carregi, des Lehrers von Bianca Maria Visconti, der überdies ein namhafter Theologe ist. Glücklicherweise besitze ich einen Brief von Fra Sigismondo, in dem er seine Meinung ausführlich darlegt. Er beklagt sich bitterlich über Leonardo da Vinci, aber eine Gefahr sieht er in ihm nur für Donna Bianca, mit der er – so Fra Sigismondo – ständig herumtändele. Seine Experimente hätten, meint er, vor allem den Zweck, die junge Dame – und den gesamten Hof – mit seinen Fähigkeiten zu beeindrucken. Auch darin kann ich keine so schreckliche Gefahr für Rom erkennen, und schon gar nicht einen Grund, sich in aller Eile eines Mannes zu entledigen, der sich dank seiner unbestrittenen künstlerischen Begabungen eines Tages als wahrer Diener Gottes erweisen mag.»

«Alles schön und gut», sagte Riario, «aber mein Gewährsmann . . .»

«Euer Gewährsmann in Florenz?» sagte della Palla. «Der Fürst von Savoyen, wenn ich recht unterrichtet bin? Mein lieber Generalkapitän, wenn Leonardo da Vinci Donna Bianca Visconti den Hof macht, erregt er damit zweifellos den Zorn des Fürsten, der sie eines Tages zu heiraten beabsichtigt. Ich glaube kaum, daß Silvio Grimiani unvoreingenommen urteilt.»

Sixtus IV. dachte schweigend nach, während Kardinal della Palla ein kurzes Gebet zum Himmel schickte und um Absolution bat. Er wußte sehr wohl, daß seine eigene Aussage bis an die Grenze der Verzerrung von Voreingenommenheiten bestimmt war. Endlich sprach der Pontifex maximus das Urteil.

«Wir haben beschlossen», verkündete er, «folgendermaßen zu verfahren. Kardinal Borgia sendet unverzüglich einen Brief nach Florenz, in dem er dem jungen Mann nicht vorschlägt, sondern befiehlt, nach Rom zu kommen und seine künstlerischen Fähigkeiten in den Dienst der Kirche zu stellen. Er hat diesen Befehl auf der Stelle zu befolgen. Tut er das, dann können wir annehmen, daß der Kardinal della Palla ihn richtig einschätzt, und brauchen uns weiter keine Gedanken zu machen. Tut er es nicht – sei es, daß er sich weigert oder daß Unser irregeleiteter Sohn Lorenzo de' Medici ihn nicht aus seinen Diensten entläßt –, dann schließen Wir Uns den Vorschlägen des Generalkapitäns an, der so verfahren wird, wie er es für angemessen hält. Eminenzen, Graf Imola, Wir danken Euch.»

Der Schnee wurde weich und schmolz. Wiesen und Felder verwandelten sich in Moore, Bäche und Flüsse traten über die Ufer.

Nur in höheren Gebieten und in den tiefen Gebirgstälern wollte der Winter noch nicht weichen.

Mit dem Frühling traf auch der Abgesandte Roms in Florenz ein, Bischof Manfredo Romolo-Paro, Apostolischer Protonotar und Nuntius zur besonderen Verwendung, Mitglied der Kurie und Adlatus Seiner Eminenz des Kardinals Rodrigo Borgia.

Lorenzo empfing den Prälaten sehr höflich, und ebenso höflich nahm er das päpstliche Dekret, das er überbrachte, entgegen. «Ich werde Messer Leonardo sofort kommen lassen», sagte er. «Florenz steht Seiner Heiligkeit zu Diensten.»

Kaum eine Stunde nachdem sich der Bischof zum Gebet in eine Kapelle der Kathedrale Santa Maria del Fiore zurückgezogen hatte, saßen sich Lorenzo de' Medici und Leonardo am Tisch in der Bibliothek gegenüber. Der Beherrscher von Florenz reichte ihm das Schreiben des Papstes.

«Rom scheint Eurer Dienste dringend zu bedürfen», sagte er. «Lest selbst.»

Leonardo überflog die reichverzierte Schriftrolle.

«Wie es scheint», sagte er, «wünschen Gott, Seine Kirche, der Papst – zweimal – und der Kardinal Borgia meine Anwesenheit in Rom. Und natürlich setzt man voraus, daß Ihr Euch diesem Wunsch anschließt. Das ist ein gewaltiges Aufgebot gegen einen armen Florentiner Künstler – fast überwältigend. Aber so leid es mir tut – ich kann nicht nach Rom gehen.»

«Natürlich nicht», sagte Lorenzo. «Nur muß ich Euch auf die damit verbundenen Schwierigkeiten hinweisen. Wenn ich Euch Rom nicht ausliefere, fordere ich Sixtus und die Kirche heraus. Doch da ich das im Zusammenhang mit dem Erzbistum Pisa und mit Castelmonte ohnehin schon tue, hat es für mich nicht viel Gewicht. Aber wenn Ihr Euch Sixtus widersetzt, kann das eine ernste Gefahr für Euch bedeuten. Sowohl er wie der Graf von Imola haben lange Arme und eiserne Klauen. Wenn diese Klauen Euch zu fassen bekommen, mein Freund, dann ist es aus mit Euren Versuchen.»

«Die habe ich ohnehin abgeschlossen, Herr. Zumindest, soweit sie Euch angehen.»

«Tatsächlich? Und mit welchem Ergebnis?»

«Wenn meine Untersuchungen sich in der Praxis bestätigen, dann habe ich eine neue Art der Kriegführung erfunden», sagte Leonardo ruhig. «Und zwar eine Art, die in der Geschichte der Menschheit bisher noch nicht dagewesen ist.»

Lorenzo musterte ihn eindringlich. «Und womit wird dieser neue Krieg geführt?»

«Mit Geschützen. Nach alldem, was ich auf Eurer Wiese und auf Eurem Schießplatz unternommen habe, könnt Ihr nichts anderes vermutet haben. Um es kurz und bündig auszudrücken: ich habe eine neue Kanone für die Medici entworfen.»

«Die Ihr noch erproben müßt?»

«So ist es.»

«Wird sie mir Castelmonte einbringen?»

«Das wird sie, Herr, mit Gottes Hilfe.»

«Dann erprobt sie. An welchen Platz hattet Ihr gedacht?»

«An die Sümpfe draußen vor der Stadt.»

«Das geht jetzt nicht mehr. Außerdem wollt Ihr nun vermutlich Eure fünfzig Kanoniere haben. Ihr sagtet, Ihr brauchtet sie im März, und jetzt ist der März gekommen.»

«Ihr habt ein ausgezeichnetes Gedächtnis, und dafür bin ich sehr dankbar.»

Lorenzo winkte ungeduldig mit der Hand. «Es ist unerläßlich, daß Ihr verschwindet», sagte er. «Und zwar mitsamt Euren neuen Kanonen, dem Pulver und den Kugeln, meinen fünfzig Kanonieren und Hauptmann Roderigo Leone. Laßt mich überlegen. Habt Ihr irgendwelche Einwände gegen gebirgiges Terrain?»

«Durchaus nicht, solange ich ein Übungsgelände von ungefähr dreitausend Schritt vorfinde», sagte Leonardo.

«Dann weiß ich etwas. Ich besitze eine Jagdhütte in den Bergen zwischen hier und San Marino, die ich seit Jahren nicht mehr benutzt habe. Hinter ihr liegt ein Kamm mit einem Einschnitt, und es gibt einen Weg, der steil zu diesem Einschnitt hinaufführt – ich gebe Euch eine Landkarte von der Gegend. Hinter dem Kamm liegt ein Tal, in dem ich als Kind oft gespielt habe. Außer Giuliano und mir kennt kaum jemand dieses Tal, obwohl es weniger als dreißig Meilen von hier entfernt ist. Dort seid Ihr vor neugierigen Augen sicher. Nehmt Eure Männer und geht. Ich schlage vor, daß sie in kleinen Gruppen aufbrechen und erst bei der Hütte zusammentreffen.»

«Das läßt sich einrichten. Die Idee ist vorzüglich, und wir können gleich aufbrechen.»

«Ihr tätet gut daran, noch schneller aufzubrechen», sagte Lorenzo mit einem leicht ironischen Lächeln. «Womit ich sagen will, daß Ihr bereits aufgebrochen seid – das jedenfalls werde ich dem Abgesandten Roms mitteilen. Ihr seid gut Freund mit meinem Bruder – ich bin überzeugt, er leiht Euch gern sein Pferd und einen Umhang. Ihr versteht mich?»

«Ganz und gar», erwiderte Leonardo. «Ich bin bereits verschwunden.»

«Gut. Der Boden im Arnotal wird in ungefähr acht bis zehn Wochen fest sein. Ob Euren Versuchen Erfolg beschieden ist oder nicht – wenn ich Euch rufen lasse, kehrt Ihr unverzüglich nach Florenz zurück. Unverzüglich, habt Ihr verstanden? Castelmonte . . .»

«Ich weiß, Herr. Wir haben nicht nur ein Paradox, sondern zwei. Obwohl ich hier in Eurer Bibliothek stehe, bin ich nicht mehr in Florenz, und obwohl wir allem Anschein nach nichts tun, hat die Belagerung von Castelmonte bereits begonnen.»

«Ihr solltet nicht hier sein, Madonna.»

«Ich weiß. Mein Sündenregister wird von Tag zu Tag länger.» Sie ließ sich am Fenster nieder. «Aber da du nicht mehr in Florenz und schon vor Stunden mit unbekanntem Ziel abgereist bist, kann das Betreten deines Zimmers kein großes Vergehen sein. Schließlich steht es leer.»

«Und woher weißt du das alles?»

«Von Constanza.»

«Und wer hat es ihr erzählt?»

«Giuliano natürlich. Wie ich sehe, hat er dir seinen Umhang geliehen. Wie lange bleibst du fort?»

«Ich weiß es nicht.»

«Nun gut. Und ich brauche auch nicht zu fragen, warum du fortgehst, da ich es schon weiß.»

«Mit allem schuldigen Respekt, Madonna – aber das bezweifle

ich, denn was ich wirklich vorhabe, weiß niemand außer mir selbst.»

«Schon wieder diese Einbildung! Du hast eine Möglichkeit gefunden, Kanonen nicht mehr auf gut Glück zu richten, wie es bisher geschah, sondern mit Hilfe mathematischer Berechnungen. Allerdings gebe ich zu, daß ich nicht genau verstehe, wie das vor sich geht.»

«Madonna», sagte Leonardo, «ich muß mich immer wieder über Euch wundern. Ihr habt erkannt, was so gelehrten Herren wie Eurem Lehrer und dem ehrenwerten Doktor Mazzone entgangen ist. Lorenzo wäre gut beraten gewesen, hätte er Euch längst schon aufgefordert, Eure Zunge im Zaum zu halten. Nun tue jedenfalls ich es.»

«Dazu besteht keine Veranlassung, Leonardo mio. Und was mein Wahrnehmungsvermögen betrifft – warum sollte es nicht besser sein als das anderer Leute?» sagte Bianca. «Ich hatte, wie du weißt, einen ausgezeichneten Lehrer.»

«Und ich eine bewundernswerte Schülerin.»

«Das versteht sich von selbst. Trotzdem ...»

«Ja, Madonna?»

«Willst du mich nicht küssen, bevor du aufbrichst?»

17

Es ist doch merkwürdig, dachte Leonardo, wie Kindheitserinnerungen täuschen können – vor allem, wenn es um räumliche Verhältnisse geht. Er saß vor der kleineren der beiden Höhlen, den Rücken gegen eine Lafette gelehnt, und überblickte das kleine Tal, das von seinem Platz aus sanft abfiel. Eine schmale Schmelzwasserrinne schlängelte sich auf seinem Grund entlang und verschwand an der Stelle, an der der steinige Pfad zwischen zwei Felsen hindurchführte. Lorenzo hatte ihm versichert, das Tal messe von einem Ende bis zum anderen mindestens dreitausend Schritt. In Wirklichkeit war es kaum ein Viertel so lang. Trotzdem, es würde seinen Zweck erfüllen. Er hatte ohnehin nicht vor, im Ernstfall über eine Entfernung von tausend Schritt hinauszugehen. Und in dem Gelände hier ließen sich, wenn man die Geschütze geschickt aufstellte, rund achthundert Schritt erreichen.

Wichtiger war an diesem Morgen, daß es ihm gelang, die Zweifel seiner fünfzig Kanoniere – wenn nicht gar eine beginnende Meuterei – zu zerstreuen. Er konnte es ihnen kaum verübeln. Von Rigos blasphemischen Flüchen angetrieben, hatten sie den ganzen voraufgegangenen Tag und den größten Teil der Nacht damit verbracht, die sechs Geschütze und das Gepäck den steilen, gewundenen Pfad von der Hütte unten im Vorgebirge heraufzuschleppen – ohne zu wissen, warum ihnen dieses halsbrecherische Unternehmen zugemutet wurde. Natürlich hatten sie immer wieder nach dem Grund gefragt, aber Rigo hatte ihnen nur geraten, ihren Atem lieber für die Kletterei zu sparen, und auf die fluchend ausgestoßenen Drohungen, sich der Geschütze zu entledigen, hatte er nur erwidert, daß ein jeder, der aus der Linie ausschere, von seinem Hauptmann persönlich zu Brei geschlagen werde.

Lange nach Mitternacht hatten sie das obere Ende des Tals und die Höhlen, in denen sie nun kampierten, erreicht und erschöpft alle Lasten abgeworfen, von denen Leonardo sich jetzt am Morgen umgeben sah. Da lagen Säcke mit Mehl und Fässer mit Pökelfisch, Laternen, Leinwand und Seile für das Feldlager, Kisten mit Kerzen, Hämmer, Nägel, ein kleiner Amboß, Säcke voll Holzkohle, drei Fässer mit Äpfeln von der letzten Ernte – und ein einzelner Stiefel, den der junge Tesoro di Veluti wütend in die Dunkelheit geschleudert hatte. Die Pulverfässer allerdings und die Kugeln waren sorgfältig in der größeren Höhle verstaut worden. Mochte Regen oder Schnee alles andere durchweichen – wo Rigo das Kommando führte, hatten die Kanoniere zuerst für alles, was zu ihrer Ausrüstung gehörte, zu sorgen, bevor sie an sich selbst denken durften.

«Guten Morgen, Freund Ingenieur», sagte Rigo und reichte Leonardo einen Teller mit Brot, Käse und Oliven. «Wie geht es nun weiter? Ich denke, in ungefähr einer Stunde sind wir so weit, daß wir Eure Anweisungen ausführen können. Vorher muß ich nur noch ein paar aufsässige Köpfe zusammenschlagen, damit hier wieder Ordnung herrscht.»

«Genauso, wie ich Euch schon andeutete», erwiderte Leonardo. «In den ersten vier oder fünf Tagen sollen die Männer das Auseinandernehmen und Wiederzusammensetzen der Geschütze lernen; beide Prozeduren dürfen nicht länger dauern, als man braucht, um langsam bis zehn zu zählen. Acht Mann übernehmen jeweils ein Geschütz, und dazu kommen noch zwei als Boten oder Ersatz. Vier Männer jeweils tragen das Rohr, drei weitere übernehmen die Lafette und die Räder, wobei die Räder je nach Beschaffenheit des Geländes von den Achsen genommen werden müssen oder daranbleiben können, und einer schließlich trägt das Pulver, die Kugeln, den Rohrwischer und die Lunten. Die Männer lernen, sich schnell und leise zu bewegen, wenn sie diese Dinge tragen.»

«Bevor sie einen Schuß abgeben dürfen?» sagte Rigo. «Das wird schwierig werden, Leonardo.»

«Es wird noch viel schwieriger, wenn mitten in der Schlacht einer über die Füße des anderen stolpert», erklärte ihm Leonardo.

«Richtig. Aber wenn ich Euch einen Rat geben darf – ich würde ihnen an Eurer Stelle klarmachen, worum es Euch geht, damit sie wissen, wofür sie ihren Winterspeck abschwitzen», sagte Rigo. «Mich zu überzeugen, ist Euch gelungen. Aber die Leute sind von gar nichts überzeugt, und sie sind darum widerborstig. Mir wäre es lieber, sie begriffen, was Ihr vorhabt. Ihr und ich, wir haben einander halbwegs verstehen gelernt, deshalb hoffe ich, Ihr nehmt mir meine Offenheit nicht übel. Ich meine nur, wir haben es hier jetzt nicht mit Maschinen und Mathematik zu tun, sondern mit Menschen.»

«Ganz meiner Meinung», sagte Leonardo. «Bieten wir ihnen ein kleines Schauspiel.»

Gegen zehn Uhr vormittags herrschte Ordnung. Drei Vorratszelte waren aufgeschlagen, und es lag nichts mehr herum. Die Kanoniere hatten sich schweigend um eine der kleinen Kanonen geschart, die am oberen Ende des Tals zwischen den Höhlen und dem Bach stand. In genau fünfhundert Schritt Entfernung lehnte eine hölzerne Zielscheibe an einem roh aus Stangen zusammengenagelten Dreifuß – die Tür einer verlassenen Hütte, die sie beim Aufstieg zu dem Hochtal, in dem sie sich jetzt befanden, kurzerhand mitgenommen hatten.

Leonardo da Vinci füllte Schießpulver in ein kleines bronzenes Meßgefäß. Dann klopfte er leicht dagegen, damit die Körner zusammensackten.

«Zu jeder Kanone gehört ein solches Pulvermaß», erklärte er den Männern, «und zwar zu jeder ein eigenes. Bringt sie nicht durcheinander. Das Quantum, das sie fassen, unterscheidet sich vielleicht nur um das Gewicht einer halben Haselnuß, aber es ist unterschiedlich.» Einige der Kanoniere nickten, darunter Agnolo Fulvio und Scudo. Sorgfältiges Abmessen von Pulver war ein vertrauter Bestandteil ihrer Arbeit.

Nun bewegte Leonardo das Geschütz. Es war kaum viereinhalb Fuß lang und wog vielleicht ein Hundertstel des Gewichts der Geschütze, mit denen sie bisher zu tun gehabt hatten. Aber an seinem Äußeren war nichts Unvertrautes. Die Schildzapfen ruhten in Vertiefungen, so daß Geschütz und Lafette leicht voneinander gelöst werden konnten. Ähnlich waren die Räder mit abnehmbaren Bolzen an den Achsen befestigt. Von diesen Eigenschaften abgesehen, gab es nur eine Besonderheit an diesem Geschütz: Das Bodenstück des Rohrs lag auf einem gekrümmten Block auf, der sich mit einer Schraube heben und senken ließ. Die Schraube war Teil der Lafette. Wenn man an ihr drehte, bewegte sich ein Zeiger am Block über eine an der Lafette angebrachte Reihe von Markierungen und zeigte damit an, in welcher Höhe der Lauf ausgerichtet war. Kippte man Schraube und Block nach hinten, so glitt das Bodenstück des Rohrs auf das eichene Rohrlager; dabei wies die Mündung, wie Leonardo den Männern jetzt demonstrierte, zum Laden steil nach oben.

Er schüttete die abgemessene Pulvermenge ins Rohr, schob einen ledernen Pfropfen hinterher und schließlich die vier Pfund schwere Kugel aus poliertem Eisen. Dann griff er in die Tasche und holte ein schmales braunes Röhrchen hervor, ungefähr so lang und dick wie ein Gänsekiel und an beiden Enden zugespitzt.

«Das ist der Zünder», sagte er. «Er besteht nur aus Pulver, in Papier eingerollt und an den Enden mit Gummiarabikum zugeklebt. Ihr habt nicht genug Zeit, um das Zündloch am Bodenstück mit losem Pulver zu füllen, wie ihr es gewohnt seid. Dieses Ding hier erfüllt den gleichen Zweck, aber es geht schneller – und zwar so.» Er steckte das eine Ende des Röhrchens in das Zündloch und schob es so tief hinein, daß es nur noch ein oder zwei Zoll weit herausragte. Und indem er das Bodenstück anhob und die Mündung senkte, kippte er die Zielschraube wieder nach vorn und ließ dann das Bodenstück wieder in die Kehlung des beweglichen Blocks gleiten.

«Fertig», sagte er.

Er drehte den Kopf und blickte talabwärts auf die ferne Zielscheibe. Aus dieser Entfernung wirkte sie nicht größer als ein Daumennagel. Er kniete hinter dem Geschütz nieder und verschob die Lafette um ein weniges, um das Rohr so auszurichten, daß es genau auf das winzige Ziel wies.

«Wer traut sich zu, die Scheibe zu treffen?» fragte er, immer noch kniend.

Sofort trat Agnolo Fulvio vor und kniete neben ihm nieder. Er visierte über die beiden in das Rohr eingefeilten Kerben, die eine in der Ausbuchtung des Bodenstücks, die zweite im Randwulst der Mündung. Durch die Kerben hindurch sah er das ferne Ziel.

«Solche Zielvorrichtungen habe ich schon gesehen», sagte Agnolo, «und zwar an türkischen Geschützen. Wie viele Schüsse gebt Ihr mir?»

«Einen», sagte Leonardo.

«Mit einer unerprobten Kanone?»

«Sie schießt nicht anders als jede, mit der Ihr bisher zu tun hattet», sagte Leonardo lächelnd. «Vermutlich sogar besser. Mein Wort darauf.»

«Das mag sein. Trotzdem weiß ich nicht, wie sie sich verhält», sagte Agnolo. Von seinen Kameraden kam zustimmendes Gemurmel. «Wie groß ist der Abstand?»

«Fünfhundert Schritt.»

«Dann gebt mir drei Versuche, und ich treffe das Ziel.»

«Einen», sagte Leonardo.

«Das ist unmöglich», sagte Agnolo. «Das brächte kein Mensch fertig. Wenn ich nicht geradezu teuflisches Glück habe, liegt der erste Schuß entweder zu kurz, oder er geht über das Ziel hinaus. Der zweite zeigt mir an, wie weit ich das Rohr heben oder senken muß, damit die Flugbahn um eine bestimmte Anzahl von Schritten kürzer oder länger wird. Wenn ich das weiß, trifft mein dritter Schuß das Ziel. Was meinst du, Scudo?»

«Er hat recht», sagte Scudo und nickte. «So wird es gemacht.»

«Dann tretet beiseite», sagte Leonardo, «und laßt euch zeigen, wie man mit Hilfe der Mathematik auf den ersten und den zweiten Schuß verzichten kann.»

Agnolo erhob sich. Leonardo drehte an der Zielschraube, bis der Zeiger am Block die Marke erreicht hatte, die eine Entfernung von fünfhundert Schritt bezeichnete. Dann stand er auf und klopfte sich den Staub von den Knien.

«Gebt mir noch eine kleine Weile Zeit», sagte er. «Und dann schießt. Mehr als ein Schuß ist nicht nötig.»

«Wieviel Zeit wollt Ihr?» fragte Agnolo. «Und wozu?»

«Nun», sagte Leonardo, «damit ich die Richtigkeit meiner Berechnungen prüfen kann.» Er wandte sich an Rigo. «Kommt Ihr mit?» fragte er ihn.

«Wohin?»

«Zum Ziel hinunter natürlich.»

Rigo, der bereits den Mund aufgemacht hatte, um eine Bemerkung zu äußern, schloß ihn wieder, denn Leonardo war bereits auf dem Weg.

«Du feuerst, wenn ich die Hand hebe», befahl der Hauptmann. «Und sieh zu, daß dieser dreiste Ausdruck aus deinem Gesicht verschwindet – ich könnte ihn für Unverschämtheit halten.»

Agnolo machte eine tiefe Verbeugung. «Zu Befehl, Hauptmann», sagte er. «Er ist Euer Freund, und zweifellos wißt Ihr, was Ihr tut.»

Einige Minuten später standen Leonardo und der Hauptmann zu beiden Seiten der aufgestellten Tür. Nicht weit von ihnen entfernt bahnte sich der Bach seinen Weg zwischen Schneeflecken und über sonnenbeschienene Kiesel hin, aber sie hatten kein Auge für ihn.

«Näher heran», forderte Leonardo.

«Weshalb nicht gleich direkt davor?» knurrte Rigo. «Ein Schauspiel ist schön und gut, aber ich hatte nicht damit gerechnet, daß ich dabei meinen Kopf hinhalten muß.»

«Nur Mut», tröstete Leonardo ihn. «Allerdings gebe ich zu, daß ich weniger zu verlieren habe als Ihr. Wenn dieser Schuß nicht trifft, werden Eure Kanoniere mich vermutlich in Stücke reißen. Da macht es wenig aus, ob ich vorher geköpft worden bin oder nicht. Gebt das Zeichen.»

Rigo hob die Hand.

Aus der Mitte der Gruppe von Männern, die am oberen Talende beisammenstanden, löste sich eine weiße Rauchwolke, und fast gleichzeitig erreichte die beiden das Explosionsgeräusch, das sich anhörte wie ein Peitschenknall. Ganz kurz erblickten sie die schimmernde Kugel auf ihrer Bahn, und da zerbarst auch schon die Zielscheibe zwischen ihnen. Holzsplitter flogen umher, einer davon drang tief in den Stoff von Rigos Ärmel. Mit einem erleichterten Grunzen zog er ihn heraus und sah der Kugel nach, die nun, verformt und unbrauchbar geworden, zum Bach hinunterrollte. Die Männer kamen ihnen entgegengelaufen, und einige schwenkten ihre Mützen.

«Nun, Herr Kanonier», sagte Rigo zu Leonardo, «an Selbstvertrauen fehlt es Euch nicht, und das gefällt mir. Aber wenn Ihr noch einmal so ein Schauspiel vorführen wollt, stünde ich lieber ein wenig abseits.»

In der Morgendämmerung des nächsten Tages, ungefähr zwanzig Meilen von dem Tal entfernt, ließ Silvio Grimiani sein großes schwarzes Pferd sich selbst einen Weg durch den von Trümmern übersäten Hof einer zerstörten Abtei suchen. Unter ihm glitzerten die Dächer von Fiesole feucht im grauen Frühlicht. Noch weiter entfernt verrieten Nebelschwaden, die sich in der kalten Nacht über dem Wasser zusammengebraut hatten, den Arno. Ohne sich der Kälte bewußt zu werden, beobachtete Silvio den Waldweg, der von der schlafenden Stadt hügelan führte. Er wußte, daß er nicht gesehen werden konnte, solange er sich dicht an der alten, verfallenen Mauer hielt. Sein Pferd schnaubte, aus seinen Nüstern wölkte Dampf. Die Zügel, die er locker in der Hand hielt, schlugen leicht gegen den Hals des Tieres.

Vier sind wir, sagte er sich. Drei, wenn man es genau nimmt. Denn Paolo Pazzi war ein Versager, soviel stand bereits fest. Er hatte zu viele Stunden über seinen Zahlen gesessen – er war ein Buchhalter, aber kein Mann, der einen anderen tötete. Sein Bruder, Francesco Pazzi, wäre für ein solches Unternehmen besser geeignet gewesen, trotz seiner Niederlage in Rom. Aber der alte Jacopo hatte darauf bestanden, daß Paolo sie begleitete. Er solle doch – so hatte der alte Pazzi spöttisch hinzugefügt – auch jene Einzelheiten des Handels kennenlernen, die nicht in Hauptbüchern und Frachtbriefen zu finden seien.

Nun, vermutlich würde es für den kleinen Paolo ohnehin nichts zu tun geben. Benno Foscari mit seinem Stilett wog zwei Männer auf, und das gleiche galt für Mario Bandini, für den sein älterer und berüchtigterer Bruder, Bernardo Bandini, gebürgt hatte. Wie Francesco Pazzi war auch Bernardo Bandini mit anderen Dingen beschäftigt. Zwei erprobte Männer, ein Schreiberling und er selbst, dachte Silvio. Das würde genügen.

Drei Tage hatte er damit verbracht, in der Umgebung nach Leonardos Aufenthalt zu forschen. Wie es hieß, war Roderigo Leone bei ihm. Überall hörte er Geschichten von geheimnisvollem Kommen und Gehen bei Nacht, aber Silvio hielt sie für Bauerngeschwätz – für die Leute gab es wahrhaftig wenig genug, das ihre Phantasie erregen konnte. Bis zu seiner Ankunft bei der Jagdhütte der Medici hatte er nichts Bestimmtes erfahren. Die Hütte war schon halb verfallen, wurde aber noch von einem alten Verwalter und seiner Frau bewohnt. Silvio hatte sie vor die einfache Wahl gestellt, zu reden oder niedergemacht zu werden. Die alte Frau hatte ihn verflucht; ihr Mann dagegen hatte sich weniger widerspenstig gezeigt. Er hatte den Fürsten von Savoyen vor die Tür geführt und auf den kaum sichtbaren steilen Pfad gewiesen, der zu dem eingeschnittenen, das Tal beherrschenden Hügelkamm hinaufführte. Leonardo da Vinci, so behauptete er, sei jetzt irgendwo dort oben, in Begleitung eines vierschrötigen Mannes. Danach bat der Verwalter murmelnd und in wirren Worten um Gnade. Mit seiner Auskunft zufrieden, hatte ihm Silvio erlaubt, zu seiner zahnlosen Frau zurückzukehren.

Vermutlich wäre Silvio seiner Sache weniger sicher gewesen, wenn der Verwalter ihm auch berichtet hätte, daß der Künstler und der Hauptmann von fünfzig bewaffneten Männern begleitet worden waren. Aber da der Fürst ihm keine derartigen Fragen stellte, hatte der verschlagene alte Mann auch keinen Grund gesehen, ihn darauf hinzuweisen.

In dem von Trümmern übersäten Hof oberhalb von Fiesole hörte Silvio näherkommendes Hufgetrappel. Er hauchte in seine gewölbten Hände, um sie zu wärmen, und wartete auf die Ankunft seiner Komplizen.

«Ich sehe da eine Schwierigkeit», sagte Rigo.

«Es gibt mehrere», gab Leonardo heiter zu. «Worin besteht die Eure?» Er hatte die Hand voller Kieselsteine und warf einen nach dem anderen auf den unter ihnen liegenden Pfad. Es war Spätnachmittag und schönes Wetter. Die Kanoniere bereiteten draußen vor den Höhlen am Ende des Tals ihr Abendessen zu. Rigo und Leonardo hatten einen Spaziergang gemacht und saßen nun auf einer der beiden Felssäulen, die am oberen Ende des Pfades den Eingang zum Hochtal bewachten. Die Jagdhütte lag winzig klein fast siebenhundert Fuß unter ihnen; von dort aus führte ein breiterer Weg durch die teils noch mit Schnee bedeckten Vorgebirge in die ferne Ebene hinab.

«Es geht um das Messen der Entfernung», sagte Rigo und rieb sich den Hals. «Die Vorführung, die Ihr uns geboten habt, hat auf geradezu bewundernswerte Weise ihren Zweck erfüllt. Dennoch aber hat Agnolo den wunden Punkt herausgefunden. Wir haben uns nie sonderlich um die Entfernung unserer Ziele gekümmert. Wir haben geschätzt und ein paar Probeschüsse abgegeben, bis wir trafen. Aber wenn ich Euch recht verstanden habe, ist das bei Eurer neuen Methode nicht vorgesehen.»

«Ihr habt mich recht verstanden.»

«Und Ihr habt, bevor gefeuert wurde, die Entfernung zwischen Geschütz und Ziel genau abgeschritten. Das mußtet Ihr tun, sonst hätte der Schuß nicht getroffen. Sehe ich auch das richtig?»

«Völlig richtig.»

«Wie wollt Ihr dann vorgehen, wenn Ihr die Entfernung nicht genau kennt?» fragte Rigo.

«Rigo, mein Freund», sagte Leonardo, «Ihr habt eine Schwierigkeit erkannt, die von entscheidender Bedeutung ist, zumal wir auch bei Nacht schießen werden.»

«Bei Nacht! Allmählich begreife ich überhaupt nichts mehr!»

«Rückt näher heran.»

Leonardo schlug seinen Skizzenblock auf, nahm ein Stück Kohle zur Hand und begann zu zeichnen.

«Stellt Euch vor», sagte er, «wir nehmen einen langen Stab und legen ihn quer vor uns auf den Boden. So. Nun montieren wir an beiden Enden des Stabes gekerbte Bronzestreifen, ähnlich wie der Zeiger einer Peilscheibe – oder wie die in die Rohre unserer Kanonen dort oben eingefeilten Visierkerben. Zuerst beschäftigen wir uns mit diesem hier, mit dem rechten, und richten seine Kerben auf das Ziel aus – so. Dann begeben wir uns, ohne den Stab zu bewegen, an sein linkes Ende und verfahren dort ebenso. Nun weisen beide Zeiger auf unser Ziel. Versteht Ihr?»

«Ja. Das ist ungefähr so, als hätten wir zwei kleine Kanonen auf ein und dasselbe Ziel gerichtet.»

«Richtig. Nun seht Ihr hier an meiner Zeichnung, daß beide Zeiger zwar auf denselben Punkt weisen, aber nicht genau parallel laufen, da sie ja um die Länge des Stabes voneinander entfernt sind.

Sie sind leicht einwärts gerichtet, aufeinander zu, auch wenn die Abweichung vom rechten Winkel nur sehr gering ist. Je näher das Ziel liegt, um so stärker weichen sie vom rechten Winkel ab – so. Und wenn ich die Winkelabweichung nach innen messe, was sich mit einem Kreis mit Gradeinteilung unter einem der beiden Zeiger bewerkstelligen läßt – das sähe dann so aus –, kann ich mir ausrechnen, wie weit das Ziel von meinem Stab entfernt ist. Wenn man erst einmal begriffen hat, wie das Ding arbeitet, ist das Messen ein Kinderspiel.»

«Und Ihr habt dieses Werkzeug gebaut?» fragte Rigo.

«Ich habe es gebaut, und es arbeitet genau genug für unsere Zwecke.»

«Und bei Nacht? Wie steht es da?»

«Auch daran habe ich gedacht . . . Was gibt es?»

Rigo hatte ihm die Hand auf die Schulter gelegt und deutete mit der anderen ins Tal.

«Seht, dort», sagte er. «Unter uns, dort, bei der Hütte. Reiter.»

Leonardo spähte zwischen den Wipfeln der Kiefern hindurch nach unten. «Es sind vier», sagte er und nickte. «Und sie kommen den Weg hier herauf.» Er ließ sich langsam sinken, bis er flach auf dem Felsen lag; Rigo hatte das gleiche getan.

«Das gibt Ärger», sagte Rigo. «Sie sind noch zu weit entfernt, als daß wir erkennen können, wer sie sind, und bald werden sie zwischen den Bäumen sein. Freund oder Feind? Was meint Ihr?»

Leonardo griff in den Lederbeutel, den er neben seinem Skizzenblock am Gürtel trug, holte einen kleinen zylindrischen Gegenstand heraus und hielt ihn vors Auge. «Der Fürst von Savoyen», verkündete er gelassen. «Und Paolo Pazzi. Die anderen beiden kenne ich nicht, aber Eure Frage ist damit beantwortet.»

«Aber das ist ja unglaublich!» rief Rigo. «Was habt Ihr denn da? Schon im letzten Jahr vor Castelmonte habe ich Euren scharfen, weitreichenden Blick bewundert. Aber das jetzt übersteigt meinen Verstand! Zeigt mir, was Ihr da habt.»

Leonardo reichte ihm den Metallzylinder. Er war ungefähr zwei Finger dick und etwas länger als breit. «Ihr habt doch schon Brillen gesehen, oder nicht?» fragte er mit leisem Spott.

«Solche noch nicht. Brillen sind flach und werden von alten Männern und Notaren getragen. Wie habt Ihr dieses Ding gemacht?»

«Mit zwei Gläsern, die, wie Ihr seht, ein wenig voneinander entfernt sind», erwiderte Leonardo. «Das vordere und das hintere sind genau entgegengesetzt geschliffen. Ich kam zufällig auf das Prinzip, als ich mit einem solchen Linsenpaar Versuche machte, und baute mir daraufhin dieses Gerät.»

«Ein Wunder», rief Rigo und schaute durch das Rohr. «Jetzt sind die vier Reiter nicht mehr zu sehen», setzte er hinzu. «Aber sie kommen zu uns herauf. Ich kann sogar ihre Spuren erkennen. Mein Freund, dieses Instrument kann Euch zum reichen Mann machen. Ich bezahle . . .»

«Ihr braucht nichts zu bezahlen», sagte Leonardo. «Nehmt es als Geschenk eines Kanoniers an den anderen. Nur seid so gut und haltet es verborgen. Mögen die anderen denken, was Ihr auch von mir dachtet, daß Ihr scharfe Augen habt, nicht mehr.»

«Ich danke Euch. Ich kann Euch gar nicht genug danken.»

«Mein Gott», sagte Leonardo lächelnd, «macht doch nicht so viel Aufhebens von einem Spielzeug, mit dem man in den Mond schaut. Ich brauche nur ein paar Tage, um mir ein neues zu machen. Inzwischen sollten wir uns lieber mit dringenderen Angelegenheiten beschäftigen. Was machen wir mit Silvio und seinen Freunden? Ich gestehe, sie werden mir allmählich lästig.»

«Das kann ich verstehen. Nun, sie brauchen mindestens eine halbe Stunde, um das obere Ende des Pfades zu erreichen.»

«Dann erwarte ich sie hier», sagte Leonardo. «Und Ihr holt inzwischen ein paar von Euren Leuten, von denen Ihr meint, daß ihnen ein bißchen Bewegung gut täte. Dann werden wir sehen, was sie im Sinne haben.»

Benno Foscari erblickte ihn zuerst. Und mit erhobenem Arm gebot er den anderen Schweigen. Er brauchte ihnen ihr Opfer nicht erst zu zeigen. Zweihundert Schritt vor ihnen und deutlich sichtbar zwischen den Kiefernstämmen beiderseits der letzten Biegung des Pfades saß Leonardo da Vinci, mit dem Rücken zu ihnen, auf einem Holzklotz mitten auf dem Pfad. Er zeichnete offenbar. Wahrscheinlich wollte er das letzte Tageslicht nutzen.

Silvio brachte sein Pferd neben Foscari zum Stehen.

«Ein Kinderspiel», flüsterte er. «Aber wo ist der Kanonier?»

«Entweder hinter uns oder jenseits der Biegung, dort drüben, wo die beiden Felsen stehen», antwortete Foscari leise. «Ich sehe keine Pferde. Ist das der Eingang zu dem Tal, von dem Ihr gesprochen habt?»

«Ich nehme es an.»

«Dann werden sie dort kampieren», sagte Foscari. «Darauf könnt Ihr Euch verlassen.» Sein Pferd tänzelte, aber der Wind in den Bäumen war kräftig genug, um alle kleinen Geräusche, die sie machten, zu übertönen. Solange sie sich nur halbwegs leise bewegten, würde man sie früher sehen als hören. «Wie wichtig ist der Kanonier bei unserem Geschäft?» fragte Foscari.

«Nebensächlich. Wenn er erscheint, bringt ihn um. Wenn nicht, ist es auch gut.» Der Fürst von Savoyen winkte die anderen beiden Reiter heran. «Paolo», sagte er, «Ihr übernehmt die Deckung von hinten. Falls Ihr den Kanonier-Hauptmann Leone seht, stoßt einen Warnruf aus. Andernfalls tut Ihr nichts. Habt Ihr verstanden?»

Paolo Pazzi nickte und hoffte, daß man ihm seine Erleichterung nicht zu deutlich ansah. Für das, was jetzt bevorstand, ob es ein Kampf war oder schlichter Mord, war er nicht der rechte Mann, und deshalb war er für die ihm gebotene Chance, weder mit Ruhm noch mit Schande bedeckt nach Florenz zurückzukehren, sehr dankbar.

Selbst als Wächter war er seinen Pflichten nicht gewachsen, aber unter den gegebenen Umständen spielte das keine entscheidende Rolle. Er lenkte sein Pferd zur Seite und blickte nicht auf den abwärts führenden Pfad, sondern auf Silvio Grimiani, der – von Benno Foscari und Mario Bandini flankiert – nun das letzte Stück Weges zu dem ahnungslos dasitzenden Künstler hinaufritt.

Als sie ungefähr die halbe Strecke hinter sich gebracht hatten, spürte Mario ein leises Unbehagen. War der Mann taub? Schließlich hätte er doch inzwischen etwas hören müssen – ob nun der Wind in den Bäumen rauschte oder nicht. Freilich, es hieß, Künstler vertieften sich häufig so sehr in ihre Arbeit, daß sie nichts mehr wahrnahmen. Bei diesem hier mußte es tatsächlich so sein. Mario Bandini überflog die Szene mit kundigem Blick und fand nichts an ihr auszusetzen. Zwanzig Schritt hinter dem sitzenden Künstler machte der Pfad eine scharfe Biegung nach rechts – wahrscheinlich mündete er dort in das obere Tal. Sonst konnte er nirgendwohin entkommen, und wenn er floh, konnte man ihn einfach überreiten – und Rigo mit ihm, falls er sich in der Nähe aufhielt.

Dreißig Schritt hinter Leonardo brachte Silvio sein Pferd zum Stehen. Er zog seinen Degen und knirschte mit den Zähnen in Erinnerung an frühere Kränkungen, tatsächliche und eingebildete, die ihm von Leonardo zugefügt worden waren.

«Künstler!» rief er drohend.

Leonardo da Vinci wandte sich um und kam in einer einzigen fließenden Bewegung auf die Füße. Sein Gesicht hatte einen Ausdruck gefährlicher Belustigung. Im gleichen Augenblick tauchten, als hätte Silvios Degen das Signal dazu gegeben, rings um den Fürsten und seine Begleiter Männer auf. Sie kamen hinter Felsbrocken und Bäumen hervor und erschienen an der Biegung, wo der Pfad zwischen den beiden Felssäulen verschwand – dunkle, in Leder gekleidete Männer mit pulvergeschwärzter Haut und bewaffnet mit Dolchen, Nägeln, Keulen und kurzen Schwertern.

Benno Foscari, der sein Stilett schon in der Hand hielt, begriff die Niederlage als erster und gab seinem Pferd verzweifelt die Sporen. Das Tier zuckte zusammen und tat zwei oder drei Schritte voran. Dann griff ihm Rigo Leone in die Zügel, stemmte den Schenkel gegen das eine Vorderbein und riß gleichzeitig am Sattel. Foscari, der ohnehin nicht gut saß, blieb eine Sekunde Zeit, sich über die gewaltige Kraft des Kanoniers zu wundern; dann stürzte das Pferd wiehernd zu Boden. Foscari flog durch die Luft und prallte gegen einen Felsbrocken. Rigo stieß ihm kurzerhand mit einem wohlgezielten Tritt den Schädel ein.

Von seinem sicheren Standort zwischen den Kiefern aus beobachtete Paolo Pazzi entsetzt die ersten Augenblicke des Überfalls. Leonardo, der sich erboten hatte, selbst den Köder in der Falle zu spielen, hatte den Kanonieren – zu Rigos Verdruß – befohlen, keine Gewalt anzuwenden, bevor Silvio Grimiani seine Absichten klar zu erkennen gegeben hatte. Außerdem hatten sie keine Zeit mehr gehabt, ihren Gegnern den Rückzug abzuschneiden, indem sie den Pfad weiter bergabwärts sperrten. Vor allem ging es ihnen darum, sie am Eindringen in das Tal zu hindern.

So konnte Paolo Pazzi, nachdem er sein Pferd herumgerissen hatte, noch sehen, wie Mario Bandini von dem gewaltigen Scudo aus dem Sattel gezerrt wurde und wie der Kanonier ihm den Arm wie eine Klammer um den Hals legte und unerbittlich den Kopf des Meuchelmörders nach hinten drückte, bis sein Rückgrat brach wie ein morscher Zweig. Von Entsetzen geschüttelt, gab Paolo seinem Pferd die Sporen und galoppierte eilig davon.

Der Fürst von Savoyen warf einen flüchtigen Blick auf die entschwindende Gestalt seines Wächters und verzog das Gesicht zu einem angewiderten Grinsen. Von Männern und blanken Waffen umgeben, saß er noch immer auf seinem Pferd, das Leonardo am Zügel hielt.

Rigo Leone warf spielerisch Benno Foscaris Stilett in die Luft und fing es wieder auf. Er trat böse lächelnd auf die beiden zu und sah Leonardo mit funkelnden Augen an.

«Was meint Ihr?» fragte er und deutete mit der Waffe auf den Fürsten. «Von einem Ohr zum anderen?»

Leonardo schüttelte den Kopf und hob den Degen auf, den Silvio als Zeichen seiner Ergebung zu Boden geworfen hatte.

«Wir gewinnen nicht viel, wenn wir ihn zum Schweigen bringen», erklärte er. «Sein Freund hat sich bereits davongemacht. Also wird man in Rom bald wissen, wo wir stecken. Früher oder später mußte so etwas geschehen, und es spielt keine große Rolle. Laßt ihn am Leben.»

«Das ist doch töricht, Leonardo», sagte Rigo. «Selbst wenn Ihr den Umstand außer acht lassen wollt, daß dieses Herrchen vorhatte, Euch umzubringen, und daß Ihr deshalb guten Grund habt, ihm ein gleiches Schicksal zu bereiten. Gewiß, vielleicht ist unser Aufenthaltsort nun kein Geheimnis mehr, doch außerhalb des Tals weiß niemand, was wir tun. Wollt Ihr ihn gefangennehmen?»

«Ja. Ich will ihn Lorenzo ausliefern.»

«Dann riskiert Ihr eine ganze Menge, denn er wird einiges zu sehen bekommen. Schneiden wir dem Hund doch die Kehle durch, und werfen wir ihn in den Abgrund.»

«Nein», sagte Leonardo. «Da ist noch etwas, über das ich mich gern mit ihm unterhalten würde.» Er wandte sich an Silvio Grimiani. «Fürst», fragte er, «gebt Ihr mir Euer Wort, daß Ihr nicht zu fliehen versucht? Entweder Euer Ehrenwort, oder Ihr seid ein toter Mann.»

«Ich gebe es», sagte Silvio. «Befreit mich von Euren Bauern.»

«Dann steigt ab», befahl Leonardo, «und drückt Euch gefälligst etwas höflicher aus.»

Unter Rigos fortgesetzten, wortreichen Protesten brachten sie ihn in der kleineren der beiden Höhlen unter. Dort besuchte ihn Leonardo nach dem Abendessen. Der Fürst war schlecht gelaunt.

«So könnt Ihr einen Gefangenen nicht unterbringen», erklärte er sofort.

«Wir leben nicht anders als Ihr. Schlechter sogar, denn Ihr habt eine Höhle für Euch allein», sagte Leonardo.

«Mögen Eure schmutzigen Freunde leben, wie sie wollen», sagte Silvio, «und Ihr meinetwegen auch. Ich bin von anderer Herkunft.»

«Ich wäre der letzte, der das bestreiten würde. Aber hütet Eure Zunge, Fürst – ich kann Euch meinen Leuten immer noch ausliefern.»

«Das wagt Ihr nicht», erklärte Silvio. «Nicht, wenn Ihr auf die Gnade Roms hofft, in dessen Diensten ich stehe.»

Leonardo hatte sich einen Schemel mitgebracht. Er stellte ihn ab und setzte sich darauf. Dann putzte er die Kerze, die ihnen als einzige Lichtquelle diente, und stellte sie genau mitten zwischen sich und Silvio.

«Es mag Euch merkwürdig vorkommen», sagte er, «aber ich lebe nicht in ständiger Angst vor Rom. Dennoch freue ich mich, endlich einmal zu hören, auf wessen Seite Ihr steht. Reden wir also über Eure Dienste für Rom, und reden wir vor allem über ein gewisses *camisado*, das im vergangenen Herbst unternommen wurde.»

«Ich kann Euch nicht folgen», sagte der Fürst.

«Ich glaube doch», sagte Leonardo ruhig und betrachtete das Gesicht des Fürsten im Schein der Kerze. «Ich glaube doch. Ich meine den Ausfall, bei dem die Verteidiger von Castelmonte Donna Carla d'Avalos Eurer Obhut entrissen, die dann vom Grafen von Imola schnöde umgebracht wurde. Ihr erinnert Euch?»

«Ich erinnere mich. Und was ist damit?»

«Ich habe in den letzten fünf Monaten immer wieder überlegt», sagte Leonardo noch immer im leichten Plauderton, «wieviel Euch der Graf von Imola wohl für diesen Verrat geboten hat.»

«Was heißt Verrat? Ich habe niemanden verraten», sagte Silvio. «Giuliano de' Medici höchstpersönlich kann bezeugen, daß ich meine Pflichten als Begleiter nach besten Kräften erfüllte, obwohl uns die anderen weit überlegen waren. Was Ihr da sagt, ist eine gemeine Verleumdung.»

«Nein», erwiderte Leonardo. «Nein, mit dieser Antwort kann ich mich leider nicht zufriedengeben. Gewiß, Giuliano hat mir berichtet, daß Ihr mit der Nachhut gekämpft habt, als er eintraf. Er glaubte außerdem, es hätte sich um einen zufälligen Ausfall gehandelt, vielleicht von einer Gruppe von Männern aus Castelmonte, die auf der Suche nach Verpflegung den Belagerungsring durchbrochen hatten. Diese Ansicht wurde nie in Frage gestellt, und Giuliano war überdies viel zu verzweifelt, um aus dem, was er gesehen hatte, die richtigen Schlüsse zu ziehen. Es handelte sich, wie er sagte, um ein *camisado*. Und gewöhnlich tragen Männer nur dann Hemden über ihrer Rüstung, wenn sie in einer bestimmten Absicht unterwegs sind und von Freunden in dunkler Nacht erkannt werden wollen. Hätte es sich um ein zufälliges Zusammentreffen gehandelt, wären sie nicht mit Hemden verkleidet gewesen. Woraus folgt, daß der Zusammenstoß kein Zufall, sondern geplant war. Und von wem war er geplant? Von Euch. Ihr habt darauf bestanden, daß Donna d'Avalos und ihre Begleiter Pistrola schon um Mitternacht verließen, statt den nächsten Tag und das Eintreffen von Giulianos Eskorte abzuwarten. Ihr wart es, der sie dicht an Castelmonte vorbeiführte, statt den längeren und sichereren Weg durch die Berge zu nehmen. Also habt Ihr Carla d'Avalos verraten und in den Tod geschickt. Meint Ihr etwa», fuhr er mit noch immer sanfter, aber jetzt gefährlicher Stimme fort, «ich hätte Euch wegen des Mordversuchs an mir als Gefangenen für Lorenzo aufgespart? Keineswegs. Es ist das Leben von Carla d'Avalos – einer hilflosen jungen Frau, die mit Euren jämmerlichen Machenschaften für Rom und gegen Florenz nicht das geringste zu tun hatte –, für das Ihr vor Gott und vor Florenz Rechenschaft abzulegen habt. Ihr könnt die Kerze behalten, Fürst. Einen Mann mit einer so feigen Seele der Dunkelheit zu überlassen, wäre eine unnötige Grausamkeit.»

Er ließ den Fürsten von Savoyen mit weißem Gesicht zurück und trat aus der Höhle; draußen am Bach gesellte sich Rigo zu ihm.

«Eine Schlange, Leonardo», sagte er. «Zertretet sie, Freund, bevor sie Euch in die Ferse beißt. Ich sehe Euch an, daß Ihr wißt, was für ein übler Bursche er ist. Ich werde ihn bewachen lassen.»

«Er hat sein Wort gegeben», sagte Leonardo. «Mag er es halten, wenn er hofft, damit seiner Rettung einen Schritt näher zu kommen.»

«Ich gäbe keinen Pfifferling für sein Wort.»

«Ich auch nicht», sagte Leonardo grimmig. «Und deshalb stellt Eure Wache auf, aber nicht zu nahe. Schließlich kann er uns nicht entkommen.»

«Da sprecht Ihr ein wahres Wort», sagte Rigo. «Geht schlafen, Ingenieur, ich veranlasse alles weitere.»

Kurz nach Mitternacht hörte Giunta di Lenzo, dem das Los die unwillkommene Aufgabe zugewiesen hatte, vor der Höhle des Fürsten von Savoyen Wache zu halten, wie Silvio Grimiani drinnen stöhnte. Er stand auf.

«Was fehlt Euch?» fragte er.

«Bringt mir eine Kerze, wenn Ihr ein ehrlicher Mann seid», sagte Silvio. «Meine ist niedergebrannt.»

«Dann schlaft», sagte Giunta. «Ich bin nicht Euer Diener.»

«Bitte, guter Mann», sagte Silvio. «Ich kann nicht schlafen. Ich muß für mein Seelenheil beten. Laßt mich nicht ohne Licht, ich bitte Euch.»

«Der Teufel hole Eure Seele!» antwortete der Kanonier. Dennoch holte er aus dem nächsten Vorratszelt, das kaum zehn Schritt entfernt war, eine Kerze. Als er damit zurückkehrte und mit ausgestreckter Hand in die Höhle trat, schlug der Fürst, der neben dem Eingang stand, ihm mit einem Stein auf den Kopf und trat über den bewußtlosen Mann ins Freie. Flach an den Felsen gedrückt, wartete er fünf lange Minuten; dann war er überzeugt, daß all seine Wächter schliefen, ließ sich auf die Knie nieder und begann davonzukriechen.

Als er das obere Tal zur Hälfte hinter sich gebracht hatte, erhob er sich wieder. Der Nachthimmel war von Wolken verhangen, und er ging jetzt schnellen Schrittes auf die Felsen am Talausgang zu, in der Gewißheit, daß er von seinen Verfolgern nicht gesehen werden konnte; selbst wenn sie jetzt Alarm schlugen, dachte er, würde er zwischen den Bäumen verschwunden sein, bevor irgend jemand ihn einholen konnte.

Sie hörten ihn kommen, als er noch über hundert Schritte von ihnen entfernt war.

Rigo, der unterhalb der beiden Felsen im feuchten Gras kniete, lachte vergnügt. Er brachte das Ende seines Zünders zum Brennen und schützte die kaum sichtbare Glut mit den Händen. Seine vier Leute, die neben ihrem Geschütz hockten, hielten den Atem an. Das Geschütz auf dem Pfad war mit Schrot geladen; das Rohr wies genau auf die Lücke zwischen den beiden Säulen am Ende des Pfades.

Silvio Grimiani kam am Bachufer, dem er gefolgt war, ins Rutschen; seine Füße glitten fast unhörbar über die lockeren Steine. Dann gewann er sein Gleichgewicht wieder, spähte in die Dunkelheit ringsum und wanderte zuversichtlich der Pforte entgegen, die in die Freiheit führte.

Zwanzig Schritt von ihm entfernt hielt Rigo den Zünder an die Lunte.

Der Funkenregen ließ den Fürsten von Savoyen zusammenfahren; er brauchte zwei, drei Sekunden, bis er entsetzt begriff, was das zu bedeuten hatte. Mit einem wilden Schrei machte er kehrt. Doch das kurze Aufdröhnen des Geschützes verschluckte den Schrei, zerriß seinen Körper und hallte dröhnend von den nahen Felsen wider. Dann hörte man das unsichtbare Geprassel von Fetzen aus Stoff, Metall, Fleisch und Knochen.

Rigo Leone fächelte mit seiner Mütze den Rauch beiseite.

«Sprecht ein Ave Maria», forderte er seine Männer auf. «Denn wir können nicht hoffen, alle Fetzen wiederzufinden. Morgen bauen wir einen Damm und leiten den Bach über den Pfad. Ich bin, wie jedermann weiß, ein sehr ordentlicher Mensch und schätze es gar nicht, wenn Aas vor meiner Haustür liegt.»

18

Francesco della Rovere, Papst Sixtus IV., saß in seinem mit Purpur verbrämten Gewand an einem sonnigen Fenster; er war beunruhigt und unzufrieden. Weder der Sonnenschein noch das Gewand waren schuld an seiner Unruhe, obwohl beides eine gewisse Rolle spielte. Sein Gewand war das Gewand für die Fastenzeit, und die Fastenzeit ging nun zu Ende. Das schöne Wetter kündigte den nahenden Frühling an, und mit dem Frühling mußte die Entscheitung kommen.

Aber Seine Heiligkeit war noch nicht darauf vorbereitet, eine Entscheidung zu treffen, und das machte ihm nun um so mehr zu schaffen, als sein Neffe, der Generalkapitän und Graf von Imola, um eine Audienz ersucht hatte. Er würde gleich kommen, und er würde – Sixtus wußte es – auf sofortige Eröffnung der Feindseligkeiten dringen. Dagegen hatte Sixtus nichts einzuwenden; seine militärischen Pläne lagen seit langem fest. Aber der Graf würde auch in anderen Dingen drängen – Dingen, die heikler waren, bei denen die Gefahr eines Fehlschlags größer, deren Moral zweifelhaft und die – schlimmer noch – von fragwürdigem Nutzen waren. Das Ärgerliche an Riario war, dachte Sixtus, daß er, wenn man ihn mit einer Waffe verglich, einem Handrohr ähnelte – geräuschvoll und geeignet, Schrecken einzujagen, aber mit der Neigung, nach hinten loszugehen.

Irgendwo schlug leise eine Glocke. Der Kaplan des Papstes erhob sich von dem Tisch, an dem er gesessen hatte, und begab sich zur äußeren Tür der Papstgemächer. Zur Überraschung des Pontifex maximus kehrte er mit Rodrigo Kardinal Borgia zurück.

«Wir sind entzückt, Eure Eminenz bei Uns zu sehen», sagte der Papst nach den formellen Worten der Begrüßung, «aber leider erwarten Wir gerade Unseren geliebten Neffen. Vielleicht gegen Mittag ...»

«Der Graf von Imola mußte in einer militärischen Angelegenheit verreisen und läßt sich entschuldigen», sagte Kardinal Borgia. «Wenn Eure Heiligkeit keine Einwände erheben, komme ich an seiner Stelle und mit seinem Anliegen.»

«Dann seid so gut und nehmt Platz.» Sixtus lächelte. «Wir gestehen Unsere Erleichterung und heißen Eure Eminenz herzlich willkommen. Neben dieser Erleichterung gestehen Wir auch Unsere Neugier und – wenn Ihr es im Geiste der Nächstenliebe verstehen wollt – ein wenig Argwohn. Ihr verfügt über weit mehr Redegewandtheit als der Graf, und deshalb vermuten Wir, daß Euer Anliegen etwas mit Überredung zu tun hat.»

«In sehr geringem Maße», sagte der Kardinal. «Ich möchte Eurer Heiligkeit nicht verschweigen, daß man glaubte, ich hätte eine etwas behutsamere Art.»

«Das habe ich befürchtet. Aber fahrt fort.»

Der Kardinal ließ sich nieder. «Darf ich für Eure Heiligkeit noch einmal kurz zusammenfassen?» fragte er. «Leonardo da Vinci hält sich auf Befehl des Beherrschers von Florenz in den Apenninen auf. Ein Anschlag auf sein Leben – der zweite – ist mißglückt. Der Fürst von Savoyen dürfte tot sein, zwei seiner Begleiter sind es mit Sicherheit. Der Mann, der entkommen konnte, berichtet, daß sich Leonardo da Vinci mit Kanonier-Hauptmann Leone und einer größeren Truppe von Kanonieren dort oben aufhält. Das alles bestätigt nur, was wir seit langem vermuteten – daß Lorenzo de' Medici vorhat, die Belagerung von Castelmonte bald wieder aufzunehmen, und daß Leonardo da Vinci zu diesem Zweck eine neue Waffe konstruiert.»

«Welcher Art?» erkundigte sich Sixtus.

«Das ist die Frage. Da keiner von uns über den Verstand Messer Leonardos verfügt, und da der Mann, der entkommen konnte, ihn nicht bei seiner Arbeit gesehen hat, bleibt das, was er dort tut, für uns ein unbekannter Faktor. Wir können nur vermuten, daß er ein noch größeres und stärkeres Geschütz baut, mit dem man die Mauern von Castelmonte beschießen wird, nachdem sich die alten Kanonen im vergangenen Jahr als unzureichend erwiesen haben.»

«Das ist sehr wahrscheinlich», sagte der Papst. «Fahrt fort.»

«Das Entscheidende dürfte sein», sagte Borgia, «daß es bei ihren Plänen um Geschütze geht und daß sie dafür Zeit brauchen.

Trotzdem liegt Eurem Generalkapitän sehr daran, daß ihm, dem Grafen della Rovere von Castelmonte oder dem Herzog Federigo da Montefeltro in – sagen wir – den nächsten sechs Wochen kein Überraschungsangriff droht. Sie rechnen mit einer Beschießung von rund zwei Monaten, was den Erfahrungen des vergangenen Herbstes entspräche. Sie möchten nicht plötzlich ein Geschütz vor sich haben, dem es durch seine Größe und seine Kraft gelingt, ihre Mauer innerhalb – sagen wir – eines Monats zu brechen. Da Riario Befehl hat, das Arnotal so lange zu halten, bis es von Roms Heer zum Durchmarsch gebraucht wird, ist diese seine Einstellung durchaus vernünftig.»

«Das leuchtet Uns ein. Und weiter?»

«Riario meint, man müsse Florenz zwingen, seine Absichten – welcher Art sie auch sein mögen – so schnell wie möglich aufzudecken, damit er seine Pläne darauf abstellen kann. Und deshalb will er Florenz unter Druck setzen.»

Die Augen des Papstes verengten sich sofort.

«Auf welche Weise?» fragte er.

«Hier bei uns in Rom», sagte Borgia, vorsichtig ausweichend, «hält sich der Mann auf, der bei dem Überfall auf Leonardo da Vinci entkam. Es ist Paolo Pazzi.» Der Kardinal hielt inne.

«Wir wissen, was die Familie Pazzi vorschlägt», sagte Sixtus IV. sofort. «Daran können Wir nicht teilhaben. Ein Anschlag auf Lorenzos Leben . . .»

«Eure Heiligkeit brauchen nicht daran teilzuhaben», sagte Kardinal Borgia. «Deshalb bin ich hier – und nicht der Graf von Imola.»

Sixtus nahm die Stärke dieses Arguments wahr. Hätte Girolamo Riario ihm jetzt gegenübergesessen, wäre die Unterredung gewiß auf sehr unerfreuliche Weise direkt gewesen.

«Um es noch einmal festzuhalten», sagte er. «Wir sind unter gar keinen Umständen bereit, gutzuheißen, was die Familie Pazzi plant, so nützlich es unter den gegebenen Verhältnissen auch sein könnte. Habt Ihr verstanden?»

«Vollkommen. Von einer einzigen Sache abgesehen, brauchen Eure Heiligkeit sich mit dieser Angelegenheit nicht mehr zu befassen.»

«Was ist es?»

«Eine Kleinigkeit», sagte der Kardinal. «Als – laßt mich nachdenken, wie ich es am besten ausdrücken könnte – als Zeichen dafür, daß Rom nicht über die Maßen entsetzt ist, wenn sich etwas ereignen sollte, das Florenz zwingen könnte, seine Pläne offenzulegen, wünscht der Graf von Imola, daß sein Neffe, der Kardinal Rafaello Sansoni-Riario, von Pisa nach Florenz geschickt wird, damit er am Ostersonntag dem Hochamt beiwohnt. Das ist alles.»

«Damit sichtbar wird, daß Wir die Gewalttat letzten Endes doch gutheißen? Unter keinen Umständen. Das lehnen Wir ab.»

«Eure Heiligkeit reagieren zu hastig, was nicht ganz unverständlich ist. Aber wenn die Kirche den Kardinal nach Florenz schickt, demonstriert sie damit doch ihre Unschuld an jedem Anschlag auf die Personen der Medici. – Schließlich», fügte Borgia nachdenklich hinzu, «ist der Kardinal gerade erst siebzehn Jahre alt und ein Jüngling von makelloser Moral.»

Papst und Kardinal sahen einander eine Weile schweigend an. Sixtus stand sein Dilemma nur zu deutlich vor Augen. Verweigerte er seine Zustimmung, würde Borgia ihm die Einzelheiten der in Florenz gegen die Medici geplanten Verschwörung darlegen und ihn auffordern, sie eindeutig zu untersagen. Und wenn er sie untersagte, konnte man ihn für jeden Fehlschlag der Frühjahrskampagne verantwortlich machen. Der Kardinal, ein überaus geschickter Diplomat, hatte ihm nur einen Weg gelassen. Er schlug ihn ein.

«Im Interesse der Kirche und zum Zeichen Unserer unwandelbaren Liebe zu der in Florenz herrschenden Familie, einerlei wie wenig sie Unsere Wertschätzung verdienen mag, werden Wir so verfahren», sagte Sixtus. «Tragt Sorge, Eminenz, daß dem Kardinal Sansoni-Riario kein Leid geschieht. Er ist Uns ebenso lieb und teuer, wie er es seinem Onkel, dem Grafen von Imola, sein muß.»

«Und was ist mit meinem Wort?» fragte Lorenzo de' Medici kalt. Er war wütend, wie sie alle deutlich sehen konnten. Selbst Bianca, die seinen Zorn schon häufiger erlebt hatte als die anderen, war eine Spur blasser als gewöhnlich. Doch Giulianos Stimmung stand der seines Bruders um nichts nach.

Giuliano ließ Constanzas Hand los und trat vor.

«Was soll damit sein?» erwiderte er. «Liegt irgendein schriftlicher Vertrag zwischen Florenz und Ferrara vor? Ich bezweifle es. Soll doch der Herzog eine andere Frau für seinen Sohn suchen.»

«Du sprichst wie ein Kind», sagte Lorenzo. «Natürlich wird er das tun – aber damit ist weder mir noch Florenz geholfen.» Er wandte sich Constanza zu. «Ich wünsche eine eindeutige Antwort von Euch zu hören, Madonna. Ihr erwartet ein Kind?»

«Ja, Herr.»

«Von Giuliano?»

«Herr», sagte Constanza, «ich verstehe, daß diese Neuigkeit Euer Mißfallen erregt, aber das gibt Euch nicht das Recht, mich zu beleidigen. Nicht nur Ihr habt Euer Wort gegeben, auch ich habe es getan. Vermutlich meint Ihr, Euer Wort wiege schwerer. Doch erwartet nicht, daß ich diese Ansicht teile.»

Lorenzo stemmte die Handflächen auf den Tisch und stand langsam auf.

«Mein Mißfallen?» sagte er. «Seht Euch vor, Madonna, daß sich mein Mißfallen nicht gegen Euch wendet! Ich schätze es nicht, wenn man meine Pläne durchkreuzt.»

«Dann laß deinen Ärger lieber an mir aus», sagte Giuliano, «denn ich bin der schuldige Teil. Es wird Zeit, daß wir einmal miteinander abrechnen, Lorenzo. Ich habe dir immer treu gedient, denn du eignest dich besser zum Herrscher, und ich eigne mich besser zum Gefolgsmann. Wenn man sich gegen dich verschworen hat, habe ich deine Feinde als die meinen betrachtet. Wenn dir das Wohl von Florenz am Herzen liegt – mir ist es nicht weniger darum zu tun. Aber mit der Liebe, die ich für Constanza empfinde, ist es etwas anderes – sie hat nichts zu tun mit deinen Kontrakten und Besiegelungen. Und wenn dir diese Antwort nicht eindeutig genug ist, weiß ich nicht, wie ich mich noch deutlicher ausdrücken könnte.»

Die beiden Männer starrten einander über den Tisch hinweg an.

«Komm, Lorenzo», sagte Giuliano schließlich etwas weniger feindselig, «gib es zu – du bist zwar auch zornig, weil du Ferrara nun absagen mußt, vor allem aber, weil wir dich getäuscht haben. Gewiß, wir haben uns deinem Befehl widersetzt, doch wir sind den einzigen Weg gegangen, der uns offenstand.»

«Die beiden haben recht», sagte Bianca. «Sie . . .»

«Du hältst den Mund», brüllte Lorenzo. «Ich bin ganz sicher, daß du deine Hand im Spiele hattest. Und wenn ich mir die Sache genau überlege, könnte ich mir fast vorstellen, daß noch jemandem ein Vorwurf zu machen wäre, nämlich Messer Leonardo da Vinci. Und das mißfällt mir außerordentlich. Nun ja.» Er rieb sich das Kinn.

«Nicht alles, was hier vorgeht, ist Leonardos Werk», sagte Bianca, die richtig erkannt hatte, daß das Schlimmste überstanden war.

«Ich habe dir befohlen, den Mund zu halten.»

«Ich bitte um Entschuldigung.»

«Und was euch beide betrifft», sagte Lorenzo zu Constanza d'Avalos und seinem Bruder, «so hätte ich das Recht, euch aus Florenz zu verbannen. Es wäre nicht das erste Mal, daß ein solches Urteil ergeht. Aber was geschehen ist, ist geschehen, und ich glaube nicht, daß Ferrara sehr entzückt wäre, wenn die Braut einen Medici-Bastard mitbrächte.»

«Herr, Eure Ausdrucksweise ist kränkend», sagte Constanza.

«Das mag sein. Glaubt nur nicht, ich wäre milde geworden, nur weil die Möglichkeit besteht, daß ich euch vergebe.»

Constanza lachte. «Ihr verzeiht uns also?»

«Zu gegebener Zeit», sagte Lorenzo. «Fürs erste reicht mir die Hand – beide.»

«Ich weiß etwas Besseres», sagte Constanza. Sie ging um den Tisch herum und küßte ihn herzlich. Giuliano streckte seinem Bruder die Hand entgegen.

«Und da gerade von einem Bastard die Rede war», sagte er, «dürfen wir jetzt unsere Verlobung verkünden?»

«Ihr tätet gut daran.»

«Mit deinem Segen?»

«Der mir mit Gewalt abgerungen wurde – aber ihr habt ihn», sagte Lorenzo und lächelte jetzt endlich. «Ostern naht, die richtige Zeit im Jahr für frohe Feste. Aber ich glaube, ich sollte erst Donna Bianca um ihre Zustimmung ersuchen – offensichtlich ist es unmöglich, in derartigen Angelegenheiten etwas ohne sie zu unternehmen. Komm her, mein Kleines. Ich habe in letzter Zeit selten Gelegenheit, mich von zwei so reizenden und so entschlossenen Damen hintereinander umarmen zu lassen. Und ich sollte den Augenblick nutzen, damit ich später immer daran denke, daß meine Autorität doch nicht ganz so mächtig ist, wie ich mir einbilde.»

Am Ostersonntag, dem 26. April, wurde Florenz von einem warmen, reinigenden Gewitter geweckt, und als es vorbei war, funkelten die Straßen und Plätze in der Morgensonne. Überall sah man frohgestimmte Florentiner durch die Stadt ziehen, teils in geordneten Reihen, wie die Gilden mit ihren Bannern, teils in lockeren Grüppchen von Freunden und Verwandten. In festlichen Gewändern, die zu ihrer Freude über das Ende der Fastenzeit paßten, begrüßten sie einander auf dem Weg zur Kirche, wo sie die Auferstehung des Herrn und den Beginn des Frühlings feiern wollten. Kinder platschten in den Pfützen vom Gewitterregen herum und bekamen dafür von ihren Eltern harmlose Rippenstöße. Soldaten stolzierten in scharlachroten Wämsern unter den Arkaden umher, die Harnische blitzblank geputzt, um die Aufmerksamkeit der jungen Damen auf sich zu lenken. Geistliche eilten zu zweit und zu dritt mit hochgerafften Gewändern ihren kirchlichen Pflichten entgegen.

Doch für einige Florentiner hatte dieser Sonntag eine andere Bedeutung. Für sie war er ein Tag der Erfüllung, der Höhepunkt einer Verschwörung, die jedoch so abscheulich war in ihrer Gottlosigkeit, daß einer der ursprünglich an ihr Beteiligten – der unzufriedene Söldner Gian Battista da Montesecco – sich zurückgezogen hatte, weil er schon den Gedanken daran nicht ertragen konnte. Dabei galt er allgemein als jemand, der alles andere als zimperlich war. Das eigentliche Vorhaben, der Doppelmord an Lorenzo und Giuliano de' Medici, beunruhigte ihn denn auch nicht – ein politischer Mord war nichts Ungewöhnliches. Aber der dafür gewählte Augenblick und der Schauplatz schreckten ihn ab.

Andere hatten da weniger Bedenken. In der Villa dei Pazzi berieten die Brüder Paolo, Francesco und Ippolito Pazzi mit ihrem Vater und dem gedungenen Mörder Bernardo Bandini. Sie fanden nichts Verwerfliches daran, das Blut der Medici auf dem Marmor der Kathedrale zu vergießen.

«Rache», sagte Bernardo. «Wo ich diese Rache nehme, ist mir gleich.»

«Sehr richtig», sagte der alte Jacopo Pazzi. «Euer Bruder liegt tot in den Bergen, erschlagen von diesen Tyrannen und ihren Mietlingen. Wir geben Euch die Möglichkeit, seinen Tod zu rächen. Wie steht Ihr dazu?»

«Ich bin Euer Mann», erwiderte Bernardo. Paolo ergriff seinen Arm, und Ippolito bot ihm einen Becher Wein an.

Erzbischof Salviati, der immer noch nicht verwunden hatte, daß man ihm den erzbischöflichen Stuhl von Pisa vorenthielt, war zynischer in der Art, wie er zu dem Vorhaben beitrug. Nachdem Montesecco ausgeschieden war, hatte er ihn durch zwei Priester aus seinem eigenen Gefolge ersetzt, Stefano di Bagnone und Antonio Maffei di Volterra.

«Betet für ihr Seelenheil, wenn ihr zustecht, Brüder», sagte er. «Weshalb sollten eure Gebete nicht erhört werden? Wenn die Medici in der Kirche sterben, sind sie dem Himmel gleich ein Stück näher. *Requiescant in pace*, meine lieben Brüder. Wir erweisen ihnen damit zweifellos nur einen guten Dienst.»

Der junge Kardinal Rafaello Sansoni-Riario ritt, gänzlich unschuldig und ohne von dem feigen und gotteslästerlichen Vorhaben etwas zu ahnen, auf einem weißen Zelter der Kathedrale von Santa Maria del Fiore entgegen. Prälaten, die älter und weiser waren als er, hatten ihm erklärt, in Florenz bringe man der Mutter Kirche, die er repräsentiere, nur wenig Liebe entgegen, und so hatte er sich ein wenig ängstlich auf den Weg gemacht. Um so überraschter war er nun, als er überall freundlich willkommen geheißen wurde. Die Florentiner sahen in seinem gesenkten Blick ein Zeichen erfreulicher Demut, und sie waren alles andere als nachtragend. Dieser Abgesandte Roms trug nicht den Dünkel zur Schau, den sie sonst von den Fürsten der Kirche gewohnt waren, und er schien sich auch zu keinem der Streitpunkte äußern zu wollen. Deshalb hatte ihn der Adel in sein Herz geschlossen, und die Stadtbevölkerung folgte seinem Beispiel. Überdies hatte ihm Donna Constanza d'Avalos auf den Stufen des Medici-Palastes eine Rose überreicht, eine Geste, die ihn verlegen erröten ließ, und da er nicht wußte, was er mit der Gabe anfangen sollte, trug er sie in der einen Hand durch die Straßen, während er mit der anderen die Zügel hielt. Das Bild kindlicher Unschuld, das er auf diese Weise bot, gewann ihm alle Herzen.

Vor der Kathedrale wurde er von Lorenzo de' Medici begrüßt, dessen Stallbursche den Zelter wegführte, und von Giuliano, der den jungen Kardinal um seinen Segen für die bevorstehende Verbindung zwischen Donna Constanza und ihm bat. Erzbischof Salviati beobachtete die reizende Szene mit Genugtuung, denn der praktische Zweck, dem der Besuch des Kardinals ohne dessen Wissen dienen sollte, war nun ebenso erfüllt wie der symbolische. Seiner Anwesenheit zu Ehren besuchten beide Medici-Brüder das Hochamt.

Ungefähr eine halbe Stunde später, gegen Ende des ersten Teils des Gottesdienstes, erhob sich der Erzbischof, beugte die Knie und verließ die Kathedrale. Sein Fortgehen löste einige Unruhe und Getuschel aus. Diejenigen, die ihn aus der Nähe gesehen hatten, schlossen aus seiner Blässe, daß er sich nicht wohl fühlte.

Daß sie sich irrten, zeigte sich nur wenige Augenblicke später.

Als Signal für die Bluttat hatten die Verschwörer einen der feierlichsten Momente des Hochamts gewählt – die Erhebung der Hostie vor den Augen der Gläubigen. Rein taktisch gesehen war die Wahl dieses Zeitpunkts bewundernswert. Aller Augen waren auf den Priester gerichtet, der die Hände mit der heiligen Last emporreckte. Hoch über ihm erklang ein einzelner Glockenton.

Unverzüglich fielen Francesco Pazzi und Bernardo Bandini, alle beiseite stoßend, die zwischen ihnen und ihrem Opfer standen, über Giuliano de' Medici her. Mit den Dolchen, die sie unter ihren Mänteln verborgen hatten, stachen sie immer wieder und wie besessen auf ihn ein – so daß Francesco in seiner blinden Raserei den taumelnden Mann beim vierten Stoß verfehlte und sich die Klinge tief in den eigenen Schenkel stieß.

Gleichzeitig stürzten sich die beiden Priester aus dem Gefolge des Erzbischofs Salviati auf Lorenzo. Aber sie waren ängstlich und unsicher. Von seinem fahrigen Komplizen behindert, konnte Stefano di Bagnone dem Herrscher nur einen schlechtgezielten Stich in den Hals versetzen, ehe Lorenzo, der auf Francesco Pazzis ersten Kampfschrei hin den Kopf zur Seite gewandt hatte, die ganze Bedeutung des Geschehens erkannte. Ein Freund Lorenzos, der ihm am nächsten stand, der Dichter Angelo Poliziano, zerrte ihn zurück, sprang zwischen ihn und die Mörder, wehrte ihre Dolche mit dem Ärmel seines Umhangs ab und zog seinen Degen. Die beiden Priester ließen sofort ihre Waffen fallen und flohen unter dem Geschrei der entsetzten Gläubigen.

Doch nur die wenigsten ahnten, was der kurze Zwischenfall wirklich zu bedeuten hatte. Unter den anderen breitete sich Panik aus, die durch den allgemeinen Lärm noch gesteigert wurde. Viele von denen, die weiter hinten gekniet hatten, fürchteten, die große Kuppel von Brunelleschis Dom sei im Begriff, auf sie herabzustürzen, und binnen weniger Sekunden herrschte im Schiff ein unvorstellbares Durcheinander erregter und verängstigter Menschen.

Lorenzo, aus dessen Halswunde Blut hervorströmte, wurde von seinen Anhängern in die Sakristei gebracht. Er wehrte sich wie ein Tiger und versuchte verzweifelt, zu seinem jüngeren Bruder zu gelangen. Aber Giuliano de' Medici, von einem Dutzend oder mehr Dolchstichen getroffen, hatte sich noch ungefähr fünfzig Schritt weitergeschleppt und war dann leblos zu Boden gesunken; sein Leichnam lag am Ende einer gräßlichen Blutspur. Hinter ihm, am Fuße der zum Altar hinaufführenden Stufen, sah man Kardinal Sansoni-Riario. Bei dem Versuch, der gräßlichen Szene zu entfliehen, war er über sein prachtvolles Gewand gestolpert und zu Boden gestürzt. Nun saß er zusammengesunken da und schluchzte verzweifelt.

Und so geschah es, daß zwischen zwei Atemzügen in dem Krieg zwischen Florenz und Rom wie in dem Schicksal derer, die ihn führten, eine unabänderliche Wende eintrat.

Für die Familie Pazzi und ihre Anhänger war diese Wende das Verhängnis. Ihre Verschwörung war politisch so unklug, wie sie schändlich gewesen war.

An der Spitze von zweihundert Bewaffneten eilte Erzbischof Salviati gerade zum Palazzo della Signoria, dem Sitz des Stadtrates, als der panische Auszug aus der Kathedrale begann. Von einer Zuversicht beflügelt, deren Ursprung nur er und Gott kannten, hoffte er, das Machtzentrum von Florenz mühelos erobern zu können.

Bei diesem schlecht geplanten Vorhaben scheiterte er. Unter der Leitung des Gonfaloniere della Giustizia schlugen die Verteidiger der Signoria den Angriff zurück; sie warfen Steine aus den Fenstern und verteidigten mit ihren Schwertern das Treppenhaus. Innerhalb weniger Minuten sahen sich die Angreifer von wutentbrannten Florentinern umringt, die inzwischen vom Tod ihres Lieblings Giuliano de' Medici erfahren hatten. Noch bevor sein Aufstand richtig begonnen hatte, hing der Erzbischof, halb verstümmelt und zuckend, von einem der Fenster des Gebäudes herab, das er hatte erobern und besetzen wollen. Wenige Augenblicke später leistete ihm der ähnlich zugerichtete Francesco Pazzi im Todeskampf Gesellschaft. Von dem ganzen *coup d'état* war nichts mehr da außer den Schreien ihrer Gefolgsleute, die einer nach dem anderen der Rache der aufgebrachten Menge zum Opfer fielen.

Jacopo Pazzi und seinen Söhnen Paolo und Ippolito erging es nicht besser. Auf den einzelnen Glockenschlag hin, der den Tod Giulianos verkündete, waren sie an der Spitze einer halben Reitereskadron von ihrem Haus aufgebrochen und hatten lauthals die Freiheit vom Joch der Medici ausgerufen. Wie Erzbischof Salviati hatten sie die Stimmung in Florenz falsch eingeschätzt und mußten teuer dafür bezahlen. Auf der Piazza San Giovanni erlebten sie, wie die Männer des Erzbischofs von einer Menge an der Flucht gehindert wurden, die ihnen zehnfach überlegen war und keinerlei Bedürfnis hatte, sich von einer Herrscherfamilie befreien zu lassen, die nicht im mindesten tyrannisch regierte, sondern im Gegenteil von jedermann für gerecht und gütig gehalten wurde.

Knapp die Hälfte der Reiter entkam aufs Land. Die anderen wurden aus dem Sattel gerissen und an Ort und Stelle erschlagen. Paolo und Ippolito Pazzi brachten sich in Castelmonte beim Grafen Giovio della Rovere in Sicherheit. Ihr Vater wurde noch am gleichen Nachmittag ergriffen. Er wurde in die Stadt zurückgeschleppt, gefoltert und am Ende eines blutigen Nachmittags hingerichtet. Tage später holten Florentiner Gassenjungen seinen verwesenden Leichnam wieder aus dem rasch aufgeworfenen

Grab und zogen ihn an einem Seil durch die Straßen der Stadt, bevor sie ihn in den Arno warfen.

Constanza d'Avalos stand regungslos da. Seit fünf Stunden starrte sie auf Giulianos Leichnam, der, in ein Gewand aus Gold und Purpur gekleidet, mit Frühlingsblumen überstreut auf einem Tisch zwischen ihr und dem Altar der Kapelle der Medici lag. Fra Sigismondo war gekommen und wieder gegangen.

«Madonna», sagte Lorenzo de' Medici, «ich will nicht so tun, als ob wir einander sehr nahestünden oder uns durch dieses entsetzliche Geschehen nähergekommen wären. Mögen andere solche Gefühle vortäuschen – uns helfen sie nicht. Ich kann Euch nur anbieten, was in meiner Macht steht: Rache.»

Er stand hinter ihr und hielt sich die Schulter. Constanza drehte sich nicht um.

«Mir liegt nichts an Eurer Rache, Herr», sagte sie.

«Vorläufig noch nicht – damit hatte ich gerechnet», sagte Lorenzo. «Ihr bleibt Euch selber treu, und auch ich handle, wie ich handeln muß – als harter Mann, wie es meine Stellung in dieser Welt verlangt. Denkt dennoch darüber nach. Vielleicht dürstet Ihr eines Tages ebenso nach Rache wie ich.»

Er verließ sie und stieg die Treppe zu seinen Gemächern hinauf. Erschöpft von seiner Wunde und von einem Zorn, den er nur unter Aufbietung seiner ganzen Willenskraft beherrschen konnte, rief er nach seinem Sekretär, sobald die Ärzte das Zimmer verlassen hatten. Die Mitteilung, die er diktierte, war kurz und bündig, und gegen Abend des folgenden Tages brachte ihm ein mit Schweiß und Staub bedeckter Bote die Antwort. *«Bereitet Eure Belagerung vor»*, schrieb Leonardo da Vinci. *«Wir folgen Eurem Kurier in einer Stunde. Gerechtigkeit und Kriegskunst fordern jetzt den Fall von Castelmonte. Ich verspreche Euch, daß es sehr schnell gehen wird.»*

19

Der sich am weitesten östlich erhebende Turm der Stadt Castelmonte bot einen freien Ausblick auf das Tal.

Federigo da Montefeltro, Herzog von Urbino und im Auftrag des Generalkapitäns des Heiligen Stuhls Befehlshaber der Verteidiger von Castelmonte, stand mit Guido Falcone di Riccomano, dem Hauptmann der Mauerwache, auf diesem Turm und blickte über das Panorama hin, das vor ihnen lag. Die Szene war vertraut, nur lag nun statt des goldenen Herbstlichtes die strahlende Sonne eines zeitigen Frühlings über der Landschaft. Auf dem Hügelkamm ihnen gegenüber standen wieder die beiden großen Florentiner Bombarden – an der gleichen Stelle wie im Vorjahr. Sie waren in der Nacht herbeigeschafft worden. Männer umringten sie und brachten sie in ihre endgültige Position. Auch die Zelte von Toscanellis Fußvolk waren über Nacht wieder weiter unten an den Hängen erschienen, und an ihrer rechten Flanke erstreckten sich bis in den Hintergrund die Postenketten der Reiterei der Medici.

Montefeltro richtete den Blick zum Himmel und betrachtete die Wolken, die über ihnen dahinzogen.

«Wie beurteilt Ihr die Lage?» fragte er.

Guido Falcone überlegte genau, bevor er antwortete. Er war ein hochgewachsener, stämmiger Mann mit einer Hakennase, die seinem Namen alle Ehre machte. Er war wie der Herzog Berufssoldat und entstammte einem Geschlecht von Söldnern. Seine Mutter war Schweizerin gewesen – von ihr hatte er die helle Haut und das blonde, an den Schläfen schon dünner werdende Haar. Im Sommer pflegte sich seine Haut zu röten und zu schälen.

«Erstens», sagte er, «ist Roderigo Leone nicht bei ihnen.»

«Das sehe ich», sagte Montefeltro. «Aber laßt hören, wie Ihr darauf kommt.»

«Ihre Geschütze stehen auf Gras», sagte Falcone. «Das ist ein entscheidender Fehler. Kanonier-Hauptmann Leone hätte mehrere Tage darauf verwandt, Fundamente aus Stein und Holz zu bauen; der Boden ist noch zu weich, als daß sie halbwegs sicher schießen könnten. Zwanzig Schuß höchstens, dann müssen sie ihre Geschütze an einer anderen Stelle postieren. Weiterhin wundert mich, daß ihr Zielpunkt offensichtlich genau der gleiche ist wie im vorigen Jahr, obwohl sie doch kaum übersehen können, daß wir unsere Mauer verstärkt haben. Das Ganze ist übereilt ins Werk gesetzt worden, wie immer man es betrachtet. Und deshalb ist es nicht Kanonier-Hauptmann Leones Arbeit.»

«Dann steckt er also noch in den Bergen», sagte Montefeltro, «und vervollkommnet die neue Waffe, über die wir so viele Gerüchte gehört haben.»

«Das vermute ich auch.» Hauptmann Falcone schürzte die Lippen und stieß pfeifend den Atem aus. «Es wird ein Bombardement geben», verkündete er. «Darauf könnt Ihr Euch verlassen. Sie haben vor, ihre Geschosse so hoch hinaufzuschießen, daß sie die Mauer überfliegen und die Verteidigungsanlagen im Innern beschädigen. Ich kenne diese sogenannten Ingenieure. Martini hat immer an Mörser gedacht, mit denen er Felsbrocken über die Außenmauer seiner Gegner schleudern wollte. Ein ziemlich sinnloses Unternehmen. Bei Rapallo versuchte er es mit Geschossen, die mit Pulver gefüllt waren und am Ende ihrer Flugbahn explodierten – soweit ich weiß, kamen dabei mehr von seinen eigenen Kanonieren als Feinde ums Leben.» Er tippte sich mit dem Zeigefinger an den Kopf. «Sie wollen immer überschlau sein, und dieser Leonardo da Vinci macht da sicher keine Ausnahme.»

Montefeltro lächelte. «Mir scheint, Ihr habt keine sehr hohe Meinung von Kriegsingenieuren ...»

«Herr», erwiderte Falcone, «wenn ich höre, daß bei meinem Gegner ein Ingenieur in Diensten steht, bin ich überglücklich. Warum? Weil ich dann mit Sicherheit weiß, daß der Gegner Monate damit verbringen wird, Schanzen, Wälle, Türme, Tunnels, Brücken und anderes dummes Zeug zu bauen. Wenn er dann schließlich angreift – was sagen will, wenn sein Ingenieur und seine Hauptleute nahe daran sind, sich die Köpfe einzuschlagen –, dann sind die Leute vom Erdeschippen und Steineschleppen so erschöpft, daß jeder Verteidiger mühelos mit ihnen fertig wird.

Ein Ingenieur kann gute Arbeit leisten, solange er sich damit begnügt, mit Feder und Papier an seinem Pult zu sitzen. Aber wenn es Krieg gibt, sieht er darin eine von Gott gegebene Gelegenheit, anderen seine Hirngespinste aufzudrängen, sehr zum Nachteil ihrer Sache und ihrer Geldbeutel. Ihr habt mit dem Grafen von Imola gesprochen. Wann wird Rom auf der Straße dort unten gegen Florenz marschieren?»

«Nächste Woche brechen die Truppen auf.»

«Dann kümmert es mich wenig, was unsere Freunde dort drüben jetzt treiben oder was für neue Waffen sie mitbringen. Wenn Roms Heer nächste Woche aufbricht, ist es in ungefähr zehn Tagen hier. Und wenn unsere Mauer den Florentinern nicht bis dahin standhält, dann können wir ebensogut gleich hier und jetzt vom Turm herabspringen.»

«Bereitet Eure Belagerung vor», sagte Leonardo.

«Das habt Ihr mir bereits in Eurer Botschaft geraten, und ich habe es getan. Wo sind meine Kanoniere?»

«Sie sind unterwegs.»

«Unterwegs? Weshalb sind sie nicht bei Euch?»

«Weil sie direkt nach Castelmonte marschieren. Sie werden morgen abend dort eintreffen.»

«Ich verstehe. Sehr gut.»

Lorenzo de' Medici saß mit verbundenem Hals an dem kleinen Tisch in seinem klösterlichen Privatgemach, von dem aus man auf die Gärten des Palastes blickte. Seine Wunde hätte einen weniger willensstarken Mann ans Bett gefesselt, aber der Beherrscher von Florenz saß, von Rachedurst getrieben, in seinem Kriegsgewand da, einem Überrock aus weichem Leder, einer Reithose und Stiefeln. Er konnte den Kopf wegen der Wunde nur mit Mühe drehen, und sein Gesicht war sehr bleich. Leonardo betrachtete ihn.

«Herr», sagte er, «Euer Hals ist schlecht bandagiert. Darf ich vorschlagen ...»

«Ich habe Euch nicht kommen lassen, damit Ihr die Rolle des Arztes übernehmt», erklärte Lorenzo.

«Das ist auch nicht meine Absicht. Aber ich sehe, daß Ihr vorhabt zu reiten», sagte Leonardo. «Ist es so?»

«Sicher ist es so. Weshalb?»

«Dann muß Euer Kopf so gestützt werden, daß er Halt bekommt, sonst reißt die Wunde wieder auf. Ich kann Euch eine Stütze aus Kettenhemddraht machen, die Euch diesen Halt gibt, wenn Ihr gestattet.»

«Habt Dank für Eure Fürsorge, Messer Leonardo, aber Ihr lenkt vom Thema ab. Haben meine Kanoniere die Berge gleichzeitig mit Euch verlassen?»

«Vielleicht ein paar Stunden später.»

«Nach Castelmonte ist es nicht weiter als nach Florenz», sagte Lorenzo. «Wie kommt es dann, daß sie ihren Bestimmungsort erst morgen abend erreichen, während Ihr jetzt schon hier seid?»

«Weil sie», antwortete Leonardo, «Eure Geschütze zu schleppen haben, die Kanonen der Medici. Zwar werden sie inzwischen Karren requiriert haben, aber sie kommen trotzdem nicht so schnell voran.»

«Einen Augenblick», sagte Lorenzo und hob die Hand. «Damit wir uns richtig verstehen: Die Geschütze, von denen Ihr sprecht, sind das die sechs, die Ihr mit in das Gebirgstal hinaufgenommen habt?»

«Eben diese.»

Mit hartem Blick schob Lorenzo seinen Stuhl ein Stück zurück.

«Ich rate Euch nur, daß Ihr nicht Euren Spott mit mir treibt», sagte er. «Ich habe damals Eure Liste gelesen. Diese Geschütze wiegen, wenn ich mich recht entsinne, jeweils ungefähr zweihundertachtzig Pfund.»

«Das ist richtig», sagte Leonardo mit ruhiger Stimme.

«Und waren sie nicht nur zum Experimentieren und zum Üben gedacht? Mir scheint, hier liegt ein Mißverständnis vor, Messer Leonardo.»

«Sie waren zum Üben gedacht», erwiderte Leonardo, «aber nicht ausschließlich. Wir haben geübt, und jetzt ziehen wir mit ihnen in den Krieg. Hattet Ihr etwas anderes erwartet?»

«Mit kleinen Geschützen?»

«So ist es.»

«Ich kann es nicht glauben. Ich war immer davon ausgegangen, daß Ihr Eure Wissenschaft und die Erkenntnisse, die Ihr aus Euren

Versuchen gewonnen hattet, dazu verwenden wolltet, meine großen Bombarden wirkungsvoller einzusetzen. Wollt Ihr nun behaupten, ich hätte mich in diesem Punkt geirrt? Was, in Gottes Namen, ist das für ein lächerlicher Unsinn? Welchen Schaden kann eine Vierpfundkugel an einer Mauer wie der von Castelmonte anrichten?»

«Herr», sagte Leonardo, «ich bitte Euch um Eurer eigenen Seelenruhe willen, mir zu glauben. Sobald diese kleinen Geschütze, wie Ihr sie nennt, einmal eingeführt sind, spielen Eure großen Bombarden keine Rolle mehr – sie sind überholt. Und das Wesen des Krieges ist von diesem Tag an für alle künftigen Jahrhunderte von Grund auf verändert.»

Lorenzo de' Medici lachte kurz auf. «Künftige Jahrhunderte kümmern mich wenig», sagte er. «Deshalb beantwortet mir meine Frage kurz und wahrheitsgemäß. Werden diese Kanonen mir Rache verschaffen für Giuliano und Carla d'Avalos? Werden sie mir Castelmonte erobern, diese verderbte Stadt?»

«Sie werden es tun. Und wenn das geschehen ist, wird das dann – wie wir es vereinbart haben – der endgültige Abschluß unseres Handels sein?»

«*Wenn* sie es tun. Wie lange wird es dauern?»

«Einen Tag, vom Zeitpunkt ihrer Ankunft vor der Stadt an gerechnet.»

Wieder lachte Lorenzo sein unfrohes Lachen. «Eure Bedingungen seien Euch gewährt», sagte er. «Im übrigen werde ich auf Euch und Eure Kanonen ein wachsames Auge haben.»

«In diesem Fall», sagte Leonardo, «solltet Ihr mir erlauben, daß ich Euch eine Halsstütze fertige und Euch damit einiges Unbehagen erspare.»

Am Nachmittag des folgenden Tages bellten die beiden großen Bombarden auf dem Hügelkamm ihre erste Herausforderung zu der Zitadelle jenseits des Flusses hinüber, sehr laut, aber, da der Kanonier-Hauptmann von Florenz nicht anwesend war, wenig wirkungsvoll.

Lorenzo de' Medici und Leonardo inspizierten zu Pferd das Terrain von einer niedrigeren Höhe aus, die der Ausfallpforte genau gegenüberlag und ungefähr eine Viertelmeile flußaufwärts von der Stelle entfernt war, an der die Straße den Fluß kreuzte und zum Haupttor der Stadt führte. In der flachen Senke vor ihnen kümmerte sich Guido Toscanelli um seine Ersatztruppen. Bisher war kaum der zehnte Teil seines Söldnerheeres zur Stelle, dazu ungefähr zweihundert Florentiner. Doch schließlich bestand auch kein Grund zur Eile – größere Mengen Fußvolks für einen Sturmangriff würde man erst nach einer mehrwöchigen Beschießung der Stadt benötigen. Er hatte Castelmonte umzingelt, und die Belagerung ließ sich ohne weiteres mit den Leuten aufrechterhalten, die ihm bereits zur Verfügung standen. Der größte Teil seiner Streitmacht kampierte nämlich ungefähr zwanzig Meilen weiter südlich und wartete dort auf das Erscheinen des römischen Heeres.

Lorenzo de' Medici schwieg und blickte verärgert drein, obwohl Hals und Schulter ihn jetzt weniger zu quälen schienen als zuvor. Leonardo folgte seinem Blick.

«Macht Euch keine Sorgen», sagte er. «Hundert Mann höchstens, mehr braucht Ihr nicht.»

Lorenzo antwortete nicht. Leonardo saß ab und machte sich daran, ein seltsames Gebilde aus drei miteinander verbundenen Stäben von seinem Sattelpack zu lösen. Während sein Pferd friedlich graste, stellte er seinen Entfernungsmesser auf; dann legte er sich nacheinander an beiden Enden des Instruments auf den Boden und richtete es mit größter Sorgfalt aus. Schließlich setzte er sich hin, öffnete seinen Block und notierte eine Reihe von Zahlen.

Aus seinen Berechnungen ging hervor, daß die Entfernung von seinem Standort bis zur Ausfallpforte dreihundertundsechzig Schritt betrug.

Dann schlug er das dritte Blatt seines Blockes auf, betrachtete einige Zeichnungen, die er schon früher angefertigt hatte, und verglich sie mit dem Augenschein. Hinter der Ausfallpforte, das wußte er, lag der Engpaß, dahinter der Weinberg, der Toscanellis Sturmtrupp im letzten Herbst zum Verhängnis geworden war, und dahinter das Innentor, durch das man unmittelbar in die Straßen der Stadt gelangte.

Dieses Innentor war, wie er jetzt feststellte, von dem niedrigeren Hügelrücken aus, auf dem sie sich jetzt befanden, unsichtbar; es lag im toten Winkel hinter der Außenmauer. Das bedeutete eine zusätzliche Schwierigkeit, die er jedoch bereits in seine Pläne einbezogen hatte, so daß dieser Umstand ihn nicht weiter beunruhigte.

«Ich möchte absitzen», sagte Lorenzo. «Seid so gut, mir zu helfen.»

Leonardo stand auf, verschränkte die Finger beider Hände und hielt sie so, daß sie eine Art Trittbrett bildeten, mit dessen Hilfe sein Herr, wenn auch unter Schmerzen, aus dem Sattel steigen konnte.

«Danke», sagte Lorenzo. «Und nun zeigt mir, was Ihr vorhabt.»

Leonardo hielt seinen Block so, daß Lorenzo ihn betrachten konnte; gleichzeitig deutete er ein wenig nach links hinüber.

«Dort drüben ist das Haupttor», sagte er. «Wir können es von hier aus nicht sehen, weil es nach Nordwesten blickt und jenseits der Mauerbiegung liegt. Aus dem gleichen Grund kann es auch nicht von Euren Bombarden beschossen werden – es gibt überhaupt keinen Punkt, von dem aus das möglich wäre. Das war uns natürlich vom letzten Jahr her bekannt.»

«Und weiter?»

«Unmittelbar hinter dem Haupttor», fuhr Leonardo fort, «gibt es eine kleine Fläche freien Raumes, und von dort führt ein überdachter Gang zur Piazza.» Er verdeutlichte seine Worte durch eine rasche Skizze. «Dieser Gang macht auf halbem Wege eine scharfe Biegung und bietet so weder eine direkte Schußlinie zwischen Haupttor und Marktplatz, noch eignet er sich für Scharmützel. Das ist, wie Euch bekannt sein dürfte, eine durchaus gebräuchliche und vernünftige Anordnung. Hinter dem Platz steigen die Straßen steil an – ungefähr so –, zum Gipfel des Hügels. Auf dem Gipfel stehen der Bergfried, der Palast und die Gebäude, die auch von hier aus zu sehen sind – das Kloster von San Piero Maggiore. Sie alle brauchen uns ebensowenig zu kümmern wie der Gipfel des Hügels und seine unmittelbare Umgebung, sobald das Haupttor offen ist und wir die Piazza genommen haben.»

«Da stimme ich Euch zu», sagte Lorenzo.

«Sehr gut», sagte Lorenzo. «Unser Plan ist einfach und folgt einem uralten Schema. Wir nehmen die Ausfallpforte, kämpfen uns zur Piazza durch und halten sie. Dann öffnen wir das Haupttor und lassen Euer Fußvolk ein.»

«Wunderbar ausgedacht», sagte Lorenzo sarkastisch, «aber eine Möglichkeit, welche die Erbauer von Castelmonte keineswegs außer acht gelassen haben. Ihr könnt die Ausfallpforte nicht nehmen. Ihr wißt, was dahinter liegt und wie es genannt wird?»

«Aber gewiß. Und gerade ihre vermeintliche Uneinnehmbarkeit ist Teil unseres Plans.»

«Und wie wollt Ihr sie nehmen?»

«Mit den Medici-Kanonen.»

«Nehmen wir an, es gelingt Euch nach einiger Zeit, die äußere Ausfallpforte aufzubrechen», sagte Lorenzo de' Medici. «Wie geht es dann weiter?»

«Dann nehmen wir den Weinberg und die innere Pforte.»

«Ihr wollt Eure Kanone ins Innere der Zitadelle mitnehmen?»

«Ja. Ich sagte Euch ja schon gestern, daß sich das Wesen des Krieges nun für immer ändern wird. Die Zeit, zu der Geschütze unbewegliche Ungetüme waren, ist ein für allemal vorbei. Und darauf, Herr, beruht meine ganze Strategie.»

Lorenzo kratzte sich gereizt an dem aus dem Kragen seines Überrocks herausragenden Verband.

«Ich weiß nicht, wie schnell Ihr Eure Kanonen tragen könnt», sagte er, «und ich muß wohl oder übel glauben, daß Ihr kein Dummkopf seid. Dennoch werden Eure Kanoniere in dem Weinberg kurz und klein geschlagen.»

«Mit allem schuldigen Respekt, Herr – nichts dergleichen wird geschehen.»

Auf dem höheren Hügelkamm zu ihrer Linken brüllte wieder eine der großen Bombarden auf. Lorenzo wandte den Kopf in ihre Richtung und fluchte.

«Eine Ablenkung», sagte Leonardo. «Laßt uns auf jeden Fall mit dem Offensichtlichen weitermachen, wenn auch nur, damit Federigo da Montefeltro und der Graf von Imola Stoff zum Nachdenken haben. Ich nehme an, der Generalkapitän des Heiligen Stuhls ist in der Stadt?»

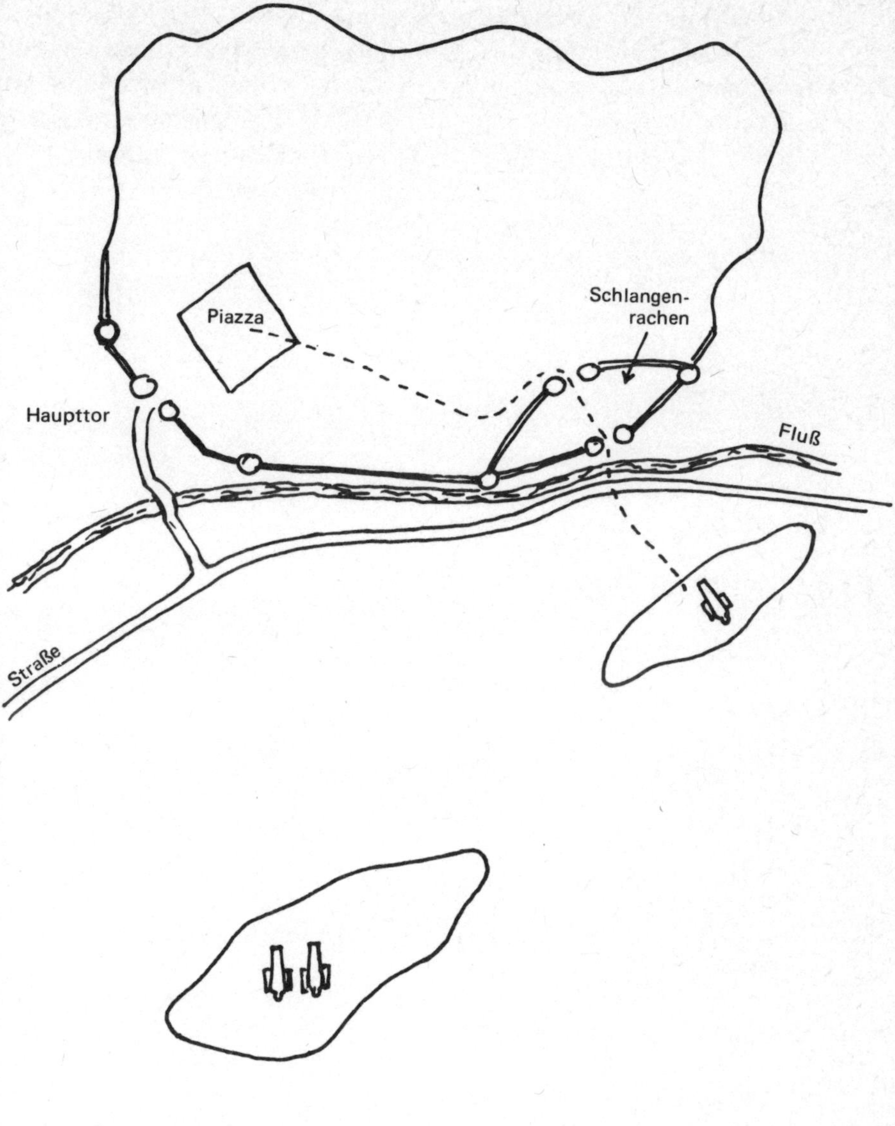
Piazza
Schlangen-
rachen
Haupttor
Fluß
Straße

«Er war dort schon, ehe mein Bruder ermordet wurde, und ich weiß, daß er seine Hand dabei im Spiele hatte. Müßte ich zwischen Girolamo Riario und den Pazzi wählen – ich würde mich für ihn entscheiden.» Lorenzo hob die Hand wieder zur Schulter. «Gott gebe, daß er mir in die Hände fällt», sagte er leise. «Gott gebe es!»

20

Gegen die dritte Morgenstunde war Lorenzo de' Medici kaum noch imstande, seine Ungeduld zu verbergen. Am Abend zuvor hatte ein Fußsoldat vom Lager unten zwei Teller mit Fisch heraufgebracht. Lorenzo wollte nicht essen, und Leonardo hatte beide Portionen verzehrt. Stunde um Stunde war verstrichen, die Dämmerung war in völlige Finsternis übergegangen, und nun beleuchtete ein Viertelmond den Fluß und die Stadt, von der, seit am frühen Abend ein Trompetenstoß ertönt und die in den Türmen postierten Wachen abgelöst worden waren, kaum noch ein Laut herüberdrang. Die ganze lange Nacht hindurch wanderten Lorenzos Blicke immer wieder nach rechts, zu den Pferden hinüber, die dort angebunden vor sich hindösten. Leonardo wußte, daß Lorenzo an seinen Bruder Giuliano dachte, der, wäre er noch am Leben gewesen, jetzt umhergestreift wäre und mit Reitern und Hufschmieden freundliche Worte gewechselt hätte. Nur das Rauschen des Windes im Gras, das Klirren des Zaumzeugs der Pferde und die gelegentlichen, von Männern unten im Tal gewechselten Rufe unterbrachen die Stille der Nacht, bis plötzlich die Achse eines Karrens auf dem Pfad knarrte, der hinter ihnen zum Kamm des Hügels führte, und die beiden Männer hellwach in die Dunkelheit starrten.

Die von Rigo Leone angeführten Kanoniere waren erst zu sehen, als sie nur noch dreißig Schritt entfernt waren – fünfzig Mann in dunkler Kleidung, die Gesichter mit Schlamm verschmiert, und hinter ihnen zwei offene Karren. Der Kanonier-Hauptmann begrüßte Lorenzo, der dankend die Hand hob, und wandte sich dann Leonardo zu.

«Wir haben in Pistrola gerastet», sagte er.

«Gut. Ihr hattet Eure Fuhrwerke doch sicherlich außerhalb der Stadt verborgen?»

«Natürlich. Und wir waren auch nicht so gekleidet, wie Ihr uns jetzt seht. Wir haben gesagt, wir seien unterwegs, um unsere Arbeit auf der Höhe dort drüben wiederaufzunehmen, aber nur wenige Leute fragten uns. Weshalb sollten sie auch?»

«Richtig», sagte Leonardo. «Und wenn Ihr bereit seid, sehe ich keinen Grund für einen weiteren Aufschub. Wessen Geschütze bleiben hier?»

«Die von Marco di Carona und Giunta di Lenzo», sagte Rigo. «Und Balestraccio hat sich den Fuß gebrochen. Deshalb hat er mit Piccio Berignalli aus Marcos Mannschaft den Platz getauscht, denn für Euch laden kann er immer noch. Sonst sind wir alle in guter Verfassung.»

«Dann laßt uns beginnen», sagte Leonardo.

Rigo sprach in die Nacht hinein. «Also los!» sagte er. «Eins.»

Sofort regte es sich bei den Karren. Säcke wurden beiseite geworfen, die dunklen Rohre der Medici-Kanonen kamen zum Vorschein.

«Zwei», sagte Rigo.

Räder und Lafetten wurden ergriffen, von den Karren gehoben und auf den Boden gestellt.

«Drei.»

Die Männer luden Rohrwischer, Pulverfässer, Kugeln ab.

«Vier», sagte Rigo. «Und fünf.»

Die Rohre glitten an die Karrenseiten, wurden gekippt und herabgelassen. Die Lafettenträger hatten bereits Aufstellung genommen, mit sechs Schritt Abstand zwischen den Mannschaften.

«Sechs. Sieben. Acht.»

Einige Männer von jeder Mannschaft standen schon bereit. Je zwei setzten die Geschütze zusammen und montierten die Rohre auf die Lafetten; Bolzen wurden eingesteckt, Zielschrauben gedreht.

«Neun», sagte Rigo.

Vierzig Männer ruhten aus, die Übung war vollendet. Die übrigen zehn schirrten die Pferde von einem der Karren ab und schoben ihn langsam zum Hügelkamm hinauf. Als er an der rechten Flanke der Kanoniere stand, kehrten sie zu ihren Kameraden zurück.

«Nun ja», sagte Rigo, «ich denke, es geht so.» Er sah Leonardo grinsend an. «Marco und Giunta haben schon geladen; wir sind also ein wenig langsamer, als ich gewollt hatte. Wie groß ist die erste Entfernung?»

«Dreihundertundsechzig Schritt.»

«Sie stehen zu Eurer Verfügung. Ich übernehme das Kommando der Sturm-Mannschaften. Recht so?» fragte Rigo.

«Ja.»

Lorenzo de' Medici räusperte sich.

«Meinen Glückwunsch», sagte er, «zu Eurer Demonstration. Eure Männer sind in der Tat gut geschult, und das alles ist Euer Verdienst. Aber wenn Ihr mir jetzt freundlicherweise auf mein Pferd helfen würdet – ich möchte noch ein paar Stunden schlafen. Gute Nacht.»

Leonardo hielt ihn zurück.

«Herr», sagte er, «ich glaube, wir mißverstehen uns schon wieder. Das war nicht nur eine bloße Demonstration, mit der wir Euren Beifall suchten. Das Frühjahr ist schon weit fortgeschritten, und es wird früh hell um diese Jahreszeit. Wir nehmen die Stadt, bevor es Tag wird.»

Kopf und Schulter mit der gebotenen Vorsicht bewegend, drehte Lorenzo sich langsam um.

«Ihr wollt bei Nacht schießen?» fragte er. «Wollt Ihr etwa auf den Mond schießen? Schließlich ist er das einzige sichtbare Ziel.»

«Wir werden unser Ziel bald sehen», sagte Leonardo. «Gewiß, die Ausfallpforte läßt sich von hier aus nicht ausmachen, aber das ist unwichtig. Wir können sie treffen.»

«Wirklich? Und wie wollt Ihr wissen, ob Ihr getroffen habt oder nicht?»

«Wir brauchen nicht zu sehen, wo unsere Kugeln einschlagen», erwiderte Leonardo. «Und wären wir im finstersten Rachen der Hölle – Eure Kanoniere können trotzdem schießen. Wir warten nur noch auf Euren Befehl zum Angriff.»

Lorenzo de' Medici blickte von einer Seite zur anderen und versuchte, die Männer und die Waffen zu mustern, die in der Dunkelheit kaum zu erkennen waren. Nur ihre Umrisse und der schwache Abglanz des Mondes auf dem polierten Metall verrieten ihre Anwesenheit. Plötzlich schlug er mit dem Handschuh auf seinen Schenkel.

«Gebt mir meine Stadt», sagte er. «Und Gott mit euch allen!»

Leonardo ging hinüber zu der Stelle, an der die beiden feuerbereiten Geschütze und ihre Mannschaften standen. Er kniete erst hinter dem einen, dann hinter dem anderen nieder und stellte die Zielschrauben auf dreihundertundsechzig Schritt ein. Rigo wandte sich in die entgegengesetzte Richtung und schloß sich den vier Mannschaften an, die den Überfall machen sollten. Sie trugen die Teile ihrer Waffen und das Zubehör, wie sie es gelernt hatten. Zu jeder Mannschaft gehörten acht Männer. Als Rigo sah, daß Leonardo sich wieder aufrichtete, eine dunkle Silhouette vor dem gestirnten Himmel, gab er den beiden Männern, die keiner Mannschaft gehörten, ein Zeichen. Sie traten vor. Jeder von ihnen trug in einem wasserdichten Beutel Feuerstein, Stahl und ein Stück Lunte. Einem kundigen Beobachter wären diese Lunten sehr sonderbar vorgekommen: Jede war zwei Zoll dick und bestand aus dichtem, in einer Salpeterlösung getränktem Tauwerk.

«Los!» sagte Rigo und schlug ihnen zum Abschied auf die Schulter. Sie machten sich auf den Weg zum Fluß hinunter. Kaum zehn Schritt entfernt, waren sie bereits von der Dunkelheit verschluckt und nicht mehr zu sehen.

«Und was jetzt?» fragte Lorenzo de' Medici.

«Unsere Zielmannschaft durchwatet den Fluß», sagte Leonardo. «Seht Ihr sie nicht – da unten, im Widerschein des Mondes?»

«Doch, ich glaube, ich sehe sie. Welche Aufgabe haben sie?»

«Sie sollen das Ziel markieren, wie schon ihr Name besagt.»

«Wollt Ihr auf sie schießen?»

«Wenn sie nach getaner Arbeit nicht schnell genug beiseite treten», erwiderte Leonardo, «kann genau das geschehen. Zum Glück wissen sie, daß es so ist, und deshalb fürchte ich kaum für ihre Sicherheit.»

Jenseits des Flusses preßten sich die beiden Kanoniere, unentdeckt und naß bis auf die Haut, unter den Bogen der Ausfallpforte. Der Vorsprung verbarg sie vor den Blicken der Torwache.

Beide öffneten ihre kleinen Beutel und stellten fest, daß der Inhalt trocken geblieben war. Der eine nickte dem anderen zu und schlug Feuerstein gegen Stahl, während der andere einen dünnen Metallstift aus dem Gürtel zog und seine Schärfe mit dem Daumen prüfte. Die losen Fasern am Ende der einen Lunte gerieten in Glut, die rasch angeblasen wurde, so daß bald das ganze Taustück leuchtendhell glühte. Der Kanonier hielt es genau in der Mitte der Pforte an die Planken. Sein Gefährte stieß den Stift durch die Stränge des Taus und trieb ihn durch wiederholtes Drehen so tief wie möglich in das Holz. Er hätte ihn gern mit einem festen Gegenstand noch tiefer hineingehämmert, aber er wagte es nicht. Schon das Anschlagen des Feuersteins war den beiden wie dröhnende Beckenschläge vorgekommen.

Sobald er überzeugt war, daß der Stift halten würde, tippte der Mann, der ihn in das Holz gestoßen hatte, auf den Arm seines Gefährten. Sie traten unter der Torwölbung hervor, glitten, jeder an einer Seite, um die seitlichen Säulen herum, suchten Deckung, so gut es irgend ging, und blickten dann über den Fluß hinüber. Sie konnten nichts erkennen, die Dunkelheit war undurchdringlich.

Schweigend warteten sie darauf, daß die nächtliche Stille zerriß.

Leonardo bemerkte das Aufglühen der Lunte, sagte jedoch nichts; gleich darauf war sie wieder verschwunden, von dem Körper des Mannes, der sie hielt, verdeckt. Kaum eine Minute später erschien sie wieder, nunmehr in der Mitte der unsichtbaren Tür befestigt, so als hinge sie in der Schwärze der Nacht. Rechts und links von ihm waren Marco di Carona und Giunta di Lenzo schon dabei, ihre Geschütze auf den Zielpunkt auszurichten, und abermals kniete Leonardo hinter beiden Rohren nieder und brachte den fernen leuchtenden Punkt in die Kerben des Mündungswulstes.

«Fertig», erklärte er. «Rigo?»

Der Kanonier-Hauptmann, der zwischen den Angriffstrupps stand, hob den linken Arm. In der Rechten hielt er, wie mehrere seiner Leute, die von den Kanonieren im Nahkampf bevorzugte Waffe – eine sechs Fuß lange, schwere Kette, die er zum größten Teil um seinen Unterarm gewickelt hatte. Er warf einen Blick auf den Karren zu seiner Rechten. Aus jeder Mannschaft hatte sich ein Mann an das Gefährt begeben, um es zu schieben. Auf dem flachen Boden lagen jetzt Pulversäcke, Rohrwischer und Kugeln.

«Los!» sagte Rigo.

Von kräftigen Armen an allen vier Rädern angetrieben, rollte der lange Karren hügelabwärts und wurde immer schneller. Die vier Mannschaften folgten. Sekunden später ratterte der Karren klatschend ins Wasser und bildete eine Behelfsbrücke zum Überqueren des Flusses. Blitzschnell machten die Pulverträger ihre Last los und waren schon von dem Karren herunter, als Agnolo Fulvio mit einem Paar Räder angewatet kam. Bis jetzt hatte noch kein Ruf die Stille durchbrochen, nur das Schwappen des Wassers, als der Karren in den Fluß geschoben wurde, war auf dem Hügelkamm zu hören gewesen.

Rigo bekreuzigte sich, hob abermals die Hand zu einem für Leonardo unsichtbaren Gruß und rannte hinter seinen Männern her den Hügel hinab.

«Feuer», sagte Leonardo.

Agnolo Fulvio erreichte die Ausfallpforte mit ungefähr fünf Schritt Vorsprung vor den anderen. Das Ufergras war zertreten, und er glitt auf einem lockeren Büschel aus. Er stützte sich mit der Hand auf der Erde ab, um das Gleichgewicht nicht zu verlieren, und in dem Augenblick, in dem er den Kopf senkte, zerbarst die Pforte über ihm in tausend Stücke. Die Schüsse hatten geklungen, als wären nicht zwei Geschütze abgefeuert worden, sondern nur ein einziges. Ohne sich ganz sicher zu sein, meinte er gesehen zu haben, wie die Kugeln dicht über seinen Kopf hinweggesaust waren. Die Hälfte der Ausfallpforte fiel, aus den Angeln gerissen, schräg gegen die Toröffnung. Er faßte wieder festen Fuß, machte noch zwei weitere Schritte und trat den störenden Teil der Tür nach innen, um sich freie Bahn zu schaffen. Im gleichen Augenblick kamen die vier Männer, die das Rohr seines Geschützes trugen, keuchend hinter ihm an. Sein Pulverträger schlug ihm leicht auf den Arm, um ihm seine Anwesenheit kundzutun, und Agnolo stürzte sich vorwärts in die hohle Finsternis des Schlangenrachens.

Cipriano, der zusammen mit Rigo als letzter die Brücke überquert hatte, warf die Räder der unter seinem Befehl stehenden Kanone die Uferböschung hinauf und folgte ihnen sodann mit gezierten Schritten und ohne die geringste Hast. Bei seinen Kameraden galt er als Geck – er hatte die Gewohnheit, sich täglich zweimal zu waschen. Außerdem nannten sie ihn einen kaltblütigen Fisch. Er hatte noch manch andere boshafte Bemerkung einstecken müssen, da er aus einer Familie von Schnittwarenhändlern stammte, die dazu neigte, sich für etwas Besseres zu halten. Er war einst ein hübscher junger Bursche gewesen, aber nun zeugte ein gebrochenes Nasenbein von den Kämpfen, die er um seiner Ehre willen geführt hatte.

Seine jetzige Aufgabe, die sehr gefährlich war, bot ihm und seinen Leuten im Gegensatz zu den Männern der anderen drei Geschützmannschaften ein paar Sekunden Pause. Er nutzte sie, indem er es vermied, in Schweiß zu geraten. Zwei Schritt vor dem Ufer wurde er von Rigo überholt; der Kanonier-Hauptmann tat einen gewaltigen Sprung, der ihn halbwegs die Uferböschung hinauftrug. Cipriano kletterte langsam hinter ihm her und erreichte die kleine ebene Fläche vor der Ausfallpforte, ohne zu schwitzen und zu keuchen.

Drei der Mannschaften waren schon durch die zerschmetterte Pforte in den dunklen Tunnel eingedrungen. Ciprianos zwei Lafettenträger hoben ihre Last an, er schob die Räder auf die Achsen und sicherte sie mit den Bolzen, die er gleichfalls bei sich trug. Die vier Männer, die das Rohr schleppten, ließen es langsam nieder, die Schildzapfen glitten in die Kerben des Rohrlagers, und Cipriano kippte den Block mit der Zielschraube nach vorn. Das Geschütz war bereits mit Pulver geladen, und nun schüttete der Ladekanonier eine Handvoll Schrot in die Mündungsöffnung, schob einen Pfropfen hinein und benutzte dann den Griff seines Rohrwischers als Kolben, um die olivengroßen Geschosse tief hinunterzuschieben.

Das Geschütz war auf Kernschußweite eingestellt: Ciprianos Mannschaft hatte die Aufgabe, den dunklen Gang unter der Wachstube von außerhalb der Pforte zu decken.

Da sie, um dies tun zu können, ungeschützt unter den Fenstern der Wachstube ausharren mußten und damit den Verteidigern, die sich unmittelbar über ihnen befanden, wie denjenigen, die möglicherweise gleich zu beiden Seiten auf der Mauerkrone erscheinen würden, ein ungeschütztes Ziel boten, war Ciprianos eisige Ruhe ein wichtiges Element bei der Erfüllung ihrer Aufgabe. Seine Leute sahen zu, wie er sich von seinem Ladekanonier die Lunte reichen ließ. Sein von der Glut der Lunte kurz beleuchtetes Gesicht verriet keinerlei Gemütsbewegung. Mit Lippen und Zähnen gab er lässig ein leise saugendes Geräusch von sich. Über ihnen und auf der Mauer griff deutlich vernehmbar Entsetzen um sich. Cipriano di Ser Giacomo Giachetti di Lucca kümmerte sich nicht im mindesten darum. Gelassen blies er das Ende seiner Lunte an.

Dreihundertundsechzig Schritt entfernt, auf dem Hügelkamm, hatte Leonardo gesehen, wie sein glühendes Ziel verschwand, als die Ausfallpforte geborsten und nach innen gedrückt worden war, und er hatte befriedigt gebrummt. Sonst konnte er nichts erkennen. Die angreifenden Kanoniere waren im tiefen Schatten der Festungsmauer nur noch tiefere Schatten. Nach dem Rückstoß seiner Geschütze hatte er keine Gewähr dafür, daß sie noch so ausgerichtet waren wie zuvor, aber das spielte im Augenblick keine Rolle. Er stellte die Zielschrauben wieder ein und hob beide Rohre leicht an, so daß sie jetzt auf die Wachstube deuteten. Dann befahl er seinen Leuten, neu zu laden. Bald würden sie eine weitere Präzisionssalve abfeuern müssen. Doch bis ihm sein nächstes Ziel gewiesen wurde, wollte er den Angreifern vor dem Tunnel möglichst viel Feuerschutz geben.

In der Wachstube herrschte Verwirrung.

Ridolfo Peruzzi, der Befehlshaber der Wache, war aufmerksam geworden, als der Karren platschend in den Fluß rollte, aber von diesem Augenblick an hatte er nicht mehr begriffen, was er sah. Dunkle Gestalten hatten den Fluß überquert und den Karren als Brücke benutzt. Sie waren schwer beladen gewesen, aber was sie trugen, hatte man nicht erkennen können. Während er sich noch bemühte festzustellen, was da im Gange war, hatte er den Blitz gesehen und den Kanonendonner gehört, aber nicht von der Höhe im Norden, sondern von genau gegenüber, und fast im gleichen Augenblick war etwas zerborsten, und er wußte – auch wenn er es nicht glauben konnte –, daß es die eichene Pforte unter ihm gewesen sein mußte.

«Bei Nacht!» rief er. «Bei Gott, das ist doch nicht möglich!» Er versuchte seine Gedanken zu sammeln. Ob er seinen Augen und Ohren Glauben schenkte oder nicht – die Zitadelle wurde angegriffen, soviel zumindest stand fest. «Du und du», befahl er, «aufs Dach, mit euren Armbrüsten. Nofri, Alessandro! Sucht Hauptmann Falcone. Sagt ihm, daß wir angegriffen werden und daß die Pforte unter einem Kanonenschuß gefallen ist. Sagt auch, daß wir das Fallgatter heruntergelassen haben.» Er wandte sich seinen Leuten zu, die jetzt von ihren Schlafkammern herbeigeeilt kamen, und deutete auf die Taue, die den schweren Eisenrost an den Deckenbalken hielten. «Herunter damit!» brüllte er.

In dem Gang unter sich hörte er Getrappel. Er zählte seine Männer. Nach dem Aufbruch der Boten und der Armbrustschützen blieben ihm noch vierzehn Mann. Er beobachtete, wie die untere Kante des Fallgatters in den Schlitz zwischen den Bodenplanken glitt, hörte, wie es schnell und schwer hinabrasselte und dröhnend auf dem Steinboden des Tunnels aufschlug.

Nachdem er für den Augenblick getan hatte, was er konnte, trat er ans Fenster und beugte sich hinaus. Es war das letzte, was er in seinem Leben tat. Eine Vierpfundkugel, die in jeder Sekunde ihres Fluges eine Strecke von sechshundertundfünfzig Fuß zurücklegte, riß ein paar Steine aus der Mauer neben seinem Kopf heraus, die ihm den Schädel einschlugen. Steinsplitter flogen durch die Luft. Sein Körper wurde wie eine Puppe in den Raum geschleudert und stürzte zwischen zerbrechendem Geschirr und den Schäften umkippender Piken über eine Bank.

Seine Leute sahen sich entgeistert an. Wieder bebten die Wände unter dem Aufprall einer von Leonardos Kugeln. Aus einer schaukelnden Hängelampe tropfte Öl, ein Helm fiel scheppernd zu Boden. Aus dem Gang unter ihnen war kein Laut mehr zu hören.

«Dann haben sie also den Weinberg erreicht», sagte Guaspare di Piombino, der Stellvertreter des toten Ridolfo. «Also hinunter und Gegenangriff!»

«Und die Geschütze?»

«Die gehen uns nichts an», sagte Guaspare. «Unsere Aufgabe ist es, das Tor zu halten. Nehmt Laternen und folgt mir.»

Er eilte die Wendeltreppe zum Gang hinunter. Seine Leute folgten und stolperten bestürzt in den Tunnel. Zu ihrer Rechten erkannten sie im Flackerschein ihrer Laternen das Fallgatter und dahinter, kaum sichtbar, den todbringenden Kreis einer Geschützmündung. Wohl keiner von ihnen ahnte, was es damit auf sich hatte – bis Cipriano sie aus dem Schatten heraus anrief.

«Gott befohlen», sagte er und hielt die Lunte an die Pulverkammer.

Das Aufbellen des Geschützes verwandelte den dunklen Gang in ein stinkendes, von Rauch erfülltes Leichenhaus.

Und während die Kanoniere ihre ganze Kraft aufboten, um das Gatter anzuheben, das ihnen den Durchgang versperrte, und es mit dem Riegel der zerstörten Pforte abstützten und sich bückten, um ihr Geschütz darunter hindurchzurollen, waren selbst die härtesten aus Ciprianos Mannschaft dankbar dafür, daß kein Lichtschein ihnen zeigte, über was sie hinwegschritten und was sie mit den Füßen beiseite stießen, bis sie den Weinberg erreicht hatten und sich wieder unter freiem Himmel befanden.

Das Mündungsfeuer von Ciprianos Geschütz verriet Leonardo, daß der erste Teil der Aufgabe abgeschlossen war. Er klopfte Giunta und Marco auf die Schulter.

«Ruht euch aus», sagte er. «Und dann ladet sorgfältig für den nächsten Schuß.»

Hinter ihnen ließ sich Lorenzo hören.

«Welche Fortschritte haben sie gemacht?» fragte er. «Ich gestehe, ich kann nicht das mindeste erkennen.»

«Sie haben den Schlangenrachen erobert, Herr. Alle vier Geschütze sind jetzt innerhalb der Mauer. Als nächstes müssen sie die innere Pforte am anderen Ende des Weinbergs nehmen; wir werden sie ebenso zerstören wie die äußere. Es wird ein schwieriger Schuß werden, denn sie ist selbst bei Tage von hier aus nicht zu sehen. Aber ich möchte mich lieber nicht darauf verlassen, daß Hauptmann Leone sie zertrümmert – er braucht seine Geschütze für den Nahkampf, und in dem Weinberg gibt es kein ebenes Gelände, wo man sie in Stellung bringen könnte. Aber wir können es von hier aus machen, mit Hilfe von Berechnungen, sobald sie mir eine Zielmarkierung geliefert haben.»

«Mit Hilfe von Berechnungen?»

«Herr», sagte Leonardo, «wenn wir beide schon lange tot sind, wird die Zeit kommen, da Kanonen nur noch mit Hilfe von Berechnungen abgefeuert werden, auf Ziele, die man nie zu Gesicht bekommen hat. Und ich versichere Euch, mit Wundern hat das nichts zu tun.»

«Allmählich gewöhne ich mich sogar an Wunder», sagte Lorenzo. «Aber diese Geschütze, die Ihr da habt . . .»

«Es sind Eure Geschütze, Herr. Was ist mit ihnen?»

«Nichts. Mir fehlen die Worte», sagte Lorenzo de' Medici.

21

Hauptmann Guido Falcone saß in der kleinen Kammer oberhalb des Haupttores von Castelmonte, die ihm als Befehlsstand diente. Er war wütend. Wie Ridolfo Peruzzi war auch er vorläufig nicht in der Lage zu deuten, was er beobachtet hatte. Und die Berichte, die ihm verschiedene seiner Untergebenen erstatteten und von denen jeder anders lautete, erbitterten ihn noch mehr.

Auch die beiden Soldaten von der Ausfallpforte, die jetzt verlegen vor ihm standen, erwiesen sich als wenig hilfreich.

«Es war eine Kanone», sagte Nofri.

«Herr», widersprach Alessandro Gambacorte, «das stimmt nicht. Es war . . .»

«Ruhe!» brüllte Falcone. «Ich nehme an, Ihr habt mir eine Meldung von Eurem Vorgesetzten zu überbringen?»

«Ja, Herr.»

«Dann tut es und haltet im übrigen den Mund.»

«Ja, Herr. Wir sollen berichten, daß die Ausfallpforte angegriffen und durch Kanonenfeuer zerstört wurde. Ein feindlicher Trupp ist durch den Gang bis in den Weinberg vorgedrungen. Das Fallgatter wurde herabgelassen. Das ist alles, Herr.»

«Danke», sagte Hauptmann Falcone. «Ihr könnt gehen.»

«Herr», begann Nofri verzweifelt noch einmal, «ich schwöre Euch, sie hatten ein Geschütz bei sich, gerade unterhalb der Wachstube. Ich habe es genau gesehen – ich schaute über die Brustwehr, als wir uns zu Euch auf den Weg machten.»

«Geht!» sagte der Hauptmann.

Die beiden Soldaten salutierten und verließen den Raum. Als Hauptmann Falcone nach seiner Sturmhaube griff, hörte er noch, wie die beiden draußen im Gang lautstark miteinander stritten. Er lächelte. Dann verließ er die Kammer durch einen anderen Ausgang und begab sich über das Tor hinweg zu der Kammer im rechten Torturm. Federigo da Montefeltro stand am Fenster und starrte hinaus. Bei seinem Eintreten drehte sich der Herzog um und begrüßte ihn.

«Nun, Guido?» sagte er. «Sechs Schuß, und jetzt haben sie das Feuer eingestellt. Vielleicht waren es auch sieben, aber ich habe nur sechsmal das Mündungsfeuer gesehen. Was ist mit der Ausfallpforte?»

Falcone gab die Meldung weiter, die er gerade erhalten hatte. Dann zögerte er.

«Ja? Fahrt nur fort!» ermunterte ihn der Herzog von Urbino.

«Einer von den beiden Männern, die mir diese Meldung brachten, Herr, behauptet, er habe auf dieser Seite des Flusses ein weiteres Geschütz gesehen.»

«Unwahrscheinlich», sagte Montefeltro. «Zu welchem Zweck sollten sie es mitgebracht haben?»

«Sehr richtig, Herr. Wollt Ihr meine Meinung hören?»

«Gern.»

«Ich glaube, Herr, wir brauchen uns wegen der ganzen Geschichte nicht den Kopf zu zerbrechen. Sie haben, wie Ihr sagtet, von der Höhe zu unserer Linken sechs Schüsse abgefeuert. Außerdem gab es eine Explosion an der Ausfallpforte. Zwar habe ich bis jetzt noch nie erlebt, daß man Artillerie bei Nacht einsetzte, aber ich halte es für ausgeschlossen, daß sie auch nur halbwegs genau zielen können. Meine Meinung ist, daß sie mehr oder weniger auf gut Glück auf unsere Brustwehr geschossen haben, um einem Sturmtrupp Feuerschutz zu geben. Und dieser Sturmtrupp hat unsere äußere Ausfallpforte zerstört – mit Hilfe einer Mine, die unmittelbar an der Pforte gezündet wurde. Das erklärt auch die siebte Explosion, die Ihr hörtet. Die Minenleger mit ihrer Ausrüstung mag der Bote von der Wachstube gesehen haben. Der Schluß, den er zog, war zwar falsch, aber verständlich.»

Montefeltro dachte eine Weile darüber nach. Dann sagte er: «Ich schließe mich Eurer Meinung an. Eine Mine ist durchaus denkbar. Anscheinend haben wir mit einem Ingenieur zu tun, der seine Zeit nicht vergeudet.»

«Das gebe ich zu», sagte Falcone. «Ich will sogar noch einen Schritt weitergehen. Der Angriff war verdammt gut geplant und kam erheblich früher, als wir erwartet hatten.»

«Und wie antworten wir darauf?»

«Oh, ich sehe keine Veranlassung zu Maßnahmen, die über den Rahmen des Üblichen hinausgehen, Herr. Offenkundig sind die Angreifer inzwischen bis in den Weinberg vorgedrungen, nachdem sie die Ausfallpforte durch einen Überraschungsangriff genommen hatten. Aber jetzt ist das Fallgatter unten. Damit wären schon drei Mann imstande, den Gang gegen weitere Eindringlinge zu halten. Mit denen, die bereits eingedrungen sind, kann auf die übliche Art verfahren werden. Ich schicke Verstärkung zur Ausfallpforte und zum inneren Tor. Und weil die Feinde nicht entkommen können, dürfte die Sache damit erledigt sein. Was die Kanonen betrifft, die sie angeblich über den Fluß gebracht haben – das ist dummes Geschwätz und nichts sonst.»

Unterdessen verlief im Weinberg alles so, wie Rigo Leone und Leonardo es gemeinsam geplant hatten.

Vom Ende des Ganges aus führte ein ziemlich steiler und holpriger Pfad quer durch den Weinberg zum inneren Tor hinauf. Rechts und links von diesem Pfad hatten die Mannschaften von Agnolo Fulvio und Scudo Aufstellung genommen; ihre Geschütze waren zusammengesetzt und feuerbereit. Cipriano di Ser Giacomo Giachetti di Lucca war inzwischen gleichfalls aus dem Tunnel aufgetaucht und hatte sich Guccio Berotti angeschlossen, der den dritten Angriffstrupp befehligte. Guccios Kanone war mit Schrot geladen; Ciprianos Ladekanonier wischte das Rohr aus, ehe er es ebenfalls mit Schrot lud.

Die Armbrustschützen, die sich inzwischen auf dem Dach über der Wachstube und auf der Mauerkrone beiderseits von ihr versammelt hatten, konnten nicht viel gegen die Angreifer ausrichten. Der Mond war hinter einer Wolke verschwunden, und der Weinberg war für sie eine einzige dunkle Fläche, in der weder die Kleidung noch die Gesichter der Kanoniere zu sehen waren. Nur ihre Bewegungen waren zu hören, und von Scudos Kanone prallte klirrend ein einzelner Bolzen ab und riß ihm die Wange auf. Aber da die Kanoniere sich nicht auf dem Pfad aufhielten – dessen Verlauf sie genau kannten –, konnten die Armbrustschützen hinter ihnen ihre Bolzen nur aufs Geratewohl abschießen, was sie ohne großen Erfolg taten.

Sobald Ciprianos Mannschaft neu geladen hatte, rückten seine und Guccios Kanone vor, den Pfad hinauf. Das Knirschen ihrer Stiefel löste einen Hagel von Bolzen aus, von denen jedoch keiner traf. Sie schoben sich zwischen den Mannschaften Scudos und Agnolo Fulvios hindurch und nahmen, ungefähr zwanzig Schritt vom inneren Tor entfernt, beiderseits des Pfades Aufstellung; die Mündungen ihrer Geschütze waren auf das Tor selbst gerichtet.

Jetzt machten sich die beiden Männer, die sich als Zielmarkierer betätigt hatten, wieder auf den Weg; sie hatten – mit einer kleinen Abweichung – die gleiche Aufgabe wie zuvor. Mit Seilen und Enterhaken näherten sie sich der Mauer zur Rechten des inneren Tores. Ihnen folgte der Ladekanonier aus Guccios Mannschaft, der einen mit Öl getränkten Rohrwischer trug. Außerdem gingen zwei Männer von den beiden weiter hinten postierten Mannschaften mit ihnen. Sie wollten den Zielmarkierern in den entscheidenden Minuten, in denen sie ihre gefährliche Aufgabe erledigten, so viel Schutz wie möglich geben.

In der Wachstube über dem inneren Tor wurde Gemurmel laut. Die sechs Männer, die dort gewöhnlich einen sehr ruhigen Dienst hatten, spähten aufmerksam durch ihre Schießscharten und unterhielten sich leise, bemüht, ihre Lage richtig einzuschätzen.

Bei dem Getöse an der äußeren Pforte hatten sie wie ein Mann hinausstürmen wollen, waren jedoch von ihrem Anführer durch klare Befehle daran gehindert worden. Im Falle eines Angriffs mußte dieses Tor unbedingt gehalten werden, denn hinter ihm lagen die Straßen und Gassen der Stadt. Und auch der Umstand, daß es seit Menschengedenken keinem Feind gelungen war, über den Weinberg hinaus zu gelangen, änderte für ihn nicht das geringste daran. Über die Zerstörung der äußeren Pforte wußten sie nichts Näheres. Sie konnten nur vermuten, daß sich der Feind jetzt im Weinberg befand. Also mußten sie bleiben, wo sie waren, bis sie gegenteilige Befehle erhielten, und vor allem, bis Verstärkung eingetroffen war.

Sie hörten das leise Klappern der Enterhaken zu ihrer Rechten nicht, und als sie endlich erkannten, was es mit der Zielmannschaft auf sich hatte, wurden sie schon von den Ereignissen überwältigt.

Froh darüber, endlich etwas Handfestes tun zu können, eilten sie mit Schwertern und Hellebarden bewaffnet auf die Brustwehr. Inzwischen waren die Wolken, die den schmalen Mond verdeckt hatten, fortgezogen. Aber die beiden Männer waren schon unentdeckt auf dem Dach über ihnen angelangt. Die anderen drei hatten sich – aus Gründen, die den Verteidigern unerforschlich waren – hinter der niedrigen Verbindungsmauer vor dem Weinberg niedergekauert.

Die Gründe dafür sollten ihnen sehr schnell klar werden, wenn auch nur einer von ihnen den Augenblick der Erkenntnis überlebte.

Einer der kauernden Männer stieß einen Ruf aus. Von unten her, quer über den halben Weinberg hinweg, jagten Agnolo und Scudo einen tödlichen Schrothagel gegen die Brustwehr. Fünf der Wächter waren sofort tot. Der sechste, der sich hinter der Brustwehr niedergeduckt hatte, taumelte zurück, auf den ungeschützten inneren Rand der Mauer zu, und stürzte mit einem gellenden Schrei zwölf Fuß tief die Gasse hinab.

Die Angreifer sprangen auf. Zwei von ihnen öffneten mit einem kräftigen Fußtritt die Tür der Wachstube und stellten fest, daß sie leer war. Der dritte Mann schwang sich mit einem eleganten Satz auf die Krone der Verbindungsmauer und reichte den Männern auf dem Dach die acht Fuß lange Stange mit dem ölgetränkten Rohrwischer. Mit Stahl und Feuerstein entzündete einer der beiden Männer auf dem Dach ein Stückchen Zunder, blies es an und hielt es an den Rohrwischer, der sogleich wie eine helle Fackel aufflammte. Der zweite stellte sich in die Mitte des Daches, nahm seinem Gefährten die Stange mit dem brennenden Rohrwischer ab und hielt sie mit ausgestreckten Armen empor.

«Da ist mein zweites Ziel», sagte Leonardo.

Er lag bereits lang ausgestreckt hinter dem einen Schwenkarm des Entfernungsmessers, der wie zuvor ein kleines Stück von den Geschützen entfernt auf dem mit Gras bewachsenen Boden ruhte. Als drüben, jenseits der oberen Kante der Außenmauer, die Fackel schwankend emporstieg und dann zur Ruhe kam, stellte er das Meßgerät darauf ein, wälzte sich sodann zu dem anderen

Schwenkarm hinüber und verfuhr dort ebenso.

«Licht!» rief er und setzte sich auf. Im Schein einer von Giunta di Lenzo gehaltenen Laterne las er die Markierungen ab und stellte ein paar kurze Berechnungen an. «Etwas mehr als fünfhundert Schritt», erklärte er. «Stellt eure Geschütze auf vierhundertundzehn Schritt ein.»

Giunta entfernte sich.

«Allmählich begreife ich halbwegs, was es mit Eurem Instrument auf sich hat», sagte Lorenzo de' Medici. «Aber weshalb nicht die tatsächliche Entfernung, sondern nur vierhundertundzehn Schritt?»

«Diese Frage läßt sich leicht beantworten», sagte Leonardo. «Ich habe für meine Berechnungen die leuchtende Fackel als Ziel genommen, aber ich will ja nicht die Fackel treffen. Da das innere Tor von hier aus nicht zu sehen ist, beauftragte ich einen Eurer Kanoniere, auf das Dach der Wachstube über dem Tor zu klettern und einen brennenden Rohrwischer so hoch emporzuhalten, wie er nur kann. Wie Ihr seht, tut er das jetzt. Aber der Mittelpunkt des Tores dürfte ungefähr fünf Ellen unter seinen Füßen liegen, also rund zehn Ellen unter der Flamme, versteht Ihr?»

«Ja.»

«Nun haben mich meine Experimente gelehrt, daß eine aus diesen Kanonen abgeschossene Kugel gegen Ende ihrer Flugbahn auf jeweils neun Schritt ungefähr eine Elle fällt. Um also ein zehn Ellen unter der Flamme liegendes Ziel zu treffen, muß ich die Entfernung um neunzig Schritt kürzen. Auf diese Weise kam ich zu der Zahl vierhundertundzehn.»

«Und Ihr glaubt so fest an Eure Wissenschaft?» fragte Lorenzo.

«Herr», erwiderte Leonardo, während er sich erhob, «die Wissenschaft kann auf eigenen Füßen stehen, ob ich sie nun durch meinen Glauben stütze oder nicht, und was gestern eine Tatsache war, wird es auch morgen sein.»

«Fertig», sagte Giunta.

«Entschuldigt mich», sagte Leonardo. «Ich darf meinen Fackelträger nicht länger dort oben stehen lassen, als es erforderlich ist.» Er eilte an Lorenzo vorbei zu den Geschützen.

«Hauptmann», sagte Guccio Berotti zu dem neben ihm stehenden Rigo Leone, «weshalb laßt Ihr mich nicht auf das Tor schießen? Auf zehn Schritt Entfernung ist das selbst mit Schrot eine Kleinigkeit.»

Rigo beachtete ihn nicht. «Agnolo?» rief er. «Scudo?»

Die Kanoniere in der Mitte des Weinbergs gaben ihm durch Zeichen zu verstehen, daß sie wieder geladen hatten. Von jenseits der Mauer her hörte man Fußgetrappel und Waffengeklirr – die Verstärkungstrupps aus der Stadt trafen ein.

«Wie viele?» erkundigte sich Rigo bei seinen Leuten auf der Brustwehr.

«Zwanzig», erwiderte eine Stimme aus der Nacht über ihm. «Vielleicht auch mehr.»

Rigo wandte sich Guccio zu.

«Da hast du die Antwort auf deine Frage», sagte er barsch. «Also halt gefälligst den Mund und warte ab.»

Von der linden Nachtluft bewegt, tanzte die Fackelflamme im Mündungsvisier des Geschützes. Leonardo versetzte dem Bodenstück einen leichten Schlag mit der Hand, stand auf und ließ die aufgestaute Luft aus seinen Lungen.

«Feuer», sagte er.

Tesoro di Veluti, die Hand auf einem Radkranz von Ciprianos Geschütz, blickte über seine Schulter zurück und sah die im blassen Mondlicht aufschimmernden Kugeln heransausen. «Eins», zählte er, als das Abschußgeräusch seine Ohren erreichte. «Und zwei.»

Das Tor zerbarst. Der eine Flügel wurde aus dem Haltepfosten gerissen, der andere schlug in den Torbogen zurück und prallte von der Mauer ab. Unsichtbare Männer brüllten entsetzt auf.

«Feuer», sagte Rigo.

Die Geschütze von Cipriano und Guccio, rechts und links von ihm postiert, spien ihre tödliche Ladung aus. Scudo und Agnolo erreichten jetzt das Ende des Pfades im Weinberg; ihre Geschütze waren geladen, aber auseinandergenommen. Sie kamen etwas langsamer als gewöhnlich voran, da von beiden Mannschaften noch ein Kanonier fehlte. Rigo wandte sich an die beiden anderen Trupps.

«Laßt Eure Kanonen stehen», sagte er, «und kämpft.» Er stürmte als erster durch den nun offenen Eingang zur Stadt und wickelte im Laufen die Kette von seinem Unterarm.

Die Salve der beiden Kanonen hatte nicht alle zur Verstärkung herbeigeeilten Männer getötet oder verwundet, auch wenn der Torbogen von den Schreien derer widerhallte, die beim Zerbersten des Tores zurückgeworfen und dann von dem tödlichen Schrothagel getroffen worden waren. Und nun fielen die Kanoniere, die gerade ihre Breitseite abgefeuert hatten, auf dem kleinen Platz hinter dem Torbogen über die Übriggebliebenen her, die von dem Unglaublichen, das sich da ereignet hatte, noch ganz benommen waren. Binnen dreier Sekunden hatte Rigo drei von ihnen niedergestreckt – mit seiner Kette schlug er sie wie mit einem Dreschflegel zu Boden. Seine Männer, einer wie der andere in Gassenkämpfen erfahren, folgten seinem Beispiel und kämpften mit Fäusten, Stiefeln und Eisenstangen gegen Schwerter und Hellebarden. Wenige Augenblicke später, im dicksten Getümmel, tauchten die Mannschaften von Agnolo, Fulvio und Scudo auf. Schnell setzten sie ihre Geschütze wieder zusammen und sahen sich kampflustig nach Gegnern um. Aber sie fanden kaum welche – ihre Kameraden hatten alle bis auf zwei von Entsetzen gelähmte Armbrustschützen niedergeschlagen. Einer von ihnen, durch einen Rohrwischer, der ihm zwischen die Beine fuhr, zu Fall gebracht, erdolchte sich selbst mit einem ungeschickt gehaltenen Bolzen. Den anderen erledigte Scudo mit einer Kanonenkugel, die er wie einen Kieselstein aus einer Entfernung von fünfzehn Schritt auf ihn schleuderte.

Auf dem Dach über der Wachstube löste Tomasello Cennini die Hand von der Wunde an seiner Schulter und wischte dabei das Blut über sein Kettenhemd. Die gefallene, immer noch brennende Fackel lag neben ihm. Sein Gefährte kniete nieder und beugte sich über ihn.

«Wie schlimm ist es?»

«Schlimm genug», sagte Tomasello. «Schwenk die Fackel.»

«Was?»

«Nimm die verdammte Fackel», sagte Tomasello, «und

schwenke sie hin und her, du mißratener, stinkender Sohn einer Sau. Ich kam nicht mehr dazu, das Signal zu geben.»

Sein Freund gehorchte. Er hob den flackernden Rohrwischer hoch und schwenkte ihn in einem weiten Bogen hin und her.

«Danke», sagte Tomasello.

«Und was ist mit dir?» fragte der andere, während er die Stange wieder sinken ließ. «Wir können dich doch nicht hierlassen.»

«Und weshalb nicht? Daß mich hier oben nicht einmal einer der Köter von Castelmonte findet, muß doch selbst deinem von Würmern zerfressenen Verstand einleuchten», entgegnete der Verwundete undankbar. «Scher dich zum Teufel!»

Auf der anderen Seite des Flusses hatte Leonardo gesehen, wie die Fackel plötzlich gefallen war. Er hatte daraus geschlossen, daß ihr Träger verwundet oder gar tot war. Dieses Risiko hatte sich nicht vermeiden lassen. Doch nun wußte er nicht, ob seine Salve das Tor getroffen hatte oder nicht. Deshalb war er sehr erleichtert, als die Fackel wieder emporstieg und ruhig und gleichmäßig von einer Seite zur anderen geschwenkt wurde – das verabredete Signal dafür, daß das Innentor zerstört war. Giunta und Marco, die es auch sahen, brachen in lautes Jubelgeschrei aus. Die Kanoniere umarmten den Ingenieur und klopften einander auf die Schultern.

«Bei Gott», sagte Marco di Carona, «bis zu diesem Augenblick hatte ich es nicht für möglich gehalten! Auf fünfhundert Schritt, und dazu noch im Dunkeln? Das werde ich meinen Enkelkindern erzählen, und sie werden mir die Geschichte nicht glauben.»

«Dennoch ist sie wahr», sagte Leonardo, «und ich danke euch, Freunde, für eure Geduld.» Er löste sich mit einiger Mühe aus ihren Umarmungen und ging zu Lorenzo de' Medici hinüber, der neben seinem Pferd stand.

«Mir scheint, Messer Leonardo», sagte Lorenzo, «Ihr habt Euch Euren Lohn reichlich verdient.»

«Noch nicht», sagte Leonardo. «Aber ich muß zugeben – die Kanonen der Medici scheinen weiterer Untersuchungen wert zu sein. Und Ihr, Herr, solltet jetzt so viele Männer versammeln, wie Ihr für erforderlich haltet. So Gott will, rücken wir beim ersten Tageslicht in die Stadt ein.»

22

Ohne die überall liegenden Toten zu beachten, sah Rigo Leone sich um. Der kleine Platz bildete einen Halbkreis, von dem die Gassen ausgingen wie Radspeichen. Er zählte neun. Fünf davon konnte er unberücksichtigt lassen – sie führten entweder geradeaus oder nach rechts und damit nicht zu seinem Ziel.

Die vier Männer, die oben auf der Mauer gewesen und nun über die Treppe, die zur Wachstube führte, herabgekommen waren, tauchten hinter ihm aus dem Torbogen auf.

«Wo ist Tomasello?» fragte Rigo Leone.

«Verwundet. Aber er wird es überstehen», lautete die bündige Antwort.

«Gut», sagte Rigo. «Aus welcher von diesen Straßen kam die Verstärkung?»

Scudos Ladekanonier deutete auf die Gasse, die sich unmittelbar an der Mauerböschung entlangzog. «Aus der da», sagte er. Der Hauptmann nickte.

«Gut», sagte er. «Dann gehen wir dort – sie dürfte uns am schnellsten zu unserem Ziel führen. Wie steht es mit euren Mannschaften?»

«Vollzählig», sagte Agnolo.

«Vollzählig», sagte Scudo.

«Vollzählig», sagte Guccio, «aber Stefano ist verwundet – am Arm.»

«Was ist damit, Stefano?»

«Der Arm ist taub, Herr, aber es ist der linke. Mit Gottes Hilfe kann ich mein Zeug also noch tragen.»

«Sehr gut. Cipriano?»

«Alles in Ordnung, Herr.»

«Dann also los», sagte Rigo. «Schiebt eure Kanonen, solange wir keine Treppen hinauf oder hinunter müssen. Hast du nachgeladen, Cipriano?»

«Mit einer Kugel, Herr.»

«Dann übernimmst du die Nachhut.»

Die Kanonen würden angeschoben. Außer dem Rumpeln der Räder auf dem Pflaster war kein Laut zu hören.

Als sie ungefähr hundertfünfzig Schritte zurückgelegt hatten, hob Rigo die Hand. Sie blieben stehen und hörten Getrappel oben auf der Mauer, die sich links neben ihnen dahinzog. Regungslos warteten sie im Schatten. Ein Trupp Männer rannte oben vorbei, auf dem Weg zur Wachstube. Als sie vorüber waren, gab Rigo wieder ein Handzeichen und ließ sie jetzt etwas schneller vorrükken. Die Häuser wirkten verlassen. Offenbar hatten die Verteidiger den winterlichen Waffenstillstand genutzt, die Einwohner – zumindest vorübergehend – aus der Stadt auszuquartieren. Damit hatten sie, wie sich jetzt herausstellte, einen Fehler begangen, dachte Rigo. Er mußte an die Geschichte von den Gänsen denken, die vor Jahrhunderten Alarm geschlagen und dadurch Rom gerettet hatten. Und er lächelte vor sich hin, während er an einer unbeleuchteten Tür nach der anderen vorbeischritt.

Der zweite Verstärkungstrupp, der im Gegensatz zum ersten nicht durch die Straßen der Stadt, sondern über die Mauer zum inneren Tor geeilt war und deshalb später dort eintraf, untersuchte sorgfältig die Wachstube und ihre Umgebung. Aber es fand sich wenig, was nähere Aufschlüsse lieferte. Zu seinem Glück entging der verwundete florentinische Kanonier auf dem Dach ihrer Aufmerksamkeit; er hielt den Atem an, als der Kopf eines Bogenschützen, nur eine Armlänge von ihm entfernt, kurz in einer Schießscharte auftauchte.

Ihr Anführer, ein gewisser Mariano di Gaddo, drehte einen Toten um, der an der Verbindungsmauer, die zur Brustwehr führte, zusammengebrochen war, und runzelte die Stirn.

«Wie kann das sein?» sagte er. «Sie sind buchstäblich in Stücke gerissen.» Er trat an den inneren Rand der Mauer und rief in die Dunkelheit hinunter: «Was ist mit denen da unten?»

«Das war ein Handgemenge», rief einer seiner Männer. «Und die im Torbogen hat eine Kanone erwischt.»

Er stieg die Treppe hinunter. «Aber das ist doch Unsinn!» sagte er. «Eine Kanone?»

«Ganz bestimmt», erwiderte sein Untergebener und streckte ihm die flache Hand entgegen. «Das ist Schrot und nichts anderes, und wenn wir uns genau umsehen, finden wir vermutlich auch die Kugel, die das Tor zertrümmert hat. Hat nicht Nofri vorhin drüben am Haupttor von einer Kanone gesprochen?»

«Nofri ist ein Trunkenbold», murmelte Mariano di Gaddo.

«Mag sein. Aber in diesem Fall hatte er recht.»

«Und wo steckt diese Kanone jetzt?»

«Wie zum Teufel soll ich das wissen? Ich ziehe meine Schlüsse aus dem, was ich sehe, und das ist alles.»

Di Gaddo räusperte sich und spuckte aus.

«Zurück», befahl er. «Hier ist nichts mehr für uns zu tun.» Da er, wenn es um Taktik ging, alles andere als ein Dummkopf war, befahl er den zwei Bogenschützen in seinem Trupp, ihre Bogen zu spannen und den Weg durch die Gasse zu nehmen. Dann stieg er wieder hinauf und machte sich mit seinen übrigen Leuten auf den Rückweg über die Mauer.

Die Gasse gabelte sich. Der eine Arm führte geradeaus, der andere verlief weiter am Fuß der Mauer entlang. Rigo Leone entschied sich für die geradeaus verlaufende Straße – er vermutete, daß sie direkt zur Piazza führen würde. Drei seiner Kanonen waren bereits abgebogen und nicht mehr zu sehen, als di Gaddo mit seinen Leuten den kleinen Turm an der Mauerbiegung erreichte.

Ciprianos Mannschaft jedoch hatte an der Gabelung haltgemacht. Sie sollte den anderen erst folgen, wenn diese die ungefähr achtzig Schritt voraus liegende Kreuzung sicher hinter sich gebracht hatten. Cipriano hörte das näher kommende Getrappel; hätte es in seinem Belieben gestanden, wäre er einfach vorgerückt, um der Entdeckung zu entgehen. Aber die Befehle, die er erhalten hatte, waren eindeutig. Also gebot er seinen Leuten Schweigen und hoffte das Beste. Die nahenden Verteidiger bemühten sich nicht, ihre Stimmen und ihr Getrappel zu dämpfen. Noch bestand Hoffnung, daß sie nur zu ihren Posten zurückkehren wollten und nicht an Kampf dachten.

Cipriano fuhr sich mit der Hand an die Seite, und da wußte er, daß er sich getäuscht hatte. Ein Pfeil ragte aus seiner Hüfte. Leise und unsichtbar, Seite an Seite mit ihren Gefährten auf der Mauer, waren di Gaddos Bogenschützen in der Gasse vorgerückt. Cipriano konnte gerade noch einen heiseren Warnschrei ausstoßen, als die Pikeniere auch schon zwischen seine Leute sprangen.

Die Nacht hallte wider von Hieben und Schreien. Di Gaddos Leute waren zwar in der Überzahl, aber die acht Kanoniere mit ihren geschwärzten Gesichtern waren kaum zu erkennen, während die Waffen und die schweißnassen Gesichter ihrer Gegner im Dunkeln glänzten. Mit ihren Piken konnten sie in der engen Gasse nicht viel ausrichten. Einige von ihnen waren ungeschickt gesprungen und wurden, noch ehe sie sich aufrichten konnten, von ihren Gegnern mit kurzen Eisenstangen niedergeschlagen.

Cipriano brach die Spitze des Pfeils, der seine Seite durchbohrt hatte, ab und zog an dem Schaft, der aus dem anderen Ende der Wunde ragte. Jemand stürzte sich mit gezogenem Schwert auf ihn. Geistesgegenwärtig fing Cipriano den ihm zugedachten Hieb mit dem ledergeschützten Oberarm ab und trieb dann die mit Widerhaken versehene Pfeilspitze seinem Gegner wütend in die Magengrube. Di Gaddo stöhnte auf und sank zusammen. Cipriano drückte ihm mit dem Knie die Kehle zu, taumelte zurück und sackte an der Mauer zu Boden. Er tastete nach dem gefiederten Schaft, der noch immer hinten in seiner Hüfte steckte, als sein Ladekanonier über ihm zusammenbrach, eine Pike zwischen den Schulterblättern; ein Blutstrom ergoß sich aus seinem Mund. Als Cipriano den toten Kanonier von sich gewälzt hatte, war der Kampf fast vorüber, und Tesoro di Veluti beugte sich über ihn.

«Die Bogenschützen?» fragte er.

«Guter Junge», sagte Cipriano. «Sie dürfen nicht entkommen.» Er deutete die Gasse hinab in Richtung der inneren Ausfallpforte.

«Ich sehe nichts», sagte Tesoro, «aber das macht nichts».

Er lief zurück zum Geschütz. Rings um ihn wurde überall noch gekämpft. Er kippte den Zielblock zurück, hob die Mündung an und stopfte auf die Kugel, die sich bereits im Rohr befand, noch eine Handvoll Schrot. Mit einem Satz war er wieder am Bodenstück, brachte das Rohr in die Waagerechte und zerrte das schwere Geschütz herum, bis es in die entgegengesetzte Richtung zeigte, die Gasse hinab. Die glimmende Lunte hing an der Lafette. Als keiner der Kämpfenden mehr in der Schußlinie war, zündete er die Ladung und betete inständig darum, daß jetzt keiner seiner Gefährten nichtsahnend vor die Mündung stolperte.

Die gewaltige Explosion ließ die Mauern zu beiden Seiten der Gasse erbeben, und das Mündungsfeuer ließ die Männer rings um ihn wie die starren Gestalten eines unheimlichen Bildes erscheinen, das jedoch sofort von der aufqualmenden Rauchwolke verschluckt wurde. Ohne sich um die Flüche seiner Gefährten zu kümmern, stürmte Tesoro die Gasse hinunter. Zwei verstümmelte Tote lagen in einem Hauseingang. Weitere konnte er nicht entdekken. Nachdem er sie kurz untersucht hatte, war er sicher, daß niemand seinem schlecht vorbereiteten, aber deshalb nicht minder tödlichen Schuß entkommen war. Er kehrte zum Geschütz zurück. Das Pflaster ringsum war mit hingestreckten Soldaten übersät, zwischen ihnen standen vier Kanoniere.

Cipriano rief ihn von der Mauerbiegung her an.

«Gut gemacht, Junge», sagte er unter Schmerzen. «Du übernimmst die Kanone. Wie viele sind wir?»

«Fünf, außer Euch.»

«Dann ist nur zu hoffen, daß ihr unterwegs nicht auf Treppen stoßt», sagte Cipriano. «Auf ebenem Gelände könnt ihr es mit fünf Mann schaffen.»

«Guccio gibt uns sicher einen von seinen Männern.»

«Wenn der Hauptmann einverstanden ist. Also verlaß dich lieber nicht darauf. Und nun geh, mein Junge.»

Girolamo Riario stand am Fenster und blickte auf die Piazza von Castelmonte hinunter.

«Cecco», sagte er.

Sein Sekretär erhob sich ängstlich und näherte sich ihm.

«Ja, Herr?»

«Holt Stoldo, Buonaccorso und Serpe. Und dann geht zum Grafen Giovio della Rovere und sagt ihm, er solle sich für die Begegnung mit mir bereithalten. Er weiß wo.»

«Ja, Herr. Aber sagt mir, Herr, was meint Ihr . . . was hat das da draußen zu bedeuten?»

Riario wandte sich heftig um und versetzte ihm mit dem Handrücken einen klatschenden Schlag ins Gesicht.

«Was ich meine, geht Euch nichts an», sagte er. «Fort mit Euch!»

Vor Hauptmann Guido Falcone, in der Kammer über dem Haupttor, standen, von Schrecken ergriffen, Paolo und Ippolito Pazzi.

«Ich habe mit den Männern draußen gesprochen», sagte Ippolito. «Falcone, sie sagen, daß wir . . . daß die Ausfallpforte . . . kurz, daß die Stadt fallen wird. Ich weiß nicht, was daran wahr ist, aber ich . . .»

«Messere», sagte Falcone eindringlich, «beruhigt Euch doch, ich bitte Euch!»

«Antwortet uns!» sagte Paolo Pazzi. «Das ist jetzt nicht der rechte Augenblick, sich zu beruhigen oder abzuwarten. Wir müssen Castelmonte um jeden Preis halten! Wie sind Eure Pläne? Was wollt Ihr unternehmen, wenn wir von hinten angegriffen werden? Die Leute arbeiten mit Minen!»

«Schweigt!» befahl Hauptmann Falcone barsch. «Bei Gott, Euer Benehmen ziemt sich nicht! Ich verstehe sehr wohl, daß Ihr für Eure Haut fürchtet. Aber eines muß ich Euch klar und deutlich sagen, Messere – meine Aufgabe ist es, eine Stadt zu verteidigen, nicht aber, die Amme für ein paar Mörder zu spielen. Ihr habt Schwerter, oder etwa nicht? Also gebraucht sie, wenn es soweit ist. Und nun geht!»

Er schob sie, ohne ihre Proteste zu beachten, zur Tür hinaus und machte sich auf die Suche nach Federigo da Montefeltro. Auf dem Gang über dem Tor wurde er von einem Wächter angesprochen, der einen verdreckten und zerlumpten Alten am Arm hielt.

«Ich verstehe ihn nicht richtig», sagte der Posten. «Er ist offenkundig nicht ganz bei Verstand. Aber ich glaube, er behauptet, er hätte in einer Gasse einen toten Mann gesehen, der von einer Kanone in Stücke gerissen worden sei.»

23

Federigo da Montefeltro beobachtete das jenseitige Flußufer, wo sich Fußvolk und Berittene unter dem fahlen Morgenhimmel versammelten.

«Eins steht jedenfalls fest», sagte Guido Falcone, «nämlich daß es einigen Angreifern gelungen ist, in die Zitadelle einzudringen – wie immer sie das auch bewerkstelligt haben mögen. Und daraus folgt, daß sie versuchen werden, zu dem Tor unter uns vorzustoßen.»

Montefeltro faßte seinen Hauptmann beim Arm und zog ihn zu einer Schießscharte. Er deutete auf das jenseitige Ufer.

«Dort habt Ihr den Beweis», sagte er. «Nun ja. Wie hoch schätzt Ihr die Zahl der Angreifer?»

Guido Falcone rieb sich die Augen und verzog angestrengt das Gesicht. «Ungefähr dreißig», sagte er. «Sie haben, wie Ihr sagtet, die Ausfallpforte mit einer Mine gesprengt, aber sie haben auch Peruzzi und seine Leute niedergemacht. Und di Gaddo ist nicht zurückgekehrt – er hatte fünfzehn Mann bei sich. Es muß sich also um einen größeren Trupp handeln. Aber mehr als dreißig Leute wären zu viel für einen Überraschungsangriff.»

«Und das innere Tor?»

«Wahrscheinlich auch eine Mine.»

«Oder sie sind noch nicht über den Weinberg hinaus gelangt.»

«Das glaube ich nicht», sagte Falcone.

«Ihr habt recht», räumte Montefeltro ein. «Sie haben auch das innere Tor genommen. Beim Blute Christi, wir müssen wissen, was dort eigentlich geschehen ist.»

«Ich habe einen Erkundungstrupp losgeschickt. Es ist inzwischen ja hell genug, um etwas zu sehen –»

«Ich fürchte nur, ihr Bericht kommt zu spät. Aber lassen wir das. Wir haben eine Stadt zu halten, und wir werden sie halten, mein Freund. Wißt Ihr, wo der Generalkapitän ist?»

«Ich weiß es nicht, und es ist mir auch gleich, wo er ist», antwortete Falcone. «Und was hat es mit der Kanone auf sich, Herr?»

«Ich glaube erst daran, wenn ich sie gesehen habe, keine Minute früher», sagte Montefeltro. Die beiden Männer schauten einander an. «Wir haben schon vieles erlebt, wir beide. Eine Mine – darauf bin ich gefaßt. Aber wenn ich mich geirrt habe und die Ausfallpforte tatsächlich von einer Kanone zerschossen wurde, dann könnten auch die anderen Meldungen zutreffen. Und wenn die Florentiner in finsterer Nacht mit Kanonen schießen können, und zwar mit einer Treffsicherheit, wie es sie noch nie gegeben hat – nun, Guido, dann sind wir beide zwei ausgediente alte Hunde, die gut daran täten, sich einen warmen Platz am Ofen zu suchen.»

Die Kanoniere – jetzt noch einunddreißig Mann – gelangten mit ihren vier leichten Geschützen zur Piazza und überquerten sie so schnell wie möglich, um die Mündung des überdachten Ganges zu erreichen, der in der Mitte einen scharfen Knick machte und dann geradenwegs zum Haupttor der Stadt führte. Nach dem Handgemenge in der Gasse waren sie auf keinen Widerstand mehr gestoßen. Und auch jetzt sahen sie weit und breit kein Zeichen von Leben. Vom anderen Ende des Ganges klang gedämpfter Lärm herüber, doch zu sehen war nichts – die scharfe Biegung entzog alles, was dort vor sich ging, ihren Blicken.

Die Piazza lag verlassen in der Morgendämmerung. Ringsum erhoben sich die Fassaden der Häuser wie die grauen Wände einer Schlucht und schienen den freien Platz einzuengen. Nur in einem der oberen Fenster brannte eine einsame Laterne. Sonst waren überall die Fensterläden geschlossen und verriegelt. Man hätte meinen können, die Stadt sei ausgestorben.

Guccio Berotti erreichte als erster mit seiner Mannschaft die Mündung des Ganges und ließ schnell seine Kanone schwenken, um den Platz zu sichern. Hinter ihm kam Tesoro di Veluti mit seiner kleinen Mannschaft, in die er den nicht verwundeten Zielmarkierer aufgenommen hatte. Er hielt nur kurz an, um Guccio einen mit Schrotkugeln gefüllten Lederbeutel hinzuwerfen, dann rückte er unter das Holzdach des Ganges vor. Ihm folgten Agnolo und Scudo, die gleichfalls jeder einen Beutel bei Guccio abluden.

Rigo Leone deutete auf die leere Piazza.

«Sorge dafür, daß es hier so bleibt», sagte er. «Ich bin nicht darauf versessen, von einem Haufen Pikeniere gestört zu werden.»

«Kümmert Euch um Eure Angelegenheiten», erwiderte Guccio wenig respektvoll, «und überlaßt mir die meinen. Diese Erbsenschießerei fängt an, mir Spaß zu machen.»

Rigo nickte und folgte den anderen drei Geschützen.

«Haltet auf die linke Ecke dort drüben», befahl Guccio seinen Leuten, «und stellt die Entfernung auf siebzig Schritt ein.» Er hockte sich hinter dem Geschütz nieder. «Gut», sagte er. «Feuer!»

Die vierpfündige Kugel, die auf der kurzen Strecke kaum etwas von der Wucht einbüßte, mit der sie einen winzigen Augenblick zuvor die Mündung verlassen hatte, riß aus der Ecksäule einer Kolonnade ein gewaltiges Stück heraus – es sah aus, als hätte jemand ein großes Stück aus einer Karotte herausgebissen. Seines Halts beraubt, löste sich der obere Teil der Säule vom Architrav und stürzte auf den Platz. Noch bevor sich der Rauch verzogen hatte, rammte Guccios Ladekanonier mit dem Setzkolben bereits das nächste Maß Pulver ins Rohr.

«Die nächste», sagte Guccio, «und bewegt euch gefälligst nicht wie die alten Weiber.» Wieder prüfte er die Zieleinstellung. «Feuer!» sagte er.

Eine zweite Säule stürzte, Staub wirbelte auf.

«Und noch einmal – Feuer!»

Als die dritte Säule gefallen war, stürzte die ganze Ecke der Kolonnade mitsamt einem ungefähr dreißig Fuß hohen Stück der Fassade, die auf ihr ruhte, zu Boden. Die Kanoniere luden.

«Feuer!» sagte Guccio.

Ein Viertel des Gebäudes barst und stürzte mit lautem Getöse über die ganze Ecke des Platzes. Fünfhundert Tonnen Holz und Mauerwerk versperrten jetzt zwei auf ihn zuführende Straßen.

«Ausgezeichnet», sagte Guccio. «Und nun nehmt euch die rechte Ecke vor, und beginnt mit der drittletzten Säule. Es ist doch eine ganz brauchbare kleine Kanone, wenn man es recht bedenkt. Feuer!»

Riario spürte, wie das Haus erbebte. Regungslos und gebannt starrte er hinab auf die treibenden Rauchschwaden, zwischen denen hin und wieder das Rohr der Kanone sichtbar wurde.

«Bei allen Heiligen!» sagte sein Adjutant Buonaccorso, der hinter ihm zur Tür hereinkam. «Sie werden Castelmonte noch in einen Trümmerhaufen verwandeln!»

«Möglich», sagte Riario. «Wo ist Serpe?»

«Unten, Herr.»

«Und Stoldo?»

«Am Hoftor, Herr.»

«Es wird Zeit, daß wir die Stadt verlassen», sagte Riario. «Holt die beiden und geht mit ihnen zur Cappella dei Morti in der Via San Marco. Wartet dort auf mich – und hütet Euch vor Verrat von seiten des Grafen della Rovere und seiner Leute.»

Tesoro di Veluti, der mit dem Rücken an der Wand des überdachten Ganges stand, vergewisserte sich noch einmal, daß sein Geschütz sich schnell und unbehindert schwenken ließ und er so den Gang nach beiden Richtungen hin sichern konnte.

Er hatte eine zweifache Aufgabe. Falls Guccio auf der Piazza von den Verteidigern überwältigt wurde, mußte er sie daran hindern, den Gang zu stürmen und Rigo in den Rücken zu fallen. Zum andern mußte er, falls es erforderlich werden sollte, Agnolo und Scudo zu Hilfe kommen, wenn sie sich aus dem Gang auf den kleinen offenen Platz unmittelbar hinter dem Haupttor hinauswagten. Solange er weder für das eine noch für das andere gebraucht wurde, sollte er bleiben, wo er war.

Wie seine Gefährten stand er gelassen mit halboffenem Mund da, eine Angewohnheit, die alle Kanoniere früher oder später annahmen und die ihnen oft das Aussehen von Schwachsinnigen verlieh. Aber wenn man mit geschlossenem Mund neben einer feuernden Kanone stand, riskierte man ein geplatztes Trommelfell, und das besonders in einem geschlossenen Raum wie dem Gang, in dem er jetzt stand.

Fünfzehn Schritte von ihm entfernt richteten Agnolo und Scudo ihre Geschütze auf das Ende des Ganges. Rigo stand zwischen seinen beiden Geschützmeistern. Er wußte, bis die letzte Phase des Kampfes begann, blieben ihnen nur noch ein paar Sekunden, und als Guccios erster Schuß die Morgenstille zerriß, schlug er beiden kurz auf die Schulter. So gern er diese Augenblicke und die Überraschung, die sie auslösten, genutzt hätte, um die Situation am Ende des Ganges, auf dem freien Platz am Tor, zu erkunden, wußte er doch, daß er sich damit eines dringend benötigten Vorteils begeben hätte. Und so hatte er beschlossen, den letzten Angriff von da aus zu beginnen, wo er jetzt war.

«Nach der ersten Salve könnt ihr feuern, wie ihr wollt», sagte er zu seinen Leuten. «Wenn da Stufen sind, seht zu, wie ihr darüber wegkommt. Und ladet immer schnell wieder, wenn euch euer Leben lieb ist.»

Plötzlich erschienen Gestalten in dem undeutlichen Rechteck am Ende des Ganges. Die Leute wissen nicht, was ihnen bevorsteht, dachte Rigo. Aber es wäre unnatürlich gewesen, wenn niemand auf Guccios Schießen hin zur Piazza geeilt wäre. Hinter Tesoro di Veluti feuerte Guccio gerade den ersten Schuß seiner zweiten Salve ab, und sofort bellten die beiden Geschütze zur Rechten und zur Linken des Kanonier-Hauptmanns ihre Antwort heraus.

Während sie wieder luden, rückten beide Mannschaften schon durch wirbelnde Rauchschwaden und über Tote und Verwundete hinweg auf den kleinen Platz vor, ihr eigentliches Ziel.

Geradeaus vor ihnen, nur ungefähr fünfzig Schritt entfernt, ragte das gewaltige, den ganzen Platz beherrschende Tor auf; seine Flügel waren mit einem dicken, zwanzig Fuß langen Riegel gesichert. Über dem Torbogen verband eine schmale, mit Zinnen bewehrte Brücke die beiden hoch aufragenden Türme. Von den Türmen führten breite Stiegen zu dem kleinen Platz hinunter; sie bildeten die Hauptaufgänge zur Krone der mächtigen Mauer, die sich zu beiden Seiten des Tores erstreckte und hinter den Häusern östlich und westlich des kleinen Platzes dem Blick entschwand.

In diesem Bereich befanden sich nach Rigos Schätzung rund einhundert Mann, vielleicht auch mehr. Ein Trupp Armbrustschützen kam die rechte Treppe herab. Ihnen folgte ein immer wieder stockender Strom von Pikenieren und mit Schwertern bewaffneten Soldaten. Ein paar Reiter klapperten durch die Gasse davon, die am Fuß der westlichen Mauer entlangführte. Wahrscheinlich, dachte er, haben sie vor, die Piazza von den Flanken her wieder zurückzuerobern. Vor dem Tor selbst drängte sich eine unentschlossene Schar von Reitern und Bewaffneten; ihre Blicke richteten sich immer wieder bestürzt auf die Mündung des überdachten Ganges. Rigo schaute nach oben und entdeckte weitere Armbrustschützen auf den Dächern. Bolzen zischten durch die Luft, zwei seiner Kanoniere fielen.

Wieder brüllten die Kanonen. Die Menge vor ihnen sank dahin wie von einer Sense niedergemäht. Scudo, der als erster wieder geladen hatte, nahm die Verteidiger auf der Treppe ins Visier, und einen Augenblick später füllte Agnolos Kanone einen Bogengang mit Toten und Verwundeten.

Beide Mannschaften luden nach, lösten ihre Rohre von den Lafetten und kämpften sich damit, jede auf einer Seite des Tors, die Treppen hinauf; die Verwundeten, die ihnen den Zugang zu verwehren versuchten, wurden mit Stiefeltritten aus dem Weg geräumt.

Rigo zog sich unter den überdachten Gang zurück.

«Tesoro!» rief er.

«Ja, Herr?»

«Komm her, Junge. Wir haben sie!»

Das dritte Geschütz kam auf die Mündung des Ganges zugerollt – damit hatte Rigo Leone drei Seiten des kleinen Platzes abgeriegelt. Und jetzt sah er auf der Brücke über dem Tor Federigo da Montefeltro, der aus dem rechten Turm herausgekommen war. Insgeheim jubelnd und ohne auf die Armbrustbolzen zu achten, die ihm immer noch um die Ohren flogen, trat er mitten auf den Platz.

«Herzog!» rief er.

Aus dem anderen Turm trat Hauptmann Guido Falcone; er stellte sich neben seinen Befehlshaber. Beide Männer betrachteten das Bild, das sich ihnen bot. Montefeltro trat an den äußersten Rand der Brücke und schaute zu Rigo Leone hinab.

«Ergebt Euch», rief der Kanonier-Hauptmann. «Ihr seht – ich habe Euch in der Hand. Gebt auf, damit das Blutvergießen ein Ende hat.»

Unentschlossen richtete Montefeltro den Blick nach Westen; ein Trupp Männer kam auf der Brustwehr auf ihn zugestürmt. Ihr Unterfangen war reiner Selbstmord. Ohne wirklich zu begreifen, was geschah, sah er, wie Agnolo Fulvios Leute am oberen Ende der Treppe ihr Rohr wieder auf die Lafette setzten, es richteten, das Bodenstück auflegten und feuerten. Einen Augenblick später war die Mauerkrone leergefegt, als wäre eine Sturmbö in einen Haufen Spreu gefahren. Hinter sich hörte er Lorenzo de' Medici an der Spitze einer Abteilung von Reitern und Fußvolk anrücken. Paolo und Ippolito Pazzi standen mit aschgrauen Gesichtern im Eingang des Turms zu seiner Rechten. Über die Hälfte seiner Männer unten auf dem Platz war bereits tot oder verwundet.

Er faßte einen Entschluß. Sicher würden seine Söldner, soweit sie noch am Leben waren, mannhaft kämpfen, wenn er ihnen den Befehl dazu gab, aber was er jetzt zu sehen bekam, war eher ein blutiges Gemetzel als ein ehrlicher Kampf. Eine Niederlage konnte ein Condottiere verwinden, ein Massaker dagegen nicht. Bis zum letzten Blutstropfen kämpfte nur ein Narr, nicht aber ein Soldat.

Er hob die Hand.

Wie Leonardo versprochen hatte, ritt Lorenzo de' Medici, mit dem Künstler zu seiner Rechten und Toscanelli zu seiner Linken, auf das Tor von Castelmonte zu. Er fand es einladend offen – auch in diesem Punkt hatte sich Leonardos Vorhersage erfüllt. Der Sieg schien so leicht zu sein, daß er fast eine Falle vermutet hätte, wären nicht die Kanoniere gewesen, die ihm von der Brustwehr herab zuwinkten.

Auf dem kleinen Platz hinter dem Tor wimmelte es von Menschen. Sogleich erblickte er, jenseits des Platzes, die Geschütze von Guccio Berotti und Tesoro di Veluti mit ihren schmutzstarrenden und siegesfrohen Männern. Rigo Leone, der als einziges Zugeständnis an die Feierlichkeit des Augenblicks die Kette von seinem Arm abgenommen hatte, hielt jetzt Montefeltros Schwert in der Hand und sprach mit ihm wie ein Berufssoldat mit einem anderen. Die Toten wurden bereits fortgeschafft, die Verwundeten hinkten davon oder wurden von ihren Kameraden in die halbzerstörten Gebäude getragen.

Toscanelli und Leonardo blieben ein paar Schritte zurück. Leonardo saß ab und übergab die Zügel dem florentinischen Söldnerführer. Auch Lorenzo de' Medici machte halt, und Federigo da Montefeltro trat vor ihn.

«Herr», sagte der Condottiere schlicht, «Eure Kanonen waren stärker als wir. Deshalb liefern wir diese Stadt mit allem, was darin ist, der Gnade und Gerechtigkeit der Stadt Florenz aus.»

Lorenzo blickte kalt an ihm vorbei und ließ den Blick suchend schweifen. Fast eine halbe Minute lang herrschte Schweigen.

«Gebt mir die Pazzi», sagte er dann.

«Sie stehen zu Eurer Verfügung, Herr.»

«Um so besser für Euch», sagte Lorenzo und blickte dem Condottiere nun erst ins Gesicht. «Bringt sie her.»

Riario beobachtete die Szene mit zynischem Gleichmut. Nur wenige sahen ihn, und niemand erkannte ihn, denn er trug Kapuze und Habit eines Mönchs. Ohne Eile war er durch den überdachten Gang geschritten und stand nun ein Stück hinter der Biegung. Befriedigt stellte er fest, daß das, was er vorhatte, ebenso erforderlich wie richtig war. Er wollte gerade kehrtmachen, da wurde er von einem Mann angesprochen, der neben ihm auf dem Boden lag.

«Segnet mich, Frater», sagte der tödlich verwundete, an der Mauer zusammengesunkene Soldat, «denn ich habe gesündigt.»

«Das haben alle Menschen», erklärte Girolamo Riario kurz. «Fahrt hin.»

Wütend und verzweifelt schrie der sterbende Pikenier auf, und auf seinen Schrei hin drehte sich ein Kanonier um, der an der Mündung des Ganges stand. Trotz der Dunkelheit, die in dem Tunnel noch immer herrschte, trotz Kapuze und Mönchshabit erkannte Tesoro di Veluti den Mann, den er immerfort gesucht hatte.

Gern hätte er seinen Haß und seine Erbitterung herausgeschrien, aber er beherrschte sich. Der Graf von Imola gehörte ihm, nur ihm allein. Ein paar Schritte vor ihm lag ein blutiger Degen im Staub. Er bückte sich rasch, ergriff ihn und lief wie ein Hase durch den Gang. Nur diejenigen seiner Kameraden, die in seiner nächsten Nähe standen, hatten sein plötzliches Verschwinden bemerkt. Und nur zwei von ihnen erkannten sofort, weshalb er verschwand.

Leonardo packte Rigo am Arm und deutete in den Gang.

«Wir sind noch nicht fertig mit Castelmonte», sagte er.

Sie lösten sich unauffällig von den Kanonieren, die sie umstanden, bewegten sich langsam auf den Gang zu und begannen dann zu rennen.

Als sie am anderen Ende angekommen waren, sahen sie nur noch Tesoros Rücken. Er kletterte gerade über einen Trümmerhaufen an der rechten Ecke des Marktplatzes. Als sie, um ihm zu folgen, die Richtung ändern mußten, entschwand er ihrem Blick. Leonardo umlief die zerschmetterten Säulen und Stuckbrocken, die Überreste des Bogengangs und der Häuserfronten an dieser Seite des Marktplatzes. Er erreichte den Trümmerhaufen ein paar Schritte vor dem Hauptmann und reichte ihm die Hand, um ihm hinaufzuhelfen. Die Straße vor ihnen lag verlassen da, die ersten Spuren des Morgentaus glitzerten auf den Pflastersteinen und sammelten sich an Türschwellen. Sie hörten entschwindende Schritte im Schatten weiter die Straße hinab, und dann nichts mehr. Rigo, der immer noch Montefeltros Schwert in der Hand hielt, fuchtelte damit in der Luft herum.

«Wir können den Jungen nicht sich selbst überlassen», sagte er. «Wir wissen beide, was er vorhat.»

Tesoro di Veluti sprang in drei Sätzen die Treppe zum Portal der Cappella dei Morti hinauf und sprengte die Tür mit der Schulter auf. Was ihn hinter ihr erwarten mochte, kümmerte ihn wenig; er hätte sogar die Pforten der Hölle gesprengt, wenn es dort eine Möglichkeit gegeben hätte, den schrecklichen Tod seines Bruders Andrea zu rächen.

Er sah sich von Wänden aus schwarzem Marmor umgeben und erblickte zahlreiche Männer, die wie sein Feind mit Stricken gegürtete Kutten trugen. An einer Seite der Kapelle – um eine solche handelte es sich augenscheinlich – stand auf einer Bahre ein Sarg. Doch lag darin kein Leichnam, sondern eine Unmenge von Gold- und Silbermünzen; zwei der angeblichen Mönche waren gerade dabei, ein gefaltetes weiches Tuch darüber zu breiten.

Er begriff sofort, was er hier störte – Vorbereitungen zur Flucht. Aber sie kümmerten ihn nicht. Er war vielmehr wütend, weil er seinen Feind nicht erkennen konnte unter den fünfzehn oder mehr ähnlich gekleideten Männern, die jetzt im Dämmerlicht drohend auf ihn zukamen. In der Glut seines Zorns fuhr er durch sie hindurch, hieb mit seinem Schwert um sich und suchte verzweifelt nach dem Mörder, den zu töten er gekommen war. Sein Ungestüm brachte ihn bis an das andere Ende des Raumes. Dort, am Fuße der zum Chor führenden Stufen, versuchte ein Mann mit aller ihm zu Gebote stehenden Kraft, einen massiven steinernen Kerzenständer von seinem Piedestal zu heben. Sein Kopf fuhr herum, die Kapuze rutschte herunter, und zum Vorschein kam das Gesicht des Grafen Giovio della Rovere von Castelmonte.

«Du Hund!» schrie Tesoro di Veluti und stürzte sich mit seinem Schwert auf ihn. Von dem marmornen Zylinder, den er zu halten versuchte, behindert, war der Graf nicht imstande, sein Schwert unter der Kutte hervorzuholen. Doch selbst wenn es ihm gelungen wäre, hätte der Kampf nicht anders geendet. Der junge Kanonier drang so heftig und unbekümmert auf ihn ein, daß sein Schwert durch ihn hindurchfuhr, ihm die Adern aufriß und die Leber durchbohrte. Della Rovere verdrehte die Augen, taumelte und sank zu Boden, und mit ihm fiel der mächtige Kerzenständer.

Über den leblosen Körper ergoß sich eine wahre Flut von Smaragden, Rubinen und Brillanten, die in der Säule versteckt gewesen waren und nun wie aus einem Füllhorn über den blanken Marmorboden rollten. Immer noch von seinem Verlangen nach Rache besessen, schenkte Tesoro ihnen nicht die geringste Aufmerksamkeit. Er bemühte sich verzweifelt, sein Schwert herauszuziehen, und bemerkte dabei kaum die anderen, die inzwischen herangekommen waren und nun auf ihn einschlugen, bis er bewußtlos zu Boden sank.

Leonardo und Rigo hatten seinen Wutschrei auf der Straße gehört. Sie eilten die Stufen zur Kapelle hinauf.

Die meisten ihrer Gegner umringten den gefallenen Kanonier. Diejenigen, die näher zur Tür standen, wurden von ihren Mönchskutten behindert. Zwei waren bereits tot, von Tesoro auf seinem Weg zum Altar erschlagen. Zwei andere fielen ihnen gleich beim Eintritt in die Kapelle zum Opfer. Aber die Übermacht war noch immer beträchtlich.

Rigo Leone ergriff eine Öllampe, die auf einem niedrigen Schrank neben ihm stand, zielte einen Augenblick und schleuderte sie dann in die Gruppe am Fuße der Chorstufen. Sie zerbarst zwischen den Männern und versprühte Feuer, in dessen Schein die unbeachtet auf dem Marmorboden liegenden Juwelen vielfarbig auffunkelten. Drei Männer, deren Kutten, von Öl getränkt, Feuer gefangen hatten, versuchten vergeblich, sich ihrer zu entledigen. Rigo fiel mit seinem Schwert über die anderen her, hieb wild und mit gewaltiger Kraft nach beiden Seiten um sich und bahnte sich seinen Weg an ihnen vorbei bis zum Chorgestühl; dort kippte er den zweiten der gewaltigen Kerzenständer über die Männer, die ihn zu verfolgen versuchten.

Um die Gegner zu zersplittern, blieb Leonardo fürs erste, wo er war. Ein hochgewachsener Mann griff ihn mit einem Dolch an, zwei andere folgten mit gezogenen Schwertern. Sorgfältig zielend traf er den Mann mit dem Dolch in den Magen und riß ihm, während er zu Boden fiel, den Dolch aus der Hand. Mit der Linken und ohne die geringste Pause schleuderte er den Dolch mit so tödlicher Treffsicherheit, daß er dem ersten der beiden Männer mit den Schwertern bis ans Heft in die Brust eindrang. Und gleich darauf streckte er den anderen Angreifer mit einem Degenstoß, der ihn in die Kehle traf, zu Boden.

Da an diesem Ende der Kapelle fürs erste nichts mehr zu tun war, lief er durch das Schiff, um Rigo zu Hilfe zu kommen. Der Kanonier stand auf einem Chorstuhl. Gerade hatte er dem nächsten und entschlossensten seiner Angreifer fest und ganz unfeierlich den Fuß mitten aufs Gesicht gesetzt und streckte nun das Bein, wodurch er seinen Gegner mit solcher Wucht zurückschleuderte, daß sich dessen Füße vom Boden hoben und er, mit ausgebreiteten Armen wild um sich schlagend, durch die Luft fuhr. Er war tot, noch ehe er am Fuß der Chorstufen landete – im Rücken den Knauf von Leonardos Degen, dessen Klinge zwei Fuß aus seinem Brustkorb hervorragte. Sein heftiger Sturz riß Leonardo den Degengriff aus der Hand. Aus dem Gleichgewicht geraten, trat Leonardo einen Schritt zur Seite und glitt auf einem der am Boden liegenden Edelsteine aus. Er stolperte ungeschickt, suchte hilflos nach Halt und hörte Rigo lachen. Seine umhertastende Hand traf auf den Leichnam Giovios della Rovere. Und da er jetzt keine Waffe mehr hatte, stemmte er das eine Knie gegen den Toten und riß ihm das Schwert aus der Brust. Er war gerade wieder auf den Füßen, als zwei der Männer, deren Kutten gebrannt hatten, auf ihn eindrangen. Ihr Angriff war ungeschickt und unentschlossen. Leonardo schlug den einen verächtlich zu Boden, wirbelte zur Seite, um dem Schlag des anderen auszuweichen, und packte ihn dann beim Genick und rammte seinen Kopf gegen den Sockel der Kanzel.

Ein wenig schneller atmend als gewöhnlich, drehte er sich wieder um und stellte fest, daß jetzt, nachdem Rigo seinen letzten Gegner überwältigt hatte, niemand mehr da war, gegen den er kämpfen konnte.

In einer Ecke unter dem Chorpult begann Tesoro di Veluti sich zu regen. Rigo kam schweren Schrittes die Stufen herab. Blut tropfte von seinem Ärmel, und auf seinem Gesicht lag ein Grinsen.

«Riario?» fragte Leonardo.

«Nein», sagte der Kanonier-Hauptmann, «Ihr müßt ihn selbst erledigt haben. In den letzten Minuten mußte zwar alles ein bißchen schnell gehen, aber ich glaube, ich hätte es trotzdem gemerkt.»

Sie sahen sich an und begannen, die überall herumliegenden Toten umzudrehen. Tesoro di Veluti, der allmählich wieder zu sich kam, begriff, wen sie suchten, und half ihnen auf die Spur.

Er hielt sich den Kopf. «Er ist davongelaufen», sagte er. «Während ich della Rovere tötete.»

«Durch die Tür ist er nicht geflohen», sagte Rigo, «sonst hätte er an uns vorbeikommen müssen.»

«Nein», sagte Tesoro, «ich glaube, er ging zum Altar.»

Enttäuscht stiegen Leonardo und Rigo die Treppe zum Chor hinauf. Hinter dem Gestühl bewegte sich eine Wandbespannung. Sie rissen sie beiseite. Vor ihnen lag ein enger Gang mit einer Treppe, von der eine sanfte, kühle Brise heraufwehte.

Die Florentiner Wachen an der Ausfallpforte beobachteten den Mönch, der langsam durch den Weinberg schritt und sich immer wieder zu den Toten niederbeugte, um sie zu segnen. Ohne jede Eile erschien er unter der Wachstube an der äußeren Pforte und hob die Hand zum ernsten Gruß.

«Pax vobiscum», sagte er.

«Et tecum pax», antwortete einer der Posten mechanisch. «Hier ist genügend Arbeit für Euch.»

«So ist es stets im Kriege», pflichtete der Frater ihm bei, «und draußen liegen noch mehr, die zu ihrem Schöpfer heimgekehrt sind. Darf ich passieren?»

«Gewiß.»

«Habt Dank für Eure Freundlichkeit», sagte der Graf von Imola. «*Benedicamus Domine*, jetzt und allezeit.»

«Amen», sagte der Wächter und trat beiseite.

24

«Im letzten Jahr hat er uns standgehalten», sagte Guido Toscanelli. «Das sollte man nicht außer acht lassen, Herr.»

«Das letzte Jahr ist lange vorbei», sagte Lorenzo de' Medici. Er saß am Kopfende des Tisches in seiner Bibliothek und wandte sich jetzt Leonardo zu, der rechts von ihm saß. «Es hat sich einiges geändert.»

«Aber seine Condotta hat einen ausgezeichneten Ruf», beharrte Toscanelli. «Schon der Name Federigo da Montefeltro . . .»

«. . . hat gestern morgen etwas von seinem Glanz verloren», bemerkte Lorenzo trocken. «Er hat uns eine Buße von sechzigtausend Fiorini gezahlt. Wollt Ihr mir jetzt vorschlagen, daß ich sie ihm als Sold zurückgebe?»

«Durchaus nicht», antwortete Toscanelli. «Er wird sich uns für bedeutend weniger anschließen, zumal er weiß, daß dieser Weg für Rom jetzt blockiert ist. Bietet ihm und seinen Leuten Unterhalt für neun Monate, und laßt ihn Castelmonte für Florenz statt für Rom halten.»

«Ich will es mir überlegen», sagte Lorenzo. «Wichtiger scheint mir die Frage nach den nächsten Schritten, die Rom tun wird. Sixtus kann uns nun nicht mehr direkt angreifen, und er wird versuchen, sich mit Lucca oder Siena zu verbünden. Wir dürfen dabei nicht tatenlos zusehen. Hauptmann Leone, Eure Aufgabe für die nächsten Monate ist klar, denke ich. Wir haben den ganzen Sommer vor uns, und damit habt Ihr genügend Zeit, Euch im Gebrauch unserer neuen Geschütze zu vervollkommnen. Messer Leonardo, was meint Ihr, wie viele weitere Kanonen sollten wir anschaffen? Unsere Truhen sind gut gefüllt.»

«Die Entscheidung liegt bei Euch, Herr», antwortete Leonardo.

«Gewiß», sagte Lorenzo. «Aber ich bitte Euch um Euren Rat, denn Ihr seid der Erfinder und mein Ingenieur.»

«Bei allem schuldigen Respekt, Herr – ich bin Euer Ingenieur nicht mehr. Unser Handel ist abgeschlossen.»

«Das ist er, ich habe es nicht vergessen. Unter welchen Bedingungen wäret Ihr bereit, eine weitere Frist in meinen Diensten zu bleiben?»

«Unter keiner. Ich verlasse Florenz Anfang der nächsten Woche.»

«Ich überredete Euch gern zum Bleiben, wenn ich es könnte. Wohin wollt Ihr?»

«Ich habe mich noch nicht fest entschlossen. Vielleicht nach Norden, nach Mailand. Vielleicht auch nicht. Herr, ich schulde Euch Dank für Eure Langmut zu einer Zeit, zu der meine Absichten Euch noch nicht klar sein konnten. Darf ich auch jetzt um diese Langmut bitten?»

Er stand auf, verbeugte sich und verließ den Raum. Die anderen schauten ihm nach.

«Ein reger Geist», sagte Toscanelli. «Aber auch verschlagen.»

«Was die Verschlagenheit betrifft, bin ich mir nicht so sicher», sagte Lorenzo de' Medici. «Vielleicht ist es etwas anderes. Dennoch gäbe ich viel darum, wenn ich Genaueres über seine Absichten wüßte. Habt Ihr Lust, nach Mailand zu reisen, Hauptmann Leone?»

«Nicht daß ich daran gedacht hätte, Herr», sagte Rigo überrascht.

«So tut es», ermunterte ihn Lorenzo. «Die Mailänder sind ausgezeichnete Büchsenmacher. Sforza sollte von unserem Geschick im Umgang mit Kanonen erfahren und die ganze Geschichte vom Fall Castelmontes hören. Und wenn er sich daraufhin zu einem Bündnis mit uns entschlösse, wäre das für Florenz durchaus nicht unvorteilhaft.»

Bianca seufzte und flüsterte in der Dunkelheit.

«Sie sagen, du seist ein Held. Wenn wir im alten Rom lebten, hätten sie dir einen Triumphzug ausgerichtet. Wie fühlt man sich als Held?»

«Recht gut – ein oder zwei Stunden lang», sagte Leonardo und legte die Hand auf ihren Arm. «Danach fragt man sich, ob es auch wahr ist, und einen Tag später kommt man zu dem Schluß, daß es keineswegs so ist.»

«Zu einem solchen Schluß kannst natürlich nur du kommen», sagte sie und entzog sich seiner Hand.

«Ich verstehe nicht ganz, was du damit sagen willst.»

«Ich will damit sagen, daß es Tausende von Männern gibt, denen ein solcher Schluß völlig fernläge. Wenn ich an den Fürsten von Savoyen denke . . .»

«Er ist tot», sagte Leonardo, «und ich bin noch am Leben – das ist das einzige, was zählt.» Er trat ans Fenster und stellte sich hinter sie.

«Richtig», sagte Bianca. «Du hast recht, wie immer. Giuliano ist auch tot.» Er legte den Arm um sie, zog sie an sich und wärmte sie mit seinem Körper. «Und Constanza weint. Du bist hier, und wenn ich weine, dann nur, weil ich mit ihr trauere und gleichzeitig glücklich bin. Was wird aus ihr?»

«Ich habe ihretwegen an Kardinal della Palla geschrieben.»

«Damit er sie in einem Konvent unterbringt?»

«Sie will es so», sagte Leonardo.

«Ich weiß. Ich würde nicht Nonne werden, wenn ich an ihrer Stelle wäre», sagte Bianca. «Aber ich bin ja auch nicht an ihrer Stelle. Und vielleicht überlegt sie es sich noch einmal, wenn das Kind kommt . . . Nein, sie wird sich nicht anders besinnen, ich kenne sie. Sie wird das Kind zu ihrer Tante schicken. Aber weshalb gerade Kardinal della Palla?»

Leonardo dachte einen Augenblick darüber nach.

«Weil er jetzt, nach Giulianos Tod, der Mensch ist, der mir am ehesten ein Freund sein könnte.»

«Du hast Rigo Leone.»

«Noch nicht», sagte Leonardo. «Vielleicht später einmal, aber noch nicht.»

Bianca sah ihm ins Gesicht.

«Und mich hast du auch.» Sie legte ihm die Arme um den Hals, und er küßte sie. «Freundin», sagte sie. «Immer Schülerin. Und Geliebte, solange du willst.»

Sie legte den Zeigefinger auf seine Lippen. «Keine Widerworte, Leonardo. Du kannst ja oder nein sagen. Aber Vernunftgründe will ich nicht hören – Liebe ist immer unvernünftig.»

«Madonna», sagte Leonardo sanft, «in wenigen Tagen verlasse ich Florenz.»

«Ich weiß. Aber was besagt das? Giuliano ist tot, Constanza verbringt den Rest ihres Lebens in einem Konvent, und du sprichst schon wieder von morgen. Ich gebe dir alles, was du von mir verlangst, nur das Morgen kann ich dir nicht geben. Wenn wir einander wieder begegnen, werden wir glücklich sein. Wenn nicht – was hilft uns dann alle Vernunft?»

Die Straße vor ihnen führte nach Süden, in den Sommer. Sein Gefährte schien sich nicht recht wohl zu fühlen, und schließlich setzte er zum Sprechen an.

«Ich muß Euch ein Geständnis machen», sagte er. «Lorenzo ...»

«Ich weiß», sagte Leonardo fröhlich, «und deshalb brauchen wir auch nicht darüber zu sprechen. Reden wir lieber von anderen Dingen – zum Beispiel von den Möglichkeiten der Verteidigung gegenüber beweglichen Geschützen.»

Rigo Leone erwiderte nichts darauf. Schweigend ritten sie weiter, ungefähr eine Meile lang.

«Das ist nicht die Straße nach Mailand», sagte der Kanonier.

«Ich will auch nicht nach Mailand», sagte Leonardo, «sondern nach Malta.»

«Nach Malta! Warum, in Gottes Namen?»

«Das weiß ich selbst noch nicht. Das Leben ist voller Überraschungen, wenn man zuläßt, daß sie einem begegnen.»

«Aber ich dachte ...» begann Rigo. «Das heißt, Lorenzo glaubte ...»

Leonardo klopfte seinem Pferd den Hals und lachte.

«Ich weiß, was Ihr dachtet», sagte er, «und was Lorenzo glaubte. Laßt uns trotzdem zusammen reiten.»

Irwin Shaw

Den Seinen gibt's der Herr im Schlaf

Roman

Geld macht nicht glücklich? In Irwin Shaws neuem, witzigen, zynisch-pikaresken Roman lesen wir es anders. Sein Held Douglas Grimes, Expilot, mit Bruchlandung als Portier in einem New Yorker Stundenhotel, sieht sich über Nacht im nicht ganz legalen Besitz von 100 000 Dollar. Aber die Sorge um die Erhaltung des ihm in den Schoß gefallenen Vermögens bringt Aufregung und Hektik in sein Leben.
Auf seiner atemberaubenden Tour durch die europäischen Zentren des Müßiggangs und der luxuriösen Laster zwischen St. Moritz, Florenz, Paris, Rom, Gstaad und Nizza kommt ihm die Erkenntnis, daß Geld durchaus glücklich machen kann.
Irwin Shaws erstaunliches Fazit, das der Leser wider Willen vergnügt nachvollzieht: in einer Watergate-Welt des großen Betruges tut es uns geradezu wohl, auch einmal einen kleinen Fisch durchs Netz schlüpfen zu sehen.

Rowohlt

Ein Gesang vom wilden Abenteuer in den Sand- und Schneesteppen Asiens

Stephen Becker

Der chinesische Bandit

Roman

«In jenem Sommer henkten sie den dicken Mann am Westtor Pekings, einem jeden zur Warnung.»
So beginnt die Geschichte von Jake Dodds, der Hals über Kopf in große Abenteuer gerät. Das China des Jahres 1947 ist in Aufruhr, Räuber, Diebe, Deserteure, Warlords, die Kommunisten Maos und die Nationalisten Tschiang Kai-scheks durchstreifen das Land von Peking, wo dieser Roman beginnt, bis zu den Schneegebirgen Zentralasiens, in deren Tälern die Handlung endet.
China, die Wüste Gobi, die Mongolei und Turkestan: Stephen Beckers Roman ist erfüllt von den Landschaften, den Klängen und Gerüchen, von allen Wundern und Schrecken Asiens, all seinen Lastern und Leidenschaften.
«DER CHINESISCHE BANDIT ist ein grandioser Abenteuerroman, ein Buch, das ich mitnehmen würde, sollte ich je allein den Ozean überqueren.»

Jan de Hartog

Rowohlt